安徽省高等学校"十三五"省级规划教材
普通高等学校经管类精品教材

西方经济学

主　编　汪　静
副主编　童登峰
编写人员（以姓氏笔画为序）
　　　　马美玲　史　锋　张　军
　　　　汪　静　李祖武　施智明
　　　　童登峰

中国科学技术大学出版社

内容简介

本书简明扼要、深入浅出地介绍了西方经济学的基本原理、分析工具与方法及理论运用。全书共11章,内容包括:导论、价格理论、消费者行为理论、生产理论、成本与收益、市场理论、分配理论、市场失灵与微观经济政策、国民收入核算理论、失业与通货膨胀以及宏观经济政策。本书的内容选择、习题及配套案例等,既反映了最新的经济学理论,又突出了高职高专教育注重应用能力培养的特点,有利于学习者对知识的领会和对技能的掌握。

图书在版编目(CIP)数据

西方经济学/汪静主编. —合肥:中国科学技术大学出版社,2020.8
ISBN 978-7-312-04836-4

Ⅰ. 西… Ⅱ. 汪… Ⅲ. 西方经济学—高等学校—教材 Ⅳ. F0-08

中国版本图书馆 CIP 数据核字(2019)第 293737 号

XIFANG JINGJIXUE

出版	中国科学技术大学出版社
	安徽省合肥市金寨路96号,230026
	http://press.ustc.edu.cn
	https://zgkxjsdxcbs.tmall.com
印刷	安徽国文彩印有限公司
发行	中国科学技术大学出版社
经销	全国新华书店
开本	787 mm×1092 mm 1/16
印张	16.25
字数	416千
版次	2020年8月第1版
印次	2020年8月第1次印刷
定价	40.00元

前　言

　　高等职业教育担负着传承技术技能、培养更多高素质技术技能型人才为建设现代化经济体系服务的重任。"西方经济学"课程是高等职业院校经济类、管理类专业的基础课，是对市场经济运行规律的理论概述，该课程的相关知识是学生学习财经管理类其他课程及认识社会经济问题必需的，学习该课程对于理解中国特色社会主义市场经济具有重要的参考价值。西方经济学教材建设必须适应中国特色社会主义市场经济发展的需求，适应供给侧改革背景下高职院校"以服务发展为宗旨，以促进就业为导向"的人才培养目标要求，基于此，我们编写了本教材。本教材具有以下五个特点：

1. 通俗化

　　根据高职院校培养应用型人才的要求，并结合高职院校学生的特点，我们以"职业技能的掌握为主，理论背景的熏陶为辅"为编写思路，本着够用、管用、适用的原则，合理简化教材内容，在不影响理论体系构建的基础上舍弃了一些经济理论中晦涩难懂及不适用的部分。

2. 趣味性

　　教材中设置了"知识导入""知识链接""身边的经济学"等模块，旨在加深学生对经济理论的理解，培养学生运用经济理论分析问题、解决问题的能力，体现了教材的应用性和实用性，同时也增强了教材的趣味性。

3. 本土化

　　教材中的"知识导入""身边的经济学""案例点击"等模块使用的案例90%以上都是本土化的案例，旨在引导学生将抽象的经济理论与身边的经济现象联系起来，让学生感觉到经济学就在身边，有利于学生对经济原理的理解和掌握。

4. 时代性

　　一切事物都处在发展、变化的过程当中，经济形势也在不断地发展和变化，西方经济学教学应该紧跟经济发展的步伐，推陈出新。此次编写选用的案例注重新颖性、时代性，关注我国经济发展中的热点经济问题，如宏观层面的供给侧结构性改革、经济新常态等，微观层面的滴滴与优步的合并、水果自由等。

5. 立体化

　　结合西方经济学精品在线开放课程的建设，将教材升级为"立体化"教材。通过二维码链接电子资源(使用微信扫描书中的二维码，登录后即可观看)，将与教材内容相对应的慕课资源展现给学生，使教学内容更具系统性、针对性、实用性。

本书的编者都是在高职院校从事西方经济学教学的教师,有多年的教学经验。本书由汪静拟定编写大纲并担任主编,童登峰任副主编。编写分工如下:安徽职业技术学院汪静编写第一、六、八章,安徽职业技术学院史锋编写第九章,安徽工商职业学院李祖武编写第十章,安徽职业技术学院童登峰编写第二、七、十一章,安徽职业技术学院施智明编写第四、五章,安徽职业技术学院张军、马美玲编写第三章。

由于编者水平有限,加上时间紧迫,书中存在不足之处在所难免,恳请专家与读者批评指正。在本书的编写过程中,引用和参考了大量的文献资料与研究成果,限于篇幅,书后参考文献中只列出了部分资料与成果,向所有资料与成果的作者表示感谢!

编 者

2020 年 3 月

目　　录

前言 ·· (i)

第一章　导论 ··· (1)
　第一节　稀缺性与选择 ·· (1)
　第二节　西方经济学的研究对象 ··· (6)
　第三节　经济学的研究内容 ·· (9)
　第四节　经济学的研究方法 ·· (13)

第二章　价格理论 ·· (20)
　第一节　需求 ··· (20)
　第二节　供给 ··· (25)
　第三节　供求平衡 ··· (29)
　第四节　弹性理论 ··· (34)

第三章　消费者行为理论 ·· (44)
　第一节　欲望与效用 ·· (44)
　第二节　基数效用论 ·· (48)
　第三节　序数效用论 ·· (54)

第四章　生产理论 ·· (69)
　第一节　生产与生产函数 ··· (69)
　第二节　一种生产要素的合理投入 ··· (73)
　第三节　两种生产要素的合理投入 ··· (77)
　第四节　规模报酬 ··· (83)

第五章　成本与收益 ··· (93)
　第一节　成本理论 ··· (93)
　第二节　收益与利润最大化 ·· (102)

第六章　市场理论 ·· (110)
　第一节　完全竞争市场 ··· (110)
　第二节　完全垄断市场 ··· (119)
　第三节　垄断竞争市场 ··· (126)
　第四节　寡头垄断市场 ··· (131)

第七章　分配理论······(139)
第一节　生产要素的需求和供给······(139)
第二节　工资、利息、地租和利润······(146)

第八章　市场失灵与微观经济政策······(165)
第一节　垄断······(166)
第二节　公共物品······(172)
第三节　外部性······(176)
第四节　信息不对称······(182)

第九章　国民收入核算理论······(190)
第一节　国内生产总值······(190)
第二节　国民收入核算中的其他总量······(197)

第十章　失业与通货膨胀······(203)
第一节　失业理论······(203)
第二节　通货膨胀······(216)

第十一章　宏观经济政策······(232)
第一节　宏观经济政策目标······(233)
第二节　财政政策······(237)
第三节　货币政策······(242)

参考文献······(254)

第一章 导 论

通过本章的学习,掌握经济学的研究对象,了解经济学的研究内容与研究方法。

稀缺性 Scarcity　　　　　　　　　机会成本 Opportunity Cost
生产可能性线 Production Possibility Curve　　经济学 Economics
微观经济学 Microeconomics　　　　　宏观经济学 Macroeconomics
实证经济学 Positive Economics　　　　规范经济学 Normative Economics

第一节 稀缺性与选择

经济(Economics)一词最早是从希腊文演变而来的,其本来含义是"家庭管理",这或许是因为人类最早的经济活动与家庭生产相关。在家庭的日常生活中,我们时常会遇到各种各样的经济问题,比如谁负责挣钱养家;谁负责家务劳动及孩子的日常教育;是买一辆经济型轿车,还是买一辆中高档轿车。与家庭一样,一个经济社会也会遇到类似的选择问题。政府要决定是增加教育开支,还是增加军费开支;面临较高的通货膨胀率时,政府要选择是否增税。在做出这种种选择时,我们都有意无意地运用了一些经济学知识。美国著名的经济学家萨缪尔森说过:"在你的一生中,从摇篮到坟墓,你都会碰到无情的经济学真理。"

思考:经济学产生的原因是什么?

一、稀缺性：人类社会面临的永恒问题

经济学产生的基本前提是资源的稀缺性和人类欲望的无限性这一对矛盾，经济学需要找到最大限度缓解这一对矛盾的方法。

人类欲望的无限性是指人类的欲望或需求是没有止境的。欲望是指人们缺乏的感觉以及求得满足的愿望，这是人们的一种心理感觉。根据美国心理学家马斯洛的解释，人的欲望或需要可以分成五个层次，它们由低到高分别是：基本的生理需求、安全需求、社会交往需求、被尊重的需求以及自我实现的需求。人的需求总是从低层次向高层次不断发展，一旦较低层次的需求得到满足，人们就会产生更高层次的需求。

资源的稀缺性是相对于人类的无限欲望而言的，用来生产物品满足人类欲望的资源总是有限的。用来满足人类欲望的物品可分为自由取用物品和经济物品两种。

自由取用物品是指自然界中原来就存在的，不用付出任何代价就可以得到，而且数量无限，可以自由取用的物品，如空气、阳光和水等。但自由取用物品在满足人们欲望的过程中所占的比重非常低，人类的各种欲望主要是由经济物品来满足的。经济物品是指由人类通过劳动生产出来的物品。由于这类物品的数量是有限的，所以要获得这类物品必须付出代价。相对于人的难以满足的欲望而言，经济物品总是不足的，这主要是因为用于生产这些物品的资源是有限的。西方经济学将生产经济物品的资源分为三个部分：自然资源、人力资源和生产资料产品。就自然资源来说，如土地、矿藏等都是不可再生的，随着工业的高度发展，这些资源被大量消耗，必将日渐缺乏；就人力资源来说，在一定时间内其受制于人口的数量和质量，不能无限供给；就生产资料产品来说，其供给又取决于前两种资源的供给，因此在一定时期内也是有限的。这就是经济学所说的资源的稀缺性（Scarcity）。这里的稀缺性，不是指物品或资源的绝对数量的多少，而是指相对于人类社会欲望的无限性来说，再多的物品与资源也是不足的。因而，稀缺性是相对的。但是，由于稀缺性存在于任何时期和一切社会中，所以稀缺性又是绝对的，是人类社会面临的永恒问题。

> **想一想**
> 资源稀缺性与经济学的关系。

经济学是什么

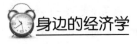

二桃杀三士

春秋时期，齐景公手下有三员猛将：公孙接、田开疆与古冶子，他们都为齐景公立下过汗马功劳。这三个人自恃勇猛，对齐景公都不放在眼里，晏子建议齐景公把这三个人除掉，以免留下后患。齐景公也同意晏子的观点，但是，这三个人战功赫赫，勇猛无比，齐景公觉得无从下手。晏子说："应该巧斗。"他向齐景公建议："不如赐给他们三人两个桃子，让他们分吃，

但是,只赏赐给最有功劳的人。"拿到桃子之后,这三个大臣开始争夺,竞相陈述自己对国家的功劳。最后,两个人得到了桃子,另外一个人羞愧地自杀了。得到桃子的两个人见到同伴因自己而死,也万分羞愧,拔剑自杀。这就是历史上有名的二桃杀三士的故事。

可能有人觉得,开什么玩笑,同伴自杀,自己就要自杀,这也太不理智了吧!别忘了,那个时期的人把义气看得非常重。所以,看到同伴自杀并且是因自己而死,他们自杀也就不足为奇了。晏子利用的就是经济学上的稀缺性,只给两个桃子,三个人无论如何也分不均。杀死三个勇士的,其实并不是桃子,而是资源的稀缺性。因为稀缺,产生了相互之间的争夺。最后,三人在争夺中死亡。

稀缺有两种不同的含义:一是代表稀有,二是代表紧缺。经济学里,稀缺被用来描述资源的有限的可获得性,是相对于人们的无穷的欲望而言的。

二、选择与机会成本

(一)选择

资源是稀缺的,而资源的用途通常又是多样的。例如,煤炭既可以用于发电、炼钢,又可以用于取暖;若有限的煤炭大部分用于炼钢,那么用于发电和取暖的必然就少了。因而,面对有限而又用途多样的资源,人们在做决定的时候总是要面临选择,需要谨慎地把资源用在最需要的地方。经济学就是研究人类在资源稀缺性的约束条件下,为了最大限度地满足需要而配置资源的选择行为,从这个意义上说,经济学也可称为"选择的科学"。

资源的稀缺性使人们不得不做出选择。选择之所以成为问题,是因为任何选择的结果除了会带来某种好处外,也会付出一定的代价。一定的资源可以用来生产不同的商品,如果较多的资源用于其中一种商品的生产,那么该商品的生产数量就会增加,这就是好处;但同时,多生产这些商品就必须放弃其他商品的生产,这就是代价。经济学中,这种代价通常用机会成本加以衡量。

(二)机会成本

机会成本(Opportunity Cost)是以一定的代价从事某项经济活动所必须放弃的且以同一代价从事另一项经济活动所带来的利益。在经济学中,如果一项资源可以用于多种用途,那么该资源被用于某一种特定用途的机会成本是由该选择所放弃的其他最优用途的代价来衡量的。假如某人拥有一块土地,投入一定的人工价值和资金可生产价值2万元的小麦,他用同样的投入也可以生产价值3万元的棉花,那么他生产小麦的机会成本就是3万元,而他生产棉花的机会成本就是2万元。机会成本是一个被广泛运用的概念,它不仅适用于社会生产、消费和交换中,也适用于政府宏观政策目标的选择。比如,政府增加税收,其机会成本就是纳税人被迫减少的消费和投资数量,以及进而导致的整个社会消费水平下降、生产数量萎缩。

可见,在任何经济活动中,都普遍存在机会成本问题,这就要求人们在各种可能的方案中做出正确合理的选择。西方经济学认为,合理选择

机会成本

的原则和目标就是实现机会成本最小。

> 想一想
>
> 上大学有无机会成本?

 身边的经济学

出国留学不得不考虑机会成本

教育部统计数据显示,2016年我国出国留学人数仍然处于平稳增长阶段,总量呈上升趋势,增幅减缓。2016年出国总人数达到54.45万人,但增幅回落到个位数,相较2015年仅增长3.97%。美国、英国、澳大利亚、加拿大等英语国家仍为中国学生出国留学的主要目的地,其中在美留学生人数遥遥领先于其他国家。截至目前的统计,2016年赴美留学生净增长近2万人,达到32.8万人,同比增长7.2%,是最近9年来最低的一年,与最高时的29.9%的增幅相比,明显收缩。但这并不影响中国是其第一生源国的地位。

与此同时,留学回国人数稳中有升。2016年留学回国人数为43.25万人,增加12.34万人,增长了5.72%。随着年度回国人数增加与出国人数增幅的减少,两者之间的差距呈逐渐缩小趋势。年度出国与回国人数比例从2015年的1.28∶1下降至2016年的1.26∶1。由于大量留学人员回国,海归就业难成为社会热点问题。随着留学从精英走向大众,企业发现现在的留学生与国内毕业生水平差距越来越小,因此,对两者提供的待遇水平没有很大的差别。而对部分海归而言,由于其前期留学投资成本高,因此,希望获得高回报率,对待遇期望过高,无法与用人单位达成一致。在国内,留学生的光环已逐渐消失,学生和家长应理性对待。

西方经济学的一个很重要的概念是机会成本。当把一种经济资源用于生产某种产品时所放弃的使用相同经济资源在其他用途中所获得的最大收益就是生产该产品的机会成本。这里的经济资源既包括机器设备、厂房、土地等有形资源,也包括时间、人的精力、信息等无形资源。换句话说,机会成本是一种选择的代价。如果你选择本科毕业后出国留学,其代价就是国内的工作机会、工作经验和工作收入。近些年,在中国,出国留学的机会成本相当大。

1. 留学生在当地就业的风险加大

国际经济普遍不景气,就业问题十分突出,各国纷纷出台旨在限制外国居民在当地就业的经济政策,中国留学生毕业后想在当地找份理想的工作越来越困难。

2. 出国留学付出了巨大的时间和金钱成本

出国留学从准备到最终出去至少需要一年时间,之前有许多准备工作要做。例如准备去美国留学的话,首先,要参加托福考试,读研究生的话还要GRE(美国研究生入学考试)成绩;其次,选择学校时要进行大量的调研,收集相关意见;选定学校后,还要向选定的学校一遍遍地寄材料,并要做好被拒绝的准备。如果没有申请到可以提供奖学金的学校,自费的金额则相当大。在美国或英国,若申请的是知名度不高的学校,学习一年需要花费约40万元。

如果申请的是名校,则花费会更高,例如,伦敦政治经济学院一年的花费约需要60万元。

3. 留学回国人员就业压力加大

近些年留学回国人员越来越多,在职场上,留学生与国内毕业的学生在同一个平台上激烈竞争。然而,留学生在很多岗位上并没有什么竞争优势,其工资收入与国内毕业的学生相差无几,这就意味着留学费用短期内无法收回。

4. 人生成长风险

对于那些低龄留学生来说,他们的心智还没有发育健全,社会经验欠缺,自我控制能力差,生活能力也不足,在遭遇到意外伤害、情感纠纷、文化冲突、身体疾病等困难时无法独立解决,容易出现各种不测。这也是学生与家长不得不考虑的留学代价。

三、生产可能性曲线

社会普遍面临的资源稀缺性和人们的选择行为可以用生产可能性曲线表示。生产可能性曲线(Production Possibility Curve)是指一个社会用其全部资源和当时最好的技术所能生产的两种产品最大可能的数量组合点的轨迹。它是与机会成本密切相关的一个概念。

生产可能性曲线

假定一个社会的资源、人口和技术状况已定,为满足社会各方面的需要,它要把所有的经济资源分配到各种可能生产的不同产品和劳务中去。为了简化起见,假定这个社会用既定的经济资源和生产技术只能生产投资品和消费品两种产品,其生产组合如表1.1所示。

表1.1　某社会的生产可能性组合

组合	投资品	消费品
A	0	10
B	1	9
C	2	7
D	3	4
E	4	0

表1.1说明了这个社会生产的各种可能性。当把全部经济资源和生产技术都用来生产消费品时,可生产10个单位的消费品,此时投资品的产出为0;当开始生产投资品时,比如生产1个单位的投资品,这时原先生产消费品的经济资源和生产技术减少,因而消费品的产出减少至9个单位;如果继续增加投资品的生产,则必须继续减少用于生产消费品的资源,即投资品的产出为2个单位时,消费品的产出为7个单位;当把全部经济资源和生产技术都用来生产投资品时,可生产4个单位的投资品,而此时消费品的产出则为0。

将表1.1中各组数值的交点列入坐标,并将各点连接起来,便可得到一条曲线,这条曲线就叫作"生产可能性曲线"。它显示出一个社会在既定的经济资源和生产技术条件下,生产所能达到的最高界限或边界,故又称"生产可能性边界"。如图1.1所示,图中横轴表示消费品，纵轴表示投资品，曲线 AE 表示生产可能性曲线。这里假设生产资源可无限细分，产出的投资品和消费品也可无限细分，这样形成的生产可能性曲线是一条平滑的曲线。图中曲线 AE 线上的所有点表示当社会资源全部用完时可以达到的产出组合的各种可能。AE 曲线右侧的各点，如 I 点所表示的生产组合，是这个国家现有的经济资源和技术水平无法达到的；AE 曲线左侧的各点，如 J 点，表示的是这个国家此时的生产能力没有充分发挥出来时的生产组合。

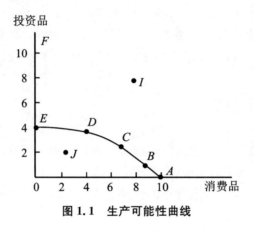

图 1.1　生产可能性曲线

第二节　西方经济学的研究对象

三个和尚是如何解决喝水问题的

俗话说，一个和尚挑水喝，两个和尚抬水喝，三个和尚没水喝。现在尝试把这个俗语改一下，大意是这样的：一个和尚挑水喝；两个和尚接力抬水喝；三个和尚中的一个上山砍伐竹子，第二个和尚将竹子打通做成管道，第三个和尚将管道连在一起，把水直接引到寺庙，这样就解决了和尚喝水的问题。

思考：这句俗语的经济学含义是什么？

一、经济学的定义

资源的稀缺性是任何社会都存在的一个基本事实，如何配置和利用稀缺资源以满足人们的需要，就成了任何社会都面临的基本问题。经济学正是为了研究这一基本问题的需要而产生的。美国经济学家保罗·萨缪尔森对经济学的定义是：经济学研究的是一个社会如何利用稀缺的资源生产有价值的商品,并将它们在不同的个体之间进行分配。

以上定义包含的基本思想是:资源是稀缺的,社会必须以有效率的方式加以利用。面对稀缺的资源,个人、家庭、厂商、政府等必须做出各种选择,这些选择共同决定了经济中的有限资源是如何使用的,即资源配置。随之而来的问题是,社会使用资源的效果如何。既然资源是稀缺的,那么,社会对资源的使用就应该是节约的或者是有效率的。因此,经济学也研究社会尽可能有效率地配置使用稀缺资源以满足人们需求的方式。这样,经济学可以被简单地定义为研究资源配置及其利用效率的一门学科。

二、资源配置

资源配置就是把资源分配到各种可供选择的用途中,生产出能够满足人们不同需要的不同物品,它包括三个方面的问题,即生产什么(What),如何生产(How),为谁生产(For Whom)。这也是人类社会所必须解决的三个基本问题。

第一,生产什么?这主要是由于资源的用途是多方面的,并可以相互替代,因此人们在进行经济活动,用相对稀缺的资源去满足最迫切的欲望时,就有必要选择稀缺资源最优生产什么物品,同时决定生产的数量。

第二,如何生产?即用什么方法来生产。生产一定数量的物品可以采用不同的生产方法。生产方法实际上是如何对各种生产要素进行组合,是采用资本密集型方法(多用资本,少用劳动)来生产,还是采用劳动密集型方法(少用资本,多用劳动)进行生产的问题。采取不同的生产方法,生产相同数量物品,其经济效益不相同,即资源的利用效率不同。

第三,为谁生产?即生产出来的产品以什么原则分配给社会各阶级和各成员。产品如何分配,直接影响整个社会生产要素的流向和配置。

三、资源利用

在现实社会中,人类社会往往还面临着这样一种矛盾:一方面,资源是稀缺的;另一方面,稀缺的资源没有得到充分利用。资源利用就是研究人类社会如何更好地利用现有的稀缺资源,生产出更多的物品。它主要涉及三个方面的问题:

第一,充分就业问题。资源是否得到充分利用,是否存在资源闲置和浪费现象,也就是说如何使资源得到充分利用,从而使产量达到最高,这就是一般所说的充分就业问题。

第二,货币的购买力问题。货币购买力的变动影响着资源的配置与利用。比如购买力下降,1年前10元钱可以买1千克肉,现在只能买0.5千克,这必然影响肉的销量。因此,经济学要研究货币购买力问题,即一般所说的通货膨胀问题。

第三,经济波动与经济增长问题。一国经济为什么会发生波动?为何资源数量没变,但产量却时高时低?与此密切相关的是如何使产量持续增长,即一般所说的经济波动与经济增长问题。

田忌赛马为什么能赢

《史记》中记载了"田忌赛马"的故事:田忌经常与齐王及诸公子赛马,并设重金赌注。但每次田忌和齐王赛马都会输,原因是田忌的马比齐王的马稍逊一筹。孙膑通过观察发现,齐王和田忌的马大致可分为上、中、下三等,于是孙膑对田忌说:"您只管下大赌注,我保证您能赢得比赛。"田忌相信并答应了他,拿出千金与齐王和诸公子下注。比赛即将开始,孙膑说:"现在用您的下等马对付他们的上等马,用您的上等马对付他们的中等马,用您的中等马对付他们的下等马。"三场比赛过后,田忌一场落败而两场得胜,最终赢得千金赌注。

后来,田忌把孙膑推荐给齐王。齐王向他请教兵法后,就请他当自己的老师,孙膑的才学有了更宽广的用武之地。

同样是三匹马,由于选择配置方法不同,结果就大不相同。田忌的马要比齐王的马低劣,在这样的前提下,孙膑只是通过选择不同的配置就赢得了比赛。在做选择的过程中,我们应该学习孙膑权衡取舍的智慧。

从某种意义上来说,经济学就是关于资源配置的学问。美国经济学家保罗·萨缪尔森说:"经济学研究人与社会如何做出最终抉择,在使用或者不使用货币的情况下,来使用可以有其他用途的稀缺的生产性资源,在现在或将来生产产品,并把产品分配给各个成员以供消费之用,它分析改进资源配置形式可能付出的代价和可能产生的效益。"因此,只有学会权衡取舍,才能做出适合的决策,获得最大收益。

人的欲望是无限的,但用于满足欲望的资源是有限的,所以,要决定用什么资源去满足哪些欲望,这就是资源配置的问题。资源配置的实质是权衡取舍,即在取舍之间实现利益的最大化。权衡取舍的情况随处可见,与人们的生活息息相关。每个人在生活中都会面临各种各样的选择,例如,你有买一套衣服的预算,但同时看中了两套各具特色的衣服,究竟选择哪一套呢?又如,你攒了一笔钱,准备添置新的家具,是买一套组合柜,还是买一台录像机?再如,你大学快毕业了,是继续深造读研究生,还是去工作赚钱?做这些决策的过程其实就是权衡取舍的过程。

人们在进行权衡取舍时,大致上体现如下规律:每个人都会自然地做出趋利避害的决策,选择对自己利益最大化的结果;人们会清楚认识到自己面临的选择有诸多约束条件,因而,尽可能使自己付出的代价最小化。权衡取舍的情况越多,意味着人们的选择和自由度越大。现代社会可供选择的对象太多,我们如何选择,也是在考验我们的智慧。有很多人患有选择恐惧症,就是因为自己的选择多次失误,再去选择时便小心翼翼。因此,权衡取舍是一门高深的学问,以经济学的思维思考问题,对于我们的选择必将有所裨益。

思考:上述案例反映了什么样的经济学原理?

第三节　经济学的研究内容

知识导入

观一叶可否知秋

微观行为与宏观结果甚至可能是背离的。对此,萨缪尔森曾打过一个精辟的比方。他说,好比在一个电影院看电影,有人被前面的人挡住了视线,如果他站起来的话,他看电影的效果将会改善。因此,站起来就微观而言是合理的。但是,如果大家都站起来的话,则大家看电影的效果都不能得到真正的改善,这个时候站着和坐着的效果是一样的,不过是徒然增加了一份"折腾"的成本而已。这个例子足以说明,在微观上合理的事情,在宏观上未必合理,对个体是理性的事情在总体上未必理性。

另一个例证是金融危机。当有人发现银行不稳定,个人的最佳办法就是将存款取出,以保全自己。但是否能保证全体的安全呢?恰恰相反,如果所有人都这么做的话,就肯定会发生金融危机,个人利益也将受损。亚洲金融危机就是这样,有人看到本币不稳,纷纷抛售本币,购买外币,结果本币一落千丈,最终引发金融危机,各国人民的利益都遭受损失。

因此,我们无法从微观现象简单地推导出宏观结论。在宏观经济学方面,所谓"观一叶而知秋"的说法是靠不住的。

思考:(1) 微观经济学与宏观经济学的主要内容是什么?
　　　(2) 微观经济学与宏观经济学有哪些区别与联系?

经济学是研究资源配置及其利用效率的一门学科,根据其研究内容的侧重角度不同,可以分为微观经济学和宏观经济学两大部分。

一、微观经济学

"微观"一词源于希腊文"Micro",意思是"小"。微观经济学(Microeconomics)是以单个经济单位作为考察对象,研究其在市场经济制度下的经济行为以及由此而产生的经济理论。微观经济学的内容实际上包括三个部分:一是考察个体消费者的经济行为,如产品的需求数量和需求价格等;二是考察生产者(即厂商)的经济行为,如产品的供给数量和价格等;三是考察生产要素所有者的经济行为,如劳动和土地的供给,从而得出工资和地租理论。

微观经济学从研究个体经济主体的行为入手,来解决个体经济单位的资源最优配置问题。其内容主要包括以下六个方面:

第一,均衡价格理论。研究单个产品的价格决定及市场价格机制对市场需求和供给的影响,从而影响社会的资源配置。

第二,消费者行为理论。研究消费者均衡,即消费者在收入或支出一定的情况下,如何获得最大满足。

第三,生产理论。研究生产者均衡,即生产者在生产要素投入或成本支出一定的情况下,如何获得产出或收益最大。

第四,市场理论。研究不同市场条件下,厂商的均衡条件。

第五,分配理论。研究产品以什么原则分配给生产要素的供给者的理论。

第六,微观经济政策。研究政府有关价格管理、消费与生产调节以及实现收入分配平等化等的政策。这些政策属于国家对价格调节经济作用的干预,是以微观经济理论为基础的。

微观经济学的中心理论是均衡价格理论。这是由于在市场经济中,每一种个体经济的行为都以追求利益最大化为目标,在这个过程中,价格起到至关重要的作用,它就像一只"看不见的手"调节着各种经济主体的行为。例如,消费者购买什么,购买多少;生产者愿意生产什么,生产多少,怎么生产,都由市场上该商品的价格决定,其他内容都是围绕这一中心问题展开的。

知识链接

亚当·斯密

如果要评选人类历史上最伟大的经济学家,恐怕非亚当·斯密(Adam Smith,1723—1790)莫属。他1776年出版的《国富论》揭示了市场经济的运行规律。他关于一只"看不见的手"(价格)自发调节经济的思想至今仍然是"经济学皇冠上的宝石"。亚当·斯密认为:"市场价格机制就像一只'看不见的手',指引着个人追求私利的活动,但客观上又实现了社会利益,使社会资源能合理而有效率地分配到各种商品的生产上去。"因此,他认为,国家不应该干预市场机制发挥作用,而应实行自由放任政策。如果说牛顿是现代物理学的奠基人,亚当·斯密就是现代经济学的奠基人。亚当·斯密所建立的古典经济学与牛顿所建立的经典力学同样辉煌,是使我们从愚昧走向科学的起点。

二、宏观经济学

"宏观"一词源于希腊文"Macro",意思是"大"。宏观经济学(Macroeconomics)是把整个经济总体(通常是一个国家)作为考察对象,研究其经济活动的现象和规律以及由此产生的经济理论。宏观经济学研究的总量经济内容包括三大部分:一是具有总量性质的经济变量,如国内生产总值(GDP)、国民收入(NI)、货币供给等;二是由无数个体经济活动所组成的整体经济活动,如总投资活动、总消费和总储蓄活动等;三是研究一些重要的经济现象,如通货膨胀、失业、经济危机周期、经济增长等。

宏观经济学从研究经济总体行为出发，来解决整个社会资源的最优配置问题。它研究的内容主要包括以下五个方面：

第一，国民收入决定理论。它从总需求和总供给的角度出发，研究国民收入决定及其变动的规律。在宏观经济学中，国民收入始终是核心问题。

第二，失业和通货膨胀理论。宏观经济学把失业与通货膨胀和国民收入联系起来，分析两者形成的原因和相互关系，以便找出解决这两个问题的途径。

第三，经济周期与经济增长理论。经济周期涉及国民收入的短期波动，经济增长涉及国民收入的长期增加趋势。宏观经济学研究国民收入短期波动的原因、长期增长的源泉等，以期实现经济长期稳定的增长。

第四，开放经济理论。现实的经济都是开放型的经济，宏观经济学既要分析一国国民收入的决定和变动如何影响别国以及如何受别国影响，同时也要分析开放经济条件下一国经济的调节问题。

第五，宏观经济政策。宏观经济学为国家干预经济服务并为它提供理论根据，而宏观经济政策是要为这种干预提供具体的措施。政策问题包括政策目标、政策工具以及政策效应。

知识链接

凯 恩 斯

凯恩斯(Keynes,1883～1946)于1936年发表的著作《就业、利息和货币通论》引发了经济学的革命。这部作品使人们对经济学和政权在社会生活中的作用有了更深刻的认识，产生了深远的影响。凯恩斯指出，在现实生活中存在着边际消费倾向递减、资本边际效率递减和流动偏好三大规律。由于这些规律的存在，随着社会的发展，必然出现有效需求不足的问题。有效需求不足使企业生产出来的东西卖不出去，企业停产乃至破产，最终导致经济危机爆发，工人失业。他指出总需求不足是导致资本主义经济危机的主要原因，若要消除经济危机，政府必须干预经济，以刺激总需求。凯恩斯被公认为宏观经济学的奠基人。

三、微观经济学与宏观经济学的关系

微观经济学与宏观经济学是西方经济学中既有区别又有联系的两个分支学科。它们的区别如表1.2所示。

表 1.2 微观经济学与宏观经济学的区别

	微观经济学	宏观经济学
研究对象	个体经济	经济总体
研究方法	个量分析法	总量分析法
中心理论	均衡价格理论	国民收入决定理论
解决问题	资源配置	资源利用

它们的联系主要表现在以下两个方面：

（1）微观经济学是宏观经济学的基础。宏观经济学的总量分析是建立在微观经济学的个量分析的基础之上，宏观经济学的许多理论也是建立在微观经济理论的基础上的，没有微观经济理论的坚实基础，就没有宏观经济理论的深入发展。两者之间就好比树木与森林的关系。

（2）微观经济学和宏观经济学是互相补充的。经济学的研究目的是要实现社会经济福利的最大化。为了达到这个目的，就必须既要实现资源的最优配置，又要实现资源的充分利用。微观经济学和宏观经济学分别从不同角度对社会经济资源的配置和利用问题进行了分析，两者互相补充，共同构成了现代西方经济学理论的基本内容。

> **想一想**
> 经济学分为哪两个分领域？每个分领域的研究内容是什么？

知识链接

微观经济学与宏观经济学名称的由来

在20世纪30年代之前，并没有微观经济学与宏观经济学的概念。人们一般把英国古典经济学家亚当·斯密作为现代经济学的奠基者，他的主要代表作是《国民财富性质和原因的研究》（简称《国富论》）。从亚当·斯密开始的古典经济学既研究经济增长、经济周期（宏观经济学）等内容，又研究价格、价值、成本、收入分配（微观经济学）等内容。换言之，在经济学形成的相当一段时期中，经济学并没有微观与宏观的区分。

从19世纪70年代的边际革命之后，经济学的研究从生产转向需求，直至20世纪30年代，其研究的中心是资源配置，即今天所说的微观经济学，这一时期的经济学被称为新古典经济学；到19世纪末英国经济学家马歇尔的《经济学原理》出版，微观经济学体系已经基本形成，但当时还没有"微观经济学"这个名称。

在凯恩斯之前，经济学家也研究过经济增长、经济周期这类宏观经济问题。但现代宏观经济学是在凯恩斯1936年发表《就业、利息和货币通论》之后才形成的，不过提出"微观经济学"与"宏观经济学"这两个名称的并不是凯恩斯，凯恩斯也没有把自己的理论体系称为宏观经济学。

第一次使用"微观经济学"和"宏观经济学"这两个名词的是荷兰统计局一位并不出名的经济学家 P. 迪·沃尔夫。他在 1941 年的一篇文章中写道:"微观经济解释所指的是一个人或家庭……的关系。宏观经济解释产生于与个人或家庭组成的大集团(社会阶层、民族等)……相应的关系。"沃尔夫的解释已接近于今天对微观经济学和宏观经济学的理解。美国经济学家萨缪尔森在 1948 年出版的《经济学》中把这两种理论构建在一个经济学体系之内,这成为至今为止几乎所有经济学初级教科书的标准模式。

把经济学分为微观经济学与宏观经济学是一个创举,但过分强调这两者之间的区分,又容易形而上学地割裂它们之间的内在联系,因此经济学家们正在努力建立一个微观经济学与宏观经济学统一的体系。

第四节 经济学的研究方法

知识导入

经济学研究的主要方法——实证分析与规范分析

国内生产总值(GDP)常被认为代表一个国家的综合国力,人均 GDP 则反映了老百姓生活的富裕程度。

从实证分析角度看,这些数字的统计归纳过程就是实证分析的过程,如果对某些数据有怀疑,还可以重新检验。具体数字是客观的,在统计过程中只回答"是什么"。

从规范分析的角度来看,一国为了提高 GDP 水平就需要制定相应的产业政策、货币政策和财政政策。政策的制定具有主观性,有的人认为经济增长率提高较快是好事;有人认为经济增长率提高太快是坏事,应放缓经济增长。这些都是主观判断,无法检验好坏。

思考:(1) 什么是实证经济学与规范经济学?
(2) 实证经济学与规范经济学有哪些联系和区别?

经济学家对经济问题的表述有两种类型:是什么(What is)和应该是什么(What ought to be)。关于"是什么"的表述是实证表述(Positive Statements),关于"应该是什么"的表述是规范表述(Normative Statements)。用实证表述方法来分析解决经济问题的经济学称为实证经济学,用规范表述方法来分析解决经济问题的经济学称为规范经济学。

一、实证经济学和规范经济学

实证经济学(Positive Economics)是对社会各种经济活动或经济现象进行解释、分析、证实或预测。实证经济学通常采用实证分析法。所谓实证分析是指人们在观察事物时,只注意事物是如何运行的,它想要表述和分析的是现存事物的实际状况和未来的发展趋势,回答的是"是什么(What)?""为什么(Why)?"的问题,不涉及对事物的价值判断。在经济学中采用实证分析,就是描述与考察经济现象"是什么",研究经济事物本身和相互之间联系的客观规律,并以此分析和预测人们经济行为的结果,说明客观经济事物过去、现在和未来的状态。实证经济学的目的在于了解经济情况目前是怎样的状况以及又是怎样运行的,没有价值判断和伦理标准。

规范经济学(Normative Economics)是以一定价值判断为出发点,提出行为标准,探讨和研究怎样才能符合这样标准的理论和政策。规范经济学通常采用规范分析法。所谓规范分析,与实证分析不同,它不研究事物是怎样运行的,而是以一定的价值判断为基础,提出某些标准作为分析和处理问题的准则,研究事物如何按此准则运行,它所要回答的是"应该"或"不应该"的问题,涉及伦理标准和价值判断。如某项经济政策是有利,还是有害;是弊大,还是利大;是采用,还是不采用;这就是规范经济学所研究的问题。

实证经济学和规范经济学的区别主要有:实证经济学是为了探索经济事物内在的客观联系,揭示经济运行的客观规律,解决"是什么(What is)"的问题,因此其内容具有客观性,实证经济学的研究就要避开价值判断,所得出的结论可以通过各种方式来进行检验。规范经济学研究是要判断一具体经济事物的好坏,要说明经济事物对社会有什么意义,解决"应该是什么(What ought to be)"的问题,要做到这一点,规范经济学必须以一定的价值判断为基础,因此其内容具有主观性,所得出的结论要受到不同价值观的影响,是非没有绝对的标准,无法通过事实来进行检验。

> **想一想**
>
> 实证分析和规范分析的区别是什么?

例如,在国民经济运行中,货币市场与产品市场是紧密联系相互影响的。货币供给量的改变会引起国内生产总值、就业率和通货膨胀等经济指标的变动。在通常情况下,货币供给量的增加会使利率降低,有利于投资,从而能够促进经济增长,降低失业率。但是,货币市场上货币量的增加又会增加社会通货膨胀压力。这一过程的研究揭示了货币供给量、国内生产总值、就业率和通货膨胀之间的客观联系,属于实证经济学范畴。在此分析基础上,政府究竟是选择促进经济增长、减少失业率、增加通胀压力的货币供给量增加的货币政策,还是选择减轻通胀压力,但承担经济增长放慢、失业率增加等后果的减少货币供给量的货币政策,这就属于规范经济学范畴,它涉及对经济事物的价值判断。这里所说的价值是指经济事物的社会价值,价值判断属于社会伦理学范畴,不同的人对同一事物、同一政策会有不同的判断和意见,对于应该做什么或应该怎么做,不同的人也会有不同的建议,所以价值判断具有强烈的主观性和阶级性。

实证经济学和规范经济学又是相互联系的,这也是经济学不同于自然科学的一个重要特征。自然科学属于实证科学,我们只能采用实证分析方法揭示自然事物之间内在的、客观的联系。例如,在核物理的研究中,科学家的主要任务是研究原子裂变的规律,至于这一理论是用于制造原子弹,还是用于发电,则涉及价值判断,不是自然科学的研究范畴。然而经济学研究则不同,它既包含实证经济学研究,又包含规范经济学研究。实证经济学是规范经济学的基础,规范经济学是实证经济学的前提。这表现为在经济学研究中,一方面我们要运用实证分析对经济事物进行分析、推理、归纳,得出其特点和规律以及预测其未来趋势,另一方面又必须运用规范分析,即根据一定的价值判断标准对经济活动的目标和政策做出选择。

实际上,不论是实证经济学,还是规范经济学,都和经济目标相关。经济目标系统是分层次的,目标层次越低,与经济运行的联系越密切,其研究的实证性越强;目标层次越高,越需要对经济运行进行评价,其研究越具有规范性。实证经济学和规范经济学是对经济目标的不同层次的研究,功效各异,相互补充,构成一个不可分割的整体研究。

二、实证分析方法

(一)均衡分析

"均衡"是西方经济学从物理学中借用的一个概念。在物理学中,均衡是指一个物体在各种力量的作用下处于相对静止或做匀速直线运动的一种状态。在经济体系中,一个经济事物处在各种经济力量的相互作用中,如果有关该经济事物各方面的各种力量能够相互制约或者相互抵消,那么该经济事物就会处于相对静止的状态,并能持续保持这种状态,此时我们称该经济事物处于均衡状态。

对经济变量均衡的形成和变动条件的分析,称为均衡分析。均衡分析在西方经济学中处于特别重要的地位,是微观经济学和宏观经济学都使用的分析方法。均衡分析分为局部均衡分析和一般均衡分析。

局部均衡分析研究的范围只局限于某一市场或某一经济单位的某种商品或某种经济活动,并假定这一商品市场或经济单位与其他市场或经济单位互不影响,或者说我们考察的对象是单独某位消费者、某个商品市场、某家厂商或某个行业的均衡状态。

一般均衡分析研究的范围是经济运行整体,它是考察整个经济系统是如何实现均衡的分析方法,使用该方法时,需考虑各种商品和要素市场的相互影响。由于一般均衡分析中自变量较多,而且许多变量都是瞬息万变的,因此这一分析方法非常复杂,所以在西方经济学中,大多仍采用局部均衡分析。

(二)静态分析、比较静态分析和动态分析

静态分析是指分析某一经济变量达到均衡状态所需要具备的条件时,不考虑时间因素和经济变量具体变动的过程的分析方法。它是一种静止、孤立地考察经济现象的方法。

比较静态分析是比较各种静态分析结果的方法,指均衡条件发生变化以后,对新形成的静态均衡结果与原来的静态均衡结果进行比较的分析方法。比较静态分析比较的只是一个经济变量变动过程的起点和落点,不涉及经济变量变动的时间和具体变动过程本身的情况。

动态分析与静态分析是相对的,是把经济现象的变化当作连续的过程来看待,主要研究时间因素对经济变动的影响,即分析各种变量怎样随着时间的变动而相互作用,最终达到一种新的均衡的分析方法。

（三）边际分析

边际分析，也称边际增量分析，是西方经济学中最基本的分析方法，被普遍地应用于微观经济研究和宏观经济研究。所谓边际，是指额外或最后增加的单位。边际分析法是指对自变量每增加一个单位的量值会如何影响和决定因变量的量值所进行的分析。在西方经济学中，边际分析是经济学家常用的数理和数量方法。以微观经济研究为例，微观经济学中对边际产品、边际收益、边际成本、边际生产力等的分析，就属于边际分析。例如，生产20件产品的成本为300元，生产21件产品的成本为305元，每增加1单位产品的边际成本为5元。新增加的这1单位产品就是边际产品，生产这1单位产品所耗费的成本就是边际成本，由它所带来的收益就是边际收益。边际分析法是将高等数学的微分理论引入经济学的研究，用于解决经济资源的最佳配置问题。边际分析在西方经济学中被广泛采用。

> **想一想**
>
> 边际的含义是什么？

（四）经济模型分析

经济模型是经济理论的数学或图像表现。经济模型分析是指研究经济现象时，运用科学的、抽象的方法，舍去影响较小的经济变量，从而将复杂多样的经济现象简化为为数不多的主要经济变量，并用描述这些经济变量函数关系的一个或一组数学方程式表示它们之间的依存关系的分析方法。由此可见，经济模型分析是数理和数量分析法，这也是西方经济学常采用的方法之一。

案例点击1.2

公司决策——福特公司的运动型多功能车

1991年，福特汽车公司推出了探险者（Explorer）车型，它很快成为全美销售业绩最好的运动型多功能汽车（SUV）。1997年，福特公司又推出了征服者（Expedition）——一种款式更新、更大、更宽敞的SUV，这种汽车获得了巨大的成功，福特公司的利润因此迅速上升。这类新型汽车的成功使得福特公司于1999年再次推出了一款更大的、超高级的SUV——旅行家（Excursion）。到2002年，福特公司已经推出了六款不同的SUV车型，同时它的下属公司沃尔沃（Volvo）、马自达（Mazda）、水星（Mercury）、林肯（Lincoln）和路虎（Land Rover）也推出了六种以上的其他车型。这些汽车的设计和高效率的生产不仅涉及工程学方面的某些重大的进展，同时也涉及经济学的许多理论。

首先，福特公司必须仔细考虑公众会对这种新车型的设计做出什么反应。这种汽车款式及其性能能否左右消费者？市场需求最初有多少，会以多快的速度增长？了解消费者的偏好和选择，并预测其需求及对价格变动的反应，是福特公司和其他汽车厂商都必须要做的工作。

其次,福特公司必须考虑生产这些新型汽车的成本。它的生产成本有多高?随着每年生产数量的变化,成本又如何变化?工会的工资谈判、钢铁及其他原材料的价格对其成本又有什么影响?随着管理者和生产者在生产过程中不断积累经验,生产成本可能会下降多少?下降的速度有多快?福特公司应该计划每年生产多少辆新型汽车才能使利润达到最大化?

福特公司还必须为汽车设计一种定价策略,并考虑竞争对手对该策略会做出什么反应。例如,福特公司是否应该对探险者的普通型制定低价,而对用户可选择的部件(如汽车的真皮座椅)制定高价?如果把这些可选择的部件变成"标配",然后对整辆汽车制定高价,利润是否可以更高些?对于福特公司所做出的策略选择,竞争对手又会做出什么反应?

由于SUV的流水生产线需要在新的资本设备方面进行大量的投资,福特公司不得不考虑相关的风险和可能出现的种种结果。风险之一来源于未来汽油价格的不确定性(汽油价格的上升会减少消费者对豪华型汽车的需求);风险之二来源于福特公司支付给工人的工资具有不确定性。如果石油价格再涨一倍或两倍,或者美国政府对汽油征收新税,将会发生什么情况?工会在劳资谈判中的谈判力量有多大?工会对工人工资的要求又将如何影响工资水平?在做投资决策时,福特公司应该如何对这些不确定的因素加以全盘考虑?

福特公司还可能为组织问题伤透脑筋。福特是一个一体化企业,其中各个独立的部门分别生产发动机和零部件,然后组装成成品汽车。如何对不同部门的工作论功行赏?发动机来自别的部门,那么应该支付给该部门多少钱?是所有的零部件都应当来自上游的流水线部门,还是其中的一部分应该向外国厂商采购?

最后,福特公司还得考虑与政府的关系以及政府的调控政策对企业的影响。例如,所有的福特车型必须符合美国联邦政府的汽车尾气排放标准,生产线的操作必须符合健康和安全方面的规定。这些规定和标准会随着时间的推移发生怎样的变化?又会怎样影响公司的成本和利润的?

通过微观经济学的学习,你将了解经济学的重要性及其广泛的应用性。

讨论:为什么要学习经济学?

假设在经济学中的运用

经济学的研究方法需要假设,但不意味着经济学的研究只停留在假设上。

在茫茫沙漠中,烈日当头,几位饥饿的学者由于没有工具,面对一堆罐头食品与饮料一筹莫展。于是,他们讨论如何开启罐头。物理学家说:给我一个聚光镜,我可以用阳光把罐头打开。化学家说:给我几种化学药剂,我可以利用它们的化学反应来开启罐头。经济学家则说:假如我有一把开罐刀……

这个故事被认为是对经济学家的嘲讽,因为经济学家在分析问题时总是依赖于一大堆假设。于是乎好像百无一用是经济学家,因此经济学是最不科学的一门学科。但假设却是经济学家常用的一种抽象分析方法,其目的在于排除非本质因素的干扰,把复杂的问题简单化,并最终得到研究结论。

其实,上面那个故事并不能说明只有经济学家在分析问题时才利用假设,物理学家和化学家不也是在空想吗?试想,在沙漠中,如果连开罐刀也没有,又何来聚光镜和化学药剂?难道物理学家和化学家会随身带着这些东西吗?他们只不过是根据自己的本行来假设罢了,在茫茫沙漠中同样无用。

不能因为经济学家的假设最直接就觉得它最没有可能。相反,如果回到一般情况下,经济学家的假设无疑是最符合现实的,也是最容易为人所接受的。这个故事只能说明经济学更加贴近人们的日常生活,它并不是人们所想象的那般高深莫测。它所假设的内容往往被人们所忽略。因此,经济学家最能挖掘假设对理论的巨大作用,根据弗里德曼提出的假设不相关命题,即使假设本身是不现实的,也并不影响以之为手段得到正确的结论。

在一些假设的基础上进行抽象分析,似乎是经济学不得不做的选择。马克思说过,分析经济形式,既不能用显微镜,也不能用化学试剂,两者都必须用抽象力来代替。此语道出了抽象分析对经济学的重要性。

举一个通俗的例子:假如你要去美国旅游,但对美国又不熟悉,为了全面地了解美国,你找到了一张美国航天局制作的卫星地图,它虽然完整地记录了美国的山山水水,乃至一草一木,但对于普通人而言,由于它的信息太全面了,看了以后反而更加茫然。于是,你又找了一张美国旅游局制作的旅游地图,这是一张经过大量删减的地图,它不再详细记载美国的一草一木,只是记载了主要的山脉、河流、道路、城市等有限的信息,但正是这张记载有针对性信息的地图却能给你帮助,使你能够快速了解美国。

经济学的研究方法需要假设,但不意味着经济学的研究只是停留在假设上,一定的假设只不过是为了得到最终结论的手段,经济学理论的进展往往是在不断放宽假设条件,并步步逼近真实的过程中取得的。也就是人们常说的,认识问题总是先从具体到抽象,再从抽象回到具体。一国的经济领域是极其复杂的,其中有上百万乃至上亿人口和数量众多的企业,在这种环境下探索经济规律是很困难的。假设可以从各种复杂的经济关系中,抽象出最本质的关系加以研究,从而会使得解释这个世界更为容易。例如,为了研究国际贸易的影响,人们可以假设,世界上只有两个国家,而且每个国家只有两种产品。当然,现实世界由许多国家组成,每个国家都生产成千上万的不同类型的产品。但是,通过假设两个国家和两种产品,人们可以集中进行思考,一旦理解了只有两个国家和两种产品这种假想世界中的国际贸易,就可以触类旁通,从而更好地理解现实复杂世界中的贸易。

讨论:(1)为什么说假设对经济学的研究是十分必要的?

(2)在经济学研究中,你认为应该如何正确地运用假设?

知识归纳

基本概念	微观经济学、宏观经济学、生产可能性边界、实证经济学、规范经济学
基本原理	资源的稀缺性和人类欲望的无限性这一对矛盾促进了西方经济学的产生。西方经济学包括微观经济学与宏观经济学两个组成部分。微观经济学主要研究的是资源配置问题,宏观经济学主要研究的是资源利用问题。资源稀缺就需要选择,而选择就必然涉及选择的成本和选择的可能性,即机会成本和生产可能性曲线。实证分析和规范分析是西方经济学的研究方法。
基本知识点	(1) 经济学研究的基本前提是人类欲望的无限性和资源的有限性,经济学就是要找到最大限度缓解两者矛盾的方法。 (2) 微观经济学是以单个经济主体作为考察对象,研究个量经济单位的经济行为。宏观经济学把整体的经济活动作为考察对象。两者既有区别又相互联系。 (3) 任何一种资源都有许多可供选择的用途。资源的有限性决定了我们必须在几种不同的产品中做出选择,而选择就会有机会成本。在稀缺性的世界中选择一种东西就意味着要放弃其他东西,被放弃的东西的价值就是机会成本。 (4) 如果把机会成本的概念运用于整个社会生产的分析,就会得到经济学中另一个重要的概念——生产可能性曲线。它是指一个社会用其全部经济资源和当时最好的技术所能生产的各种产品的最大可能产量组合点的曲线。 (5) 实证经济学主要回答"是什么"这类问题,实证的论述是以事实为依据的,是否正确可以通过对事实的检验来判定。规范经济学主要回答"应该是什么"这类问题,具有强烈的主观色彩,对同一个事物将存在不同的规范论述,正确与否不能通过事实的检验来判断。 (6) 实证分析方法主要包括均衡分析、静态分析、比较静态分析、动态分析、边际分析、经济模型分析。

◆ 复习检测

1. 名词解释

(1) 机会成本　　(2) 生产可能性边界　　(3) 微观经济学　　(4) 宏观经济学

2. 简答题

(1) 经济学的定义和其研究对象是什么?

(2) 微观经济学和宏观经济学的区别与联系是什么?

(3) 什么是实证经济学?什么是规范经济学?两者之间有何区别和联系?

(4) 怎样理解资源的稀缺性是人类社会永恒的问题?

第二章 价格理论

通过本章的学习，要求熟练掌握需求、供给、均衡价格、弹性等基本概念；熟练掌握供求规律、供求的性质；同时对需求和供给能够形成完整的、准确的认识，并能够熟练运用其中的基本原理解释相关问题。

需求 Demand　　　　　　　　供给 Supply
均衡价格 Equilibrium Price　　均衡数量 Equilibrium Quantity
弹性 Elasticity　　　　　　　供求规律 Low of Supply and Demand

在市场经济中，微观经济学以单个经济单位（家庭、厂商和单个产品市场）为研究对象，根本目的是解决稀缺资源的配置问题，这一问题是通过价格机制实现的。因此，价格理论就成为微观经济学的核心和理论分析的起点。微观经济学的核心是价格理论，而需求和供给又是决定和影响价格的两种基本力量。本章着重分析市场供求规律及市场均衡价格的形成问题。

第一节 需 求

2016 年杭州楼市价量齐升

仅仅 8 个月的时间，杭州商品房成交套数、面积、金额均刷新了历史所有年份的全年成交纪录。2016年杭州市区商品房成交量高达19.3万套、1938.7万平方米、3422.5亿元。其中,商品住宅成交13.9万套、1563.0万平方米、2818.4亿元。

商品房价格迎来2010年以后的第一次明确大幅度的上涨,与上一年同期相比,平均价格涨幅高达15.0%。国家统计局发布的70个大中城市新建商品住宅价格指数显示,2016年11月杭州商品房成交同比上涨30.1%。

思考:(1)为什么房价涨了,商品房的成交量还增加了?
(2)影响商品需求量的因素有哪些?

一、需求及影响需求的因素

(一)需求的概念

需求(Demand)是指在某一特定时期内,对应于某种商品的每一种可能的价格,消费者愿意购买并且能够购买的某种商品的数量。"愿意"是指有购买欲望,"能够"是指有购买能力。因此,对某种商品的需求,必须具备两个条件:一是愿意购买,二是有支付能力,两者缺一不可。例如,对于通俗歌手演唱会,想听通俗歌手唱歌而买不起门票的人没有这种需求,能买得起门票但不愿听通俗歌曲的人也没有这种需求,只有既想听又买得起票的人才构成对通俗歌手演唱会的需求。

需求与供给

需求分为个人需求与市场需求。个人需求是指单个消费者(家庭)对某种商品的需求,即对应于该商品的每一种价格,消费者(家庭)愿意并有能力购买的数量。某一商品每种可能的价格下所有个人需求量的总和,就是市场需求量。可见,个人需求是构成市场需求的基础,市场需求是所有个人需求的总和。

> **想一想**
> 你自己在日常生活中有无消费嗜好是受广告宣传影响的?

(二)影响商品需求量的因素

市场需求不是静止不变的,影响它变化的因素主要包括以下五点:

1. 商品本身的价格

在其他因素不变的条件下,商品的需求量与商品本身价格的变动成反比,即价格越高,需求量越小;价格越低,需求量越多。

2. 消费者的个人偏好

偏好是消费者对商品的喜好程度,对商品的需求影响很大。在相同的价格水平下,消费者的偏好越强烈,需求量就越大;反之,需求量就越小。

3. 其他商品的价格

其他商品主要是指那些与某商品有相互关系的商品。这种关系有两种形式:一是互补关系,即两种商品共同使用以满足某一欲望,它们之间是相互补充的,我们把这两种商品称为互补商品。例如,手电筒和电池,汽车与汽油等。互补商品之间,价格和需求量呈反方向变化。二是替代关系,即两种商品都具有独立地满足某种欲望的功能,他们之间是可以相互替代的,我们把这两种商品互称为替代商品。例如,苹果与梨,煤与石油等。替代商品之间,价格和需求量呈同方向变化。

4. 预期因素

预期因素也影响到消费者对商品的需求。预期是消费者根据现有的条件对未来状况做出的估计。购买者购买商品前均有持币观望且以期获得最大满足的心理。因此,商品的预期价格、消费者的预期收入、其他商品的预期价格等因素会影响到消费者对某种商品的需求量。

5. 消费者收入水平及社会收入分配的平等程度

消费者收入增加时,正常商品需求量一般都会增加;反之,收入减少,会使需求量减少。劣质品刚好相反。此外,如果社会收入的分配更倾向于已处于高收入的阶层,则一般消费品的需求量未必会增加,很可能因低收入阶层的收入减少而减少。所以社会收入的分配也对需求量有影响。

此外,影响商品需求量的因素还有很多,比如时间、人口增减、政府的政策等。

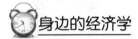
身边的经济学

相关商品价格对商品需求的影响——汽油价格与小型汽车的需求

20 世纪 70 年代,美国的汽油价格上升,引起了对小型汽车的需求变化。第一次发生在 1973 年,当时石油输出国组织切断了对美国的石油供应。第二次是 1979 年,伊朗国王被推翻而导致该国石油供应瘫痪。经过这两次事件,美国的汽油价格从 1973 年的每加仑 0.27 美元猛增至 1981 年的每加仑 1.40 美元。作为一个"轮子上的国家",美国直接面临如何节省汽油的问题。公司和住宅的距离不可能缩短,人们还得继续奔波于两地之间。美国人找到的解决办法之一就是选择能省油的较小型的汽车,于是导致大型汽车的销售量自 20 世纪 70 年代以来迅速下降,小型汽车的销售量却持续攀升。

二、需求的表示方法

根据上述有关需求的定义,消费者对某种商品的需求一般可以由需求函数、需求表、需求曲线表示出来。

1. 需求函数

如果把影响需求的因素作为自变量,把需求量作为因变量,则可以用函数关系来表示某种商品的需求量与影响这个需求量的若干变量之间函数关系。用 Q_d 代表某种商品的需求量,$a,b,c,d,\cdots,n$ 代表影响需求量的因素,则需求函数为

$$Q_d = f(a,b,c,d,\cdots,n) \tag{2.1}$$

影响需求量的因素很多,但其中最重要的因素是商品本身的价格。假定其他因素不变,

只考虑商品本身的价格与对该商品的需求关系,并以 P 代表价格,则需求函数为

$$Q_d = f(P) \tag{2.2}$$

2. 需求表

把商品价格与需求量之间的一一对应关系用表格形式表现出来,就形成了需求表(Demand Schedule)。例如,在某一时期内(假设 2016 年第四季度)鸡蛋的市场的需求如表 2.1 所示。

表 2.1 鸡蛋的市场需求表(2016 年第四季度)

项目	价格/(元/千克)	需求量/千克	项目	价格/(元/千克)	需求量/千克
a	4.0	2000	d	4.6	1300
b	4.2	1800	e	4.8	1000
c	4.4	1500			

注:表中的数据均为假设

由表 2.1 可以看到,商品价格越低,需求量越大;反之,则相反。

3. 需求曲线

依据表 2.1,在一个坐标平面上(通常以纵轴表示价格水平,以横轴表示需求量),一个价格与相应的需求量可以确定一点。将所有价格与需求量组合的点描绘在一个平面上,就可以得到一条曲线,这就是需求曲线(Demand Curve),如图 2.1 所示。它是表示某种商品价格与需求量之间一一对应关系的曲线。需求曲线可以是非线性的,也可以线性的。

> **想一想**
> 正常商品的需求曲线为什么是向右下方倾斜的?

在图 2.1 中,横轴表示需求量(Q),纵轴表示价格(P),D 就是根据表 2.1 绘制出的需求曲线。可知,需求曲线由左上方向右下方倾斜,斜率为负,表明商品价格升降与需求量的消长互呈反方向变动的关系。一般来说,在其他条件不变的情况下,商品的价格越高,需求量越小;反之,商品的价格越低,需求量越大,在西方经济学中,这一特征被称为需求定理。

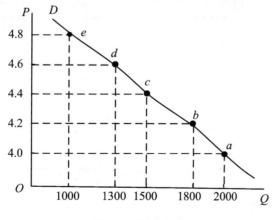

图 2.1 需求曲线

 知识链接

"吉芬之谜"

根据需求定理,价格越低,需求量越大;反之,价格越高,需求量越小。但也有一些例外的情况。例如,一些奢侈品如珠宝、名贵服饰等和珍贵收藏品(古董、名画等),价格越高,越能显示其价值,人们对它们的需求可能越旺盛;如果价格降得幅度太大,人们对它们的需求可能反而会降低。还有一些低档的商品,常常也会出现价格越高,需求量越大,价格降低,需求量反而减少的现象。人们将这种现象称为"吉芬之谜"。

吉芬是19世纪的英国经济学家,他对爱尔兰的土豆销售情况进行了研究,发现土豆价格上升时,对它的需求量也上升。土豆既不是古董,也不是其他珍贵商品,为什么会出现这种反常情况呢?原来,土豆这种商品价格上升,意味着穷人实际收入减少,穷人就不得不多消费这种商品(收入越低就越多吃土豆),而少消费其他商品(收入越低就越少吃肉)。于是出现了土豆价格越高,需求量反而上升的反常现象。吉芬还考察了其他一些商品,发现它们也有类似的反常现象。后来人们就把这种反常现象称作"吉芬之谜"或"吉芬效应"。

三、需求量的变动和需求的变动

在经济分析中要求严格区分需求的变动与需求量的变动。需求数量的变化,可能由两种情况引起:

(1) 价格变化引起了需求数量变化。这种变化在需求曲线上表现为需求量沿曲线发生移动,随价格的上升而减少,随价格下降而增加。把这种因商品自身价格变化而引起的需求数量沿需求曲线发生变化的情况称为需求量的变化,如图 2.2(a)所示。

想一想

需求量的变动与需求的变动有何区别?

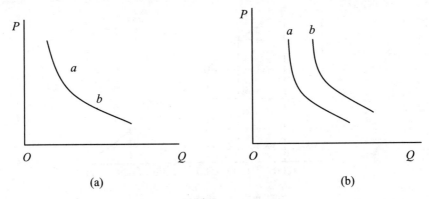

图 2.2 需求量的变动和需求的变动

(2) 价格不变化,由于其他情况变化而导致需求量发生了变化。即在每一相同的价格水平,需求量都有所变化,这种变化与商品自身价格变化无关,在需求曲线图中表现为整个需求曲线发生了位置移动。这种情况被称为需求的变动,如图 2.2(b)。

第二节　供　　给

知识导入

先有蛋,还是先有鸡?

有一个问题很难说清楚:究竟是先产生需求,再产生供给呢?还是先产生供给,才产生需求呢?这个问题有点像"先有蛋,还是先有鸡?"有时候是需求带动供给,很多的新产品就是在人们强烈的需求下产生的;也有时候是供给诱导需求,例如,新潮的时装,常常是生产出来之后,才进入了人们的视线,引发了人们的需求。但在决定某种商品的价格时,供给与需求就像剪刀的两个刀片,相互作用,共同决定商品的价格;同时价格又像一只无形的手,在市场经济中自发地调节需求和供给,调节的最终目的是使市场达到均衡,社会资源配置合理。

总之,许多东西在经济学家眼里都成了产品,都可以从供给和需求的角度来进行分析。需求是提供产品的动力,供给是满足需求的前提。例如,要兴办教育,是因为存在大量对"教育"产品有需求的人,而有了"教育"产品的供给,才能满足"教育"产品的需求。如果想上学的都能上学,教育资源得到充分利用,也就达到了教育市场的供求平衡。

思考:(1) 什么是供给?
　　　(2) 为什么说供求关系是市场经济的基本关系?

一、供给及影响供给的因素

(一) 供给的概念

供给(Supply)是指在一定时期内,对应于某种商品的每一种可能的价格,厂商(生产者)愿意卖并且能够卖的某种商品的数量。

与需求的概念一样,供给也必须同时具备两个条件:一是有出售的愿望,二是有供给能力。不是出自生产者自身的意愿或者有意愿而没有供给能力的都不是经济学意义上的供给。

在其他条件不变的情况下,供给数量的多少取决于厂商期望获得的产品单价,在某价格水平下,总有一个与价格相对应的供给数量。把这种一定时期内,厂商对某一产品以某一价

格愿意且能够供应的数量称为供给量。

> **想一想**
> 什么因素决定了卖者对一种物品的供给量?

(二) 影响商品供给量的因素

与需求的影响一样,生产者在一定时期内愿意并且能够提供什么样的商品以及能够提供和愿意提供多少商品,受到诸多因素的影响和制约,主要包括以下几种因素:

第一,商品自身的价格。在其他条件不变的情况下,商品价格提高,意味着生产这种商品会给生产者带来更多的利润,因此会吸引生产者投资生产,从而增加供给;反之,则减少供给。

第二,生产成本。在商品售价不变时,如果生产这些商品的要素(原材料、劳动力等)价格上涨,势必会增加生产成本,降低生产者利润,甚至出现亏损,从而使生产者减少供给量;反之,则会增加供给量。

第三,生产的技术水平。在资源为既定的条件下,生产技术的提高会使资源得到充分的利用,从而供给增加。

第四,相关商品的价格。在一种商品的价格不变,而其他相关商品的价格发生变化时,该商品的供给量会发生变化。例如,若小麦价格不变而棉花价格提高,生产者将扩大棉花的生产,减少小麦的种植面积,小麦的供给量会减少。

第五,生产者对未来的预期。对自己所处的行业的预期如果是乐观的,将会增加供给;相反,预期如果是悲观的,生产者会减少供给。

影响供给的因素较为复杂,在不同的时期,不同的市场上,供给要受多种因素的综合影响。例如,生产者要考虑库存、原材料、劳动力、机器设备厂房等生产要素。

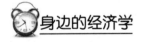 身边的经济学

"火爆"的"金猪年"

2007年是个"火爆"的"金猪年",进入5月份以来,猪肉似乎成了"金猪肉",全国多数省市猪肉价格同比大幅上涨,有些城市的猪肉价格已经达到历史最高点。根据商务部市场运行司的统计,2007年5月上中旬,全国36个中心城市猪肉平均批发价格比去年同期上涨4.4元,涨幅为43.1%。北京市5月份市场上的猪肉价格已经密集地出现了14次上涨。这次猪肉价格的大涨,可以说是近10年罕见。

分析其原因,从供给来看:第一,生产猪肉的成本上升,即养猪的主要饲料——玉米的价格自2005年6月以来一直上涨;第二,2006年以来,生猪的收购价格一直在低价徘徊,农民养猪不挣钱,甚至大面积亏损,农民失去了养猪的积极性,减少了养猪的数量;第三,2006年南方部分省份爆发了高致病性猪蓝耳病,北方的很多生猪养殖地爆发了猪高温热,大量的生

猪因疫病死掉,导致猪的供给数量减少;最后,由于生猪的成长期相对较长,猪肉价格的升高虽然能引致养猪数量的增加,但短期内养殖户的生猪难以出栏。

从需求情况看,从2006年年底至2007年第一季度,城镇居民收入增长较快,尤其是国有事业单位和行政机构工资上涨幅度比较大,而农民收入增长相对平缓。因此,随着城乡居民收入的不断增长,国内猪肉消费呈增长趋势。

二、供给的表示方法

根据上述有关供给的定义,生产者对某种商品的供给一般可以由供给函数、供给表、供给曲线表示。

1. 供给函数

如果把影响供给量的因素作为自变量,把供给量作为因变量,则可以用函数关系来表示某种商品的供给量与影响这个供给量的若干变量之间函数关系。用 Q_s 代表某种商品的需求量,$a,b,c,d,\cdots,n$ 代表影响需求量的因素,则需求函数为

$$Q_s = f(a,b,c,d,\cdots,n) \tag{2.4}$$

影响供给量的因素很多,但其中最重要的因素是商品本身的价格。假定其他因素不变,只考虑商品本身的价格与该商品的供给量关系,并以 P 代表价格,则需求函数为

$$Q_s = f(P) \tag{2.5}$$

2. 供给表

影响供给变化的因素很多,但其中最重要的因素是商品本身的价格。假定其他因素不变,只考虑商品本身的价格与该商品的供给量关系,把商品价格与供给量之间的一一对应关系用表格的形式表现出来,就形成了供给表(Supply Schedule)。以鸡蛋市场为例,在某一时期内(2016年第四季度)鸡蛋的市场供给如表2.2所示。

表 2.2 鸡蛋的市场供给表(2016 年第四季度)

项目	价格/(元/kg)	供给量/kg	项目	价格/(元/kg)	供给量/kg
A	4.0	1000	D	4.6	1800
B	4.2	1300	E	4.8	2000
C	4.4	1500			

注:表中的数据均为假设

由表2.2可知,商品价格越高,生产者愿意提供的商品就越多;反之,生产者愿意提供的商品越少。

3. 供给曲线

如果把商品价格与供给量之间的一一对应关系用坐标曲线的方式表现出来,就形成了供给曲线(Supply Curve)。

根据表2.2,在一个坐标平面上,以纵轴表表示价格水平(P),横轴表示供给量(Q),一个价格与相应的供给量可确定一点。对应所有的价格,所有价格与供给量组合的点描绘在一

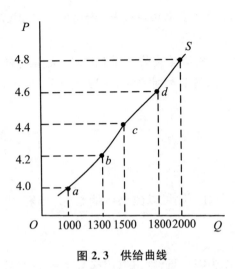

图 2.3 供给曲线

个平面上,得到的就是供给曲线(S),如图 2.3 所示。

由图 2.3 可知,供给曲线由左下方向右上方倾斜,斜率为正。一般来说,在其他条件不变的情况下,商品的价格越高,供给量越大;反之,供给量越低。供给价格与供给量之间的这种同方向变化的关系,称为供给定理。

供给定理是对一般情况而言的,但也有例外的情况。最重要的例外是劳动力的供给。当劳动力的价格(工资)增加时,劳动力的供给开始时会随工资的增加而增加。但当工资增加到一定程度时,如果继续增加,则劳动力的供给不仅不会增加,反而会减少。另外,对古玩等,由于受到各种环境和条件的限制,其供给量是固定不变的。

三、供给量的变化和供给的变动

供给数量的变化,可能由以下两种情况引起:

(1)价格变化引起了供给数量变化。这种变化在供给曲线上表现为供给量沿曲线发生移动,随价格的上升而上升,随价格下降而下降。把这种因商品自身价格变化而引起的供给数量沿供给曲线发生变化的情况称为供给量的变化,如图 2.4(a)所示。

(2)价格不变化,由于其他情况变化而导致供给量发生了变化。即在每一相同的价格水平,供给量都有所变化,这种变化与商品自身价格变化无关,在供给曲线图中表现为整个供给曲线发生了位置移动。这种情况被称为供给的变动,如图 2.4(b)所示。

想一想

供给量的变动与供给的变动有何区别?

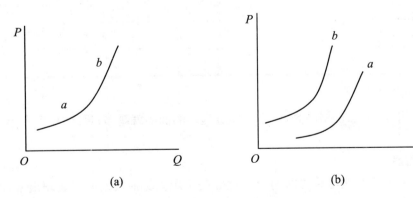

图 2.4 供给量的变化和供给的变动

第三节 供求平衡

知识导入

部分水果价格涨 7 成,"水果自由",你实现了吗?

据央视财经频道报道,2019 年 2 月以来,虽然蔬菜的价格逐渐下降,但是水果的价格却在最近几个月大幅走高,重点监测的 7 种零售水果品种中,苹果、葡萄、梨、西瓜、荔枝零售价格普遍上涨,部分地区的水果已经三个月连续上涨,甚至一周的涨幅可达到 10%,部分水果品种比去年同期价格上涨了 78% 左右,水果俨然成了日常消费品中的"贵族",为什么水果纷纷涨价?

"水果整体价格比去年高,像苹果和梨价格都翻了一倍,主要原因还是因为库存。"新发地农副产品批发市场统计部经理刘通表示,"由于去年春天天气状况不太好,低温天气持续时间较长,三四月份北方还经常刮风,使得花掉了不少,坐果率下降。凡是春天开花、秋天结果的水果基本都出现了减产,包括苹果、梨、猕猴桃、葡萄及一部分地区的柑橘等。受北方大风影响,苹果和梨减产幅度较大。现在梨、猕猴桃和苹果处于库存尾期,库存即将耗尽,新果还没有上来,价格就会比较高。"

在新发地卖苹果的摊贩也称,"由于遭遇冰雹、霜冻,去年苹果的产量减少,现在都没货了。""水果涨价其实也是正常的现象,"刘通同时强调,"现在水果质量比原来要好,包装、分拣要求比较高,很多不好的果子都被剔出去了,市场上都是好果,价格肯定就涨上去了。"其次,有商户提到的人力成本、运输成本的增加,也对水果的价格产生一定的影响。

思考:(1)水果为什么会涨价?
(2)商品的价格是由什么决定的?

一、均衡与均衡价格的含义

(一)均衡的概念

均衡是西方经济学从物理学借用的一个概念。在经济学中,均衡是指经济中各种对立的、变动着的力量处于一种相对静止、暂时稳定的状态。

在市场上,需求与供给可以认为是两种相互对立的经济力量,买者希望价格低,而卖者则希望在不影响销售量的情况下尽量要一个高价格。

均衡价格及其应用

正是这种相互的作用使得市场趋于均衡。

(二) 均衡价格

均衡价格(Equilibrium Price),是指消费者为购买一定商品量所愿意并能够支付的需求价格与生产者为提供一定商品量所愿意接受的供给价格相一致时的价格,也就是指与该商品的需求曲线和供给曲线的交点相对应的价格。均衡价格图如图2.5所示。

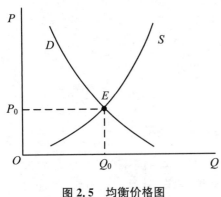

图2.5　均衡价格图

图2.5中,纵轴OP表示价格(需求价格与供求价格),横轴OQ表示数量(需求量与供求量);D是需求曲线,S是供给曲线;需求曲线与供给曲线相交点E为均衡点,E点所对应的价格P_0就是该商品的均衡价格,E点所对应的商品数量Q_0就是该商品达到供求平衡的均衡数量。

二、均衡价格的形成

均衡价格是经过市场上需求和供给的相互作用及价格的波动而形成的,主要有以下两种情形:

(1) 价格过高。如果价格过高,供给就会增加,需求则会减少,需求数量会少于供给数量,造成供过于求。供过于求会形成一种迫使市场价格下降的压力,促使需求量增加,供给量减少,使供求趋向于均衡点。

(2) 价格过低。当价格过低时,需求增加,供给则会减少,需求数量多于供给数量,造成供不应求。这样会形成提高价格的推力,抑制需求,刺激供给,使供求趋向于均衡点。

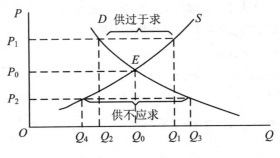

图2.6　均衡价格的形成

图2.6中,纵轴OP表示价格(需求价格与供求价格),横轴OQ表示数量(需求量与供求量);D是需求曲线,S是供给曲线。第一种情形:价格为P_1时,商品的供给数量为Q_1,而商品的需求数量仅为Q_2,供过于求,即$OQ_1>OQ_2$,市场会产生迫使价格下降的压力(如由P_1下降到P_0),促使商品的供求数量和供求价格趋向均衡点E;第二种情形:价格为P_2时,商品的需求数量为Q_3,而商品的供给数量仅为Q_4,供不应求,即$OQ_3>OQ_4$,市场会产生促使价格上升的推力,使供求数量和供求价格趋向于均衡点E,形成均衡价格P_0和均衡数量Q_0。

> 想一想
> 均衡价格是如何形成的？

总之,价格、需求和供给三者相互影响、相互依存、相互作用,不论从何种状况出发,最终都会使市场达到均衡状态。在这个状态下,既不会供过于求,也不会供不应求。因此,所谓的均衡价格,就是能够使一种商品的需求量和供给量保持平衡的价格,或者说,这种价格能够促使需求和供给趋于平衡,形成稳定的市场。

知识链接

马歇尔的均衡价格理论

均衡价值论是经济学原理的核心。马歇尔以英国古典经济学中生产效用论为基础,吸收边际分析和心理概念,论述价格的供给一方;又以边际效用学派中的边际效用递减规律为基础,对其进行修改,论述价格的需求一方,认为商品的市场价格决定于供需双方的力量均衡,犹如剪刀之两刃,是同时起作用的,从而建立起均衡价值论。

均衡价值论认为在其他条件不变的情况下,商品价值是由商品的供求状况决定的,是由商品的均衡价格衡量的,这是马歇尔庸俗经济学说的核心和基础。

均衡价格是指一种商品的需求价格和供给价格相一致时的价格,也就是这种商品的市场需求曲线与市场供给曲线相交时所确定的价格。均衡价格被认为是经过市场供求的自发调节而形成的。需求价格是买者对一定数量的商品所愿付的价格,是由该商品的边际效用决定的;供给价格是卖者为提供一定数量商品所能接受的价格,是由生产商品的边际成本决定的。庸俗经济学用商品的均衡价格来代替商品的价格,均衡价值论就是价值论。所以,均衡价值论是庸俗经济学中的边际效用价值论、生产费用论和供求论的大杂烩。

三、均衡价格的变动

上面我们所讨论的均衡状态,是在需求曲线和供给曲线都确定的情况下,即在影响供给和需求的其他因素都不变的条件下得出的结论。但如果影响需求和供给的诸多因素中有一个因素发生变化,都会引起需求曲线和供给曲线的移动,那么,市场的均衡状态也随之改变。

（一）供给不变,需求变动

在供给不变时,由于其他因素变化引起了需求的变化,例如,当收入提高时,需求曲线向右上方移动,由 D_0 移至 D_1,则新的需求曲线 D_1 与供给曲线 S 形成新的均衡点 E_1,均衡价格从 P_0 升到 P_1,均衡数量由 Q_0 增到 Q_1;当收入减少时,需求曲线向左下方移动,由 D_0 移至 D_2,新的均衡点 E_2 形成的均衡价格 P_2 低于原有均衡价格 P_0,均衡数量 Q_2 少于原有的均衡

数量 Q_0。可见,供给不变,在需求变动的情况下,将导致均衡价格和均衡数量与需求同方向变动。如图2.7所示。

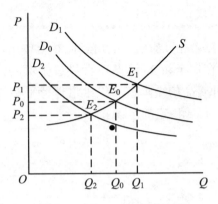

图 2.7 供给不变,需求变动

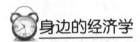 身边的经济学

洛阳纸贵

晋代文学家左思,小时候是个非常顽皮、不爱读书的孩子。父亲经常为这事发脾气,可是小左思仍然淘气得很,不肯好好学习。

有一天,左思的父亲与朋友们聊天,朋友们羡慕他有个聪明可爱的儿子。左思的父亲叹口气说:"快别提他了,小儿左思的学习,还不如我小时候,看来没有多大的出息了。"说着,脸上流露出失望的神色。这一切都被小左思看到听到了,他非常难过,觉得自己不好好念书确实很没出息。于是,暗暗下定决心,一定要刻苦学习。

日复一日,年复一年,左思渐渐长大了,由于他坚持不懈地发奋读书,终于成为一位学识渊博的人,文章也写得非常好。他用一年的时间写成了《齐都赋》,显示出他在文学方面的才华,为他成为杰出的文学家奠定了基础。此后,他又计划以三国时魏、蜀、吴三国都城的风土、人情、物产为内容,撰写《三都赋》。为了在内容、结构、语言诸方面都达到一定水平,他潜心研究,精心撰写,废寝忘食,用了整整十年,终于写成了文学巨著《三都赋》。

《三都赋》受到好评,人们把它和汉代文学杰作《两都赋》相提并论。由于当时还没有发明印刷术,喜爱《三都赋》的人只能争相抄阅,因为抄写的人太多,京城洛阳的纸张供不应求,一时间全城纸价大幅度上升。《三都赋》的问世,导致人们对纸张的需求增加,其结果使均衡数量和均衡价格同时增加。

(二)需求不变,供给变动

在需求不变的情况下,由于除价格以外的其他因素的变化引起了供给的变动,供给曲线也会发生移动,如图2.8所示。如果生产技术水平提高,成本下降,供给曲线从 S_0 向右移到 S_1,并与需求曲线 D 相交于 E_1,形成新的均衡,均衡价格从 P_0 下降至 P_1,均衡数量从 Q_0 增到 Q_1;如果生产要素价格提高,生产成本增加时,供给曲线从 S_0 向左移到 S_2,形成新的均衡

点 E_2，均衡价格从 P_0 上升到 P_2，数量从 Q_0 减少到 Q_2。

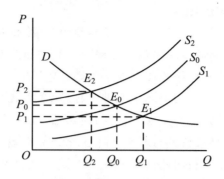

图 2.8　需求不变，供给变动

可见，在需求不变，供给发生变化时，将导致均衡价格与供给反方向变动，均衡数量与供给同方向变动。

（三）需求与供给同时变动

1. 供给需求同向变动

（1）供需同时增加。供给增加会导致均衡价格下降，均衡产量增加；需求增加使得均衡价格上升，均衡产量增加。所以，供需同时增加肯定使均衡产量增加，均衡价格的变动方向不能确定，它取决于两种情况下哪一个价格上升或下降的幅度大些。

（2）供需同时减少。供需同时减少会使均衡产量减少，均衡价格不定。

2. 供给需求反向变动

（1）供给增加，需求减少。由于供给增加使得均衡价格下降，均衡产量上升；需求减少使均衡价格下降，均衡产量减少，所以，此时新的均衡价格肯定会下降，但均衡产量变动方向则不一定，它取决于两种情况下哪一个数量上升或下降的幅度更大些。

（2）供给减少，需求增加。此时均衡价格上升，均衡产量变动不定。

综上所述，均衡价格、供给和需求三者之间的关系如下：

（1）供给不变，需求变动时，均衡价格和均衡数量与需求同方向变动。

（2）需求不变，供给变动时，均衡价格与供给反方向变动，均衡数量与供给同方向变动。

（3）需求和供给同时同方向变动，均衡数量与供求同方向变动，均衡价格则有可能提高、降低或不变；需求与供给同时反方向变动，均衡价格与需求同方向变动，均衡数量则有可能增加、减少或不变。这就是西方经济学中的供求规律。

 身边的经济学

1988 年旱灾对供给的冲击

1988 年，美国中西部出现了有史以来最严重的旱灾。当年的玉米产量比原来下降 35%，黄豆产量下降超过 20%，小麦产量下降超过 10%，经济学家有必要对其后果做出预

测,以供政府参考,制定有关应变措施。而他们的预测依据并不是什么特别高深的手段和理论,而是有关供求关系的基本法则。

首先可以确定,这场旱灾已经大幅度减少了谷物的产量,供不应求的局面不可避免,因此这场旱灾可以看作是将谷物的供给曲线向左移动。我们由此得出结论:在需求曲线一定的前提下,供给曲线大幅度左移会导致农产品价格大幅度上升。具体而言就是:当年夏末时节玉米价格已经迅速上升80%,黄豆价格也上升了接近70%,而小麦价格则上升了50%。

由于谷物是许多其他产品(尤其是畜牧产品)的基础,经济学家同时运用供求关系模型预测这场旱灾对其他产品的供求状况的影响。例如,谷物是牲畜的主要食粮,随着谷物价格的上升,养殖牛羊等各种牲畜的利润便相应下降,农民的积极性受到负面影响。因为牲畜每天都需要喂养,多养一天意味着会耗费更多的谷物,成本也相应提高,于是农场里出现了农民纷纷提前宰杀牲畜出售的现象。结果在1988年,市场上可供选择的肉类供应量稍稍上升,虽然只是短期现象,却引起了肉类价格的略微下降。

另外,谷物作为养鸡场的主要饲料来源,其价格大幅度上升必然导致鸡的数量下降,鸡肉和鸡蛋供给曲线向左移动,价格因此略有上升。与此同时,农产品的价格上升引起相关替代产品的需求曲线向左移动,即需求上升。结果证明这样的分析相当准确,仅在当年7月间,不受中西部旱灾影响的其他农产品(包括蔬菜和水果)的价格已经上升5%,而且继续看涨。

第四节 弹性理论

知识导入

主机与附件的不同弹性

福建省某机械厂进口一套设备。据调查,当时有6个国家能够生产这种设备,价格在800万~1200万美元。该厂首先找日本一家企业谈判,开价800万美元,争取1000万美元成交。岂知,第一次谈判,日商就满口答应,并表示可以立即签订合同。厂长心里直打鼓:"日本人这么好说话?其中必定有'鬼'!"但想来想去,货真价实,无可挑剔,便拍板敲定。设备到货使用一年以后,许多易损零部件需要更换,厂长便请日商按合同供货。日商表示可以,但价格提高一倍(合同并未规定日后供应零部件价格)。厂长心想这是"敲竹杠",便设法向其他生产同类设备的国家购买,但其他国家生产的零件与这套设备不配套,最后被迫以高价向日商购买这些专用零部件。几年下来,这套设备的花费远远不止1200万美元。

最近,这位厂长有机会学到需求价格弹性,方才恍然大悟:由于国际市场竞争激烈,成套设备的主机价格极富弹性,而专用零配件价格几乎完全无弹性。因此,日商的销售策略是先在主机上让价,把消费者"套住",以后再在零配件上提价,这叫"堤内损失堤外补"。因此,在购买外国产品、引进成套设备时,由于它们富有价格弹性,在谈判中应力争主动,以最有利的价格购进。对一些必需的附件等,尽量与主机同时一次购入,并在合同中详细写明售后服务项目。在销售产品时,也可以适当降低主机和成套设备的利润率,以扩大需求,占领市场,而与这些主机有关联的附件等,则可适当提高利润等,以求较好的综合经济效益。

思考:(1)什么是需求价格弹性?

(2)需求价格弹性对企业定价有何影响?

商品的需求量和供给量会随着影响它们的各种因素的变化而变化。那么,这些因素变动一定的幅度所引起的需求量或供给量变动的幅度到底有多大呢?这就要引入弹性理论。

"弹性"是一个物理学名词,指一物体对外部力量的反应程度。在经济学中,弹性指经济变量之间存在函数关系时,因变量对自变量变化的反应程度,其大小可以用两个变化的百分比之比率,即弹性系数(Coefficient of Elasticity)来表示。

弹性理论

一、需求价格弹性

(一)需求价格弹性的概念

需求价格弹性,简称需求弹性(Elasticity of Demand)或价格弹性,是指一种商品的需求量对其价格变动的反应程度,它是需求量变动百分比与价格变动百分比之间的比率,通常用价格弹性系数表示。

$$需求价格弹性系数 = 需求量变动的百分比 / 价格变动的百分比$$

若用 E_d 表示需求价格弹性,P 表示价格,ΔP 表示价格变动量,Q 表示需求量,ΔQ 表示需求的变动量,则需求价格弹性系数的计算公式为

$$E_d = \frac{\frac{\Delta Q}{Q}}{\frac{\Delta P}{P}} = \frac{\Delta Q}{\Delta P} \cdot \frac{P}{Q} \tag{2.5}$$

应当注意,由于需求量的变化(ΔQ)与价格的变化(ΔP)方向相反,即价格愈高,需求量愈小;价格愈低,需求量愈大,所以 E_d 应为负数。不过,在计算 E_d 时可取绝对值。E_d 为负数表明,需求曲线是由左上方向右下方倾斜的。

(二)需求价格弹性的分类

根据价格弹性系数的大小,可以把需求弹性划分为以下五种类型:

第一,如果一种商品需求价格弹性系数 $E_d = 0$,则称消费者对该商品的需求完全无弹性(简称为需求无弹性),即无论商品价格如何变动,消费者的需求量都不会发生改变。这种商品通常对消费者而言绝对必需,如食盐。此时商品的需求曲线是一条垂直于数量轴的直线,如图2.9所示。

第二,如果需求价格弹性系数在0和1之间,即$0<E_d<1$,则称消费者对该商品的需求缺乏弹性(简称为需求缺乏弹性)。当需求缺乏弹性时,商品价格变动1个百分点,需求量变动小于1个百分点,这表明,消费者需求量对价格的相对变动不敏感。如图2.10所示。

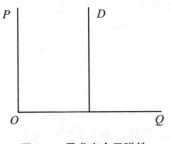
图2.9 需求完全无弹性

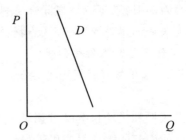
图2.10 需求缺乏弹性

第三,如果需求价格弹性系数$E_d=1$,则称为单位弹性,此时,价格每变动1个百分点,需求量将随之相应变动1个百分点。如图2.11所示。

第四,如果需求价格弹性系数是大于1的有限数值,即$1<E_d<+\infty$,则称消费者对商品的需求富有弹性。它表明,如果商品价格变动1个百分点,需求量的变动将超过1个百分点,即需求量相对于价格的变动更加明显。如图2.12所示。

第五,如果需求价格弹性系数$E_d=+\infty$,则称需求为完全弹性。在这种情况下,价格的微弱变化都会导致需求量的急剧变化。此时,商品的需求曲线呈现为一条垂直于价格轴的直线,如图2.13所示。

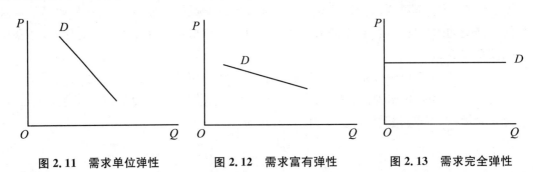

图2.11 需求单位弹性　　图2.12 需求富有弹性　　图2.13 需求完全弹性

> **想一想**
> 生活中哪些商品的需求是富有弹性的?

 **知识链接**

需求价格弹性对定价有何影响?

需求价格弹性体现的是价格的变动对需求量变动的影响程度。根据需求法则,需求量与价格负相关,同时,商品的总收益等于商品价格与需求量的乘积,因此,要获得比较大的总收益,不同价格弹性的商品应采用不同的定价策略。

(1) 对于需求价格富有弹性(即需求价格弹性的绝对值大于1)的商品,需求量的变动幅度大于价格的变动幅度,因此降价对提高总收益是有效的,符合"薄利多销"的定律。

(2) 对于需求价格缺乏弹性的商品,需求量的变动幅度不如价格的变动,如果降价的话,则总收益反而将减少,是不适合薄利多销原则的。

(3) 单位弹性的商品的总收益理论上则不受定价因素的影响。

(三) 影响需求价格弹性的因素

(1) 消费者对商品的偏好。例如,相对北方消费者而言,南方消费者对大米的喜好会影响商品的需求价格弹性。

(2) 商品可替代程度。商品的可替代程度越大,相互接近的商品越多,消费者选择的余地就越大,因此,当这种商品的价格提高时,消费者可以很容易地转向其他商品的消费。可见,商品的可替代程度越大,商品的需求价格弹性就越大;反之,商品的可替代程度越低,需求的价格弹性就越小。

(3) 商品用途的广泛性。如果某商品的用途很广泛,当该商品的价格升高后,消费者在各种用途上均适当减少需求量,从而使得商品需求量的改变量增大。由此可见,商品的用途越广泛,需求的价格弹性就越大;反之,用途越窄,商品需求的价格弹性就越小。

(4) 商品对消费者生活的重要程度。对消费者而言,不同的商品可能处于不同的需求层次上。通常,基本需求层次的价格弹性较小,而高级需求层次的价格弹性较大。例如,粮食的需求价格弹性较小,而看演出的需求价格弹性就较大。

(5) 商品的消费支出在消费者预算支出中的比重。当某商品的消费支出在消费者预算支出中的比重较小时,消费者可能不太注意这种商品的价格变动,因此,某种商品的消费支出在消费者预算支出中的比重越低,该商品的需求价格弹性就越小;反之,商品的消费支出在消费者预算支出中的比重越大,该商品的需求价格弹性可能越大。

(6) 商品的使用寿命。一般来讲,使用寿命较长的商品具有较大的需求弹性;反之,使用寿命较短的商品弹性较小。

上述关于影响需求价格弹性因素的分析并不是孤立的,这些因素共同发挥作用,共同决定需求价格弹性的数值。

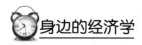身边的经济学

农产品缺乏弹性的后果:谷贱伤农

"谷贱伤农"一词出自《汉书·食货志上》:"籴甚贵,伤民;甚贱,伤农。民伤则离散,农伤则国贫。"这是由来已久的古训。为什么粮食丰收了,农户的收入反而减少了呢?经济学用弹性的概念对这个问题做出了解释。

弹性衡量的是在其他因素不变的情况下供给量和需求量对价格变动的敏感程度,人们对粮食的生理需求决定了粮食是必需品,其可替代性很低,因而粮食的需求价格弹性很小。从历史上来看,无论是哪个国家其粮食生产都会经历丰年与灾年,粮价也会有涨有落,但人均粮食的消费量均未出现大起大落。这说明了一个问题,作为生活必需品的粮食,人们对其的需求通常不受价格的影响,也就是说粮食的需求量对价格的变化不是很敏感,需求曲线非常陡峭,缺乏弹性。农民的收入取决于农产品的产量和价格。由于粮食的需求曲线缺乏弹性,粮价变动时,对粮食的需求会相应变动,但变动幅度不大。当遇上丰年,农产品的丰收使得供给曲线向右平移,与需求曲线形成新的均衡价格和均衡产量,由于需求曲线缺乏弹性,粮食均衡价格的下降幅度往往大于粮食的均衡产量增加的幅度,使农民会面临增产不增收的窘境。

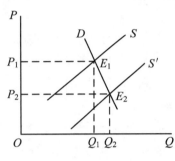

图 2.14 粮食供给与需求关系

如图 2.14 所示,需求曲线 D 是缺乏弹性的(斜率陡峭),当粮食丰收时,供给曲线从 S 下移到 S',价格从 P_1 降到 P_2,总收入从 $OP_1E_1Q_1$ 减少到 $OP_2E_2Q_2$。农民收入减少。

针对上述情况,政府可采取以下措施:第一,政府以保护价收购粮食或者提供价格支持。政府设定农产品收购保护价,这就保证了农民可以以较高的价格出售农产品,国家收购存入粮库,从而减少供给。第二,对农业生产进行补贴。政府可以采取直接补贴的形式,对进行农业生产的农民进行财政补贴,这等于降低了农业生产的成本,如我国取消农业税、给予种植补贴等措施。第三,休耕政策,即轮流休耕或者比例休耕,减少供给,提高质量,保护收入。

二、需求收入弹性与需求交叉弹性

(一)需求收入弹性

1. 需求收入弹性的概念

需求收入弹性,简称为收入弹性,是指一种商品需求量对消费者收入变动的反应程度,即消费者收入的相对变动引起的需求量的变动。需求收入弹性的大小用收入弹性系数表示,通常记为 E_m,公式表示为

$$E_m = \frac{需求量变动的百分比}{收入变动的百分比} = \frac{\frac{\Delta Q}{Q}}{\frac{\Delta m}{m}} = \frac{\Delta Q}{\Delta m} \cdot \frac{m}{Q} \tag{2.6}$$

式中,Q 表示需求量,ΔQ 表示需求量的变动量,m 表示消费者收入,Δm 表示消费者收入的变动量。

在影响需求的其他因素不变的条件下,由于需求量与消费者的收入一般是同方向变化的,收入越高,需求量越大;反之,则越小。因此,需求收入弹性系数一般应为正值。西方经济学家借助需求收入弹性系数对商品进行分类:

(1) 当 $E_m>0$ 时,该商品为正常品。
(2) 当 $E_m=0$ 时,该商品为收入中性品。
(3) 当 $E_m<0$ 时,该商品为劣等品。

其中,正常品又可分为奢侈品和必需品,奢侈品的 $E_m>1$,必需品的 $E_m>0$ 且 $E_m<1$。

> 想一想
> 如何根据收入弹性来判断一种商品是正常品,还是劣质品?

2. 收入弹性的应用:恩格尔定律与恩格尔系数

由于人们的消费与其收入息息相关,并且不同的消费品对人们收入变动的反应程度又各不相同,因而,德国统计学家恩斯特·恩格尔根据对德国劳动者生活状况的调查统计,提出了著名的恩格尔定律(Engal's Law):随着收入的提高,食物支出在全部支出中所占的比例会越来越小,亦即恩格尔系数是递减的。恩格尔系数是食物支出与全部支出之间的比例。恩格尔系数可以反映一个国家或一个家庭的富裕程度与生活水平。一般来讲,恩格尔系数越低,富裕程度和生活水平越高;反之,恩格尔系数越高,富裕程度和生活水平越低。恩格尔定律正是依据生活必需品的需求收入弹性低这一事实得出的。

(二)需求交叉弹性

需求交叉弹性又称交叉弹性,是指一种商品的需求量对另一种商品价格的反应程度。需求交叉弹性的大小以交叉弹性系数表示,通常记为 E_{xy},公式表示为

$$E_{xy} = \frac{x \text{ 商品需求量变动的百分比}}{y \text{ 商品价格变动的百分比}} = \frac{\frac{\Delta Q_x}{Q_x}}{\frac{\Delta P_y}{P_y}} = \frac{\Delta Q_x}{\Delta P_y} \cdot \frac{P_y}{Q_x} \quad (2.7)$$

式中,ΔQ_x 表示 x 商品需求量的变动量,ΔP_y 表示 y 商品价格的改变量,Q_x 表示 x 商品需求量,P_y 表示 y 商品的价格。

对于不同的商品关系而言,交叉弹性的弹性系数是不同的:

互补商品之间价格与需求量呈反方向变动,其弹性系数为负值,弹性的绝对值越大,互补性越强。如汽油的价格上升,消费者购买汽车的欲望会降低,因而导致汽车的需求量下降。同样,如果汽车价格下降,其购买量增加,必然增加汽油的需求量。

替代商品之间价格与需求量呈同方向变动,其弹性系数为正值,弹性的值越大,替代性越强。如羊肉的价格上升,会使消费者转向多买牛肉,从而羊肉的需求量就会下降。

> 想一想
> 如何根据交叉弹性来判断两种商品的关系?

综上,可以根据交叉弹性系数来判断两种商品之间的关系。如果交叉弹性为负值,则这两种商品为互补关系,其弹性的绝对值越大,互补关系越密切;如果交叉弹性为正值,则这两种商品为替代关系,其弹性的绝对值越大,替代关系就越强;如果交叉弹性为 0,则这两种商品之间没有关系。

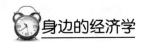 身边的经济学

需求交叉弹性——企业决策的重要依据

在打印机市场上,彩色喷墨打印机和墨盒的定价很反常,一台彩色喷墨打印机售价仅为300元,价格很诱人,很多有计算机的用户都愿意购买。当墨盒墨水用完准备更换墨盒时,消费者发现一个墨盒的价格是200元。墨盒消费量很大,消费者只要使用打印机,购买墨盒就是经常性的活动。当一种色彩的墨水用完,不换墨盒就不能保证画面质量,而换四个墨盒的价格比一台彩色喷墨打印机还贵。因此消费者感到买得起打印机买不起墨盒。

再例如,你看人家经营一种商品十分赚钱,你也做起同样的生意来,这就是经营别人产品的替代品,这样势必加剧了市场竞争。其实,换一种思路,经营畅销产品的互补产品不失为一种很好的思路。例如,有的中小企业依靠生产汽车配件,如生产车用地毯、车灯、反光镜配件等,取得了良好的经营业绩。珠海中富集团一开始是十几个农民建立的一家小企业,最初为可口可乐提供饮料吸管,后来生产塑料瓶和瓶盖。可口可乐在哪里建厂,中富集团就在哪里建配套厂。凭借这种积极合作的策略,中富集团如今已发展成为年销量超过十几亿元的大公司。

三、供给弹性

(一)供给弹性的含义

供给弹性是供给的价格弹性的简称,是供给弹性中最重要的一种类型,是指一种商品的供给量对价格变动的反应程度,通常用供给弹性系数表示。

供给弹性系数=供给量变动的百分比/价格变动的百分比

假设,E_s 表示供给弹性系数,Q 表示商品的供给量,ΔQ 表示商品供给量的变动量,P 表示商品的价格,ΔP 表示商品价格的变动量,则公式为

$$E_s = \frac{\Delta Q/Q}{\Delta P/P} = \frac{\Delta Q}{\Delta P} \cdot \frac{P}{Q} \tag{2.8}$$

由于商品的供给量与其价格成同方向变化,所以,供给弹性系数 E_s 一般为正值。

(二)供给弹性的种类

与需求价格弹性一样,供给的价格弹性有以下五种类型:
(1) 当 $E_s=0$ 时,称为供给完全无弹性。
(2) 当 $E_s=\infty$ 时,则称供给为完全弹性。
(3) 当 $E_s=1$ 时,则称为供给单位弹性。
(4) 当 $0<E_s<1$ 时,称为供给缺乏弹性。
(5) 当 $1<E_s<+\infty$ 时,则称供给富有弹性。

> **想一想**
>
> 你能画出这五种情形所对应的供给曲线吗?

(三) 影响供给价格弹性的因素

影响供给价格弹性的因素也是多种多样的,概括起来主要有以下四个方面:

第一,生产的难易程度。在一定时期内,容易生产的产品,当价格变动时,其产量变动的速度快,供给弹性较大;反之,供给弹性较小。

第二,生产成本的变化。随着产量增加,单位产品成本递增幅度越大,弹性越小;反之,供给弹性越大。

第三,时间的长短。商品价格变化后,要改变供给量的话,调整生产需要一段时间,即价格变动后,供给量的反应有一个"时滞"。因此,时间越短,供给弹性越小;反之,供给弹性越大。

第四,生产要素的供给情况。生产要素供给充足或生产要素价格越低,供给弹性大;反之,供给弹性就小。

歌星的高收入合理吗?

某歌星一场演唱会的出场费收入是几十万元,是一个普通人几年甚至几十年的收入,人们难免有不平衡之感。歌星在演唱会中的出场费收入的主要来源是门票收入。以下是关于演唱会门票价格的分析:如果想听演唱会的人增加了,而歌手的供给不变,则门票的价格就会上升。由于演唱会举办方与歌手都能从高价格的门票中得到更多的收益,他们还有可能增加演唱会的场次。同理可以推出,如果没有那么多歌迷,需求减少,门票的价格必然下降,他们会减少演唱会的场次。如果歌手人数增加,门票的价格也会下降,那么演唱会的场次会增加;同理可以推出,歌手人数减少,门票的价格也会上升,那么演唱会的场次会减少。这就是用经济学原理分析的供求规律。

讨论:(1)什么是供求规律?
　　　(2)歌星的高收入合理吗?

减少香烟需求量的两种方法

公共政策制定者常常想减少人们吸烟的数量,利用政策达到这一目标的方法有两种:一种方法是使香烟或其他烟草产品的需求曲线移动。例如,公益广告、香烟盒上印有吸烟有害健康的警示以及禁止在电视上做香烟广告,都是当价格水平既定时,减少香烟需求量的政策。如果成功了,这些政策就使香烟的需求曲线向左移动。另一种方法是政策制定者提高香烟的定价。例如,如果政府对香烟制造商征税,烟草公司就会以高价格的形式把这种税的大部分转嫁给消费者。较高的价格鼓励吸烟者减少他们吸烟的数量。在这种情况下,吸烟量的减少就表现为沿着同一条需求曲线移动到价格更高而数量更少的点上。

吸烟量对价格变动会有多大的反应呢?经济学家试图通过研究香烟税变动时出现的情况来回答这个问题。他们发现,当香烟价格上升10%时,需求量减少4%。他们还发现,青少年对香烟价格特别敏感:香烟价格上升10%,青少年的吸烟量减少12%。

知识归纳

基本概念	需求定理、供给定理、均衡价格、需求价格弹性、供给弹性
基本原理	微观经济学的核心是价格理论。价格是供给与需求达到均衡条件下形成的。在其他条件不变的情况下,价格与需求量之间成反比,而与供给量之间成正比。需求的变动引起均衡价格与均衡数量同方向变动;供给的变动引起均衡价格反方向变动,引起均衡数量同方向变动。价格的变动率与需求量(供给量)的变动率之间的关系就是弹性理论要说明的问题。
基本知识	(1) 需求是一定价格水平上既有购买欲望又有支付能力的所需商品数量。影响需求量的主要因素有:商品本身的价格、相关商品的价格、预期价格、消费者收入水平、消费者的偏好。 (2) 商品本身的价格是影响需求量的主要因素,西方经济学主要研究价格对需求量的影响,可以用需求函数、需求表和需求曲线来分析影响的特点和规律。 (3) 需求定理又称需求法则,它是说明在价格以外的其他条件不变的情况下,商品价格上升,需求量减少;价格下降,则需求量上升。 (4) 供给是一定生产能力和一定价格水平上的供给。影响供给的主要因素有:所供给商品的价格、生产要素的价格、相关商品的价格、生产技术水平、厂商对未来的预期等。 (5) 商品本身的价格是影响供给量的主要因素,西方经济学主要研究价格对供给量的影响,可以用供给函数、供给表和供给曲线来分析影响的特点和规律。 (6) 供给定理又称供给法则,它是说明在价格以外的其他条件不变的情况下,商品价格上升,则供给量上升;价格下降,则供给量减少。 (7) 供给和需求双方的综合作用最终形成市场均衡价格,均衡价格是供求相等时的价格。供给或需求的变动会改变原有的均衡价格,形成新的均衡价格。 (8) 需求弹性可分为需求的价格弹性、需求的收入弹性、需求的交叉弹性。本章重点分析了需求的价格弹性。 (9) 价格弹性系数是反映弹性大小的量化指标,它是用商品需求量的变动率除以价格的变动率。根据弹性系数的不同可以把商品分成五类:完全弹性、完全无弹性、单位弹性、富有弹性和缺乏弹性。 (10) 供给弹性是指一种商品的供给量对价格变动的反应程度。

◆ **复习检测**

1. 选择题

(1) 如果猪肉价格上升,鸡肉价格不变,则鸡肉的需求将会(　　)。
　A. 增加　　　　　B. 减少　　　　　C. 不变　　　　　D. 不能确定

(2) 假定生产某商品所需原材料的价格上升了,这种商品的(　　)。
　A. 需求曲线将向左方移动　　　　　B. 供给曲线将向左方移动
　C. 需求曲线将向右方移动　　　　　D. 供给曲线将向右方移动

(3) 如果需求和供给同时增加的情况下,对均衡价格和均衡数量的影响是(　　)。
　A. 均衡价格和均衡数量均上升
　B. 均衡数量将下降,均衡价格的变化无法确定
　C. 均衡价格下降,均衡数量上升
　D. 均衡数量增加,均衡价格的变化无法确定

(4) 病人对药品的需求价格弹性(　　)。
　A. 大于1　　　　B. 等于1　　　　C. 小于1　　　　D. 等于0

(5) 某商品的价格从10元下降到9元,需求量从70增加到75,则需求为(　　)。
　A. 富有弹性　　　B. 单位弹性　　　C. 缺乏弹性　　　D. 无限弹性

2. 简答题

(1) 需求与需求量、供给与供给量有什么区别?
(2) 均衡价格是怎样形成的?
(3) 生产者在确定商品价格时应考虑需求的价格弹性吗?

3. 思考题

你认为下列商品:水、食盐、青霉素、香烟、大米中,哪一种商品最缺乏需求的价格弹性?为什么?

第三章　消费者行为理论

通过本章学习,了解消费者行为理论的一些基本概念,认识基数效用论与序数效用论的不同点,重点掌握边际效用分析法和无差异曲线分析法。

效用 Utility　　　　　　　　　　总效用 Total Utility
边际效用 Marginal Utility　　　　无差异曲线 Indifference Curve
预算线 Budget Line　　　　　　 边际替代率 Marginal Rate of Substitute
边际效用递减规律 Law of Diminishing Marginal Utility
消费者均衡 Consumer's Equilibrium　消费者剩余 Consumer's Surplus

第一节　欲望与效用

世界上最好吃的东西

兔子和猫争论世界上什么东西最好吃。兔子说:"世界上萝卜最好吃。萝卜又甜又脆又解渴,我一想起萝卜就要流口水。"猫不同意,说:"世界上最好吃的东西是老鼠。老鼠的肉非常嫩,嚼起来又酥又松,味道美极了!"

兔子和猫争论不休,相持不下,跑去请猴子评理。

猴子听了,不由得大笑起来:"瞧你们这两个傻瓜蛋,连这点儿常识都不懂!世界上最好吃的东西是什么？是桃子！桃子不但美味可口，而且长得漂亮。我每天做梦都梦见吃桃子。"

兔子和猫听了，全都直摇头。那么，世界上到底什么东西最好吃呢？

思考：(1) 兔子、猫、猴子对最好吃的东西评价为什么不一样？

(2) 消费者在消费商品时所获得的满足程度取决于什么？

消费者行为理论

一、欲望

欲望是人们取得并享受某种物品的愿望，是人们的一种需要。西方经济学研究消费者行为通常从欲望的研究开始。

关于欲望或需要的理论，目前较为流行的是亚伯拉罕·马斯洛的需求层次理论。根据这种理论，人的欲望或人的需要可以分为以下五个层次：

(1) 生理需要。生理需要是人类本能的最基本的需要，即人们衣、食、住、行及延续种族的需要等。

(2) 安全需要。安全需要包括对人身安全、生活稳定以及免遭痛苦、威胁或疾病等的需求。实质上是生理需要的保障。

(3) 社交的需要。社交的需要也可称为归属和爱的需要。包括社会交往，希望归属于某一个组织或某一种团体，并在其中发挥作用，得到承认；希望同伴之间保持友谊和融洽的关系，希望得到亲友的爱等。

(4) 尊重的需要。即自尊、自重，或要求被他人尊重，包括自尊心、信心，希望有地位、有威望、受到别人的尊重、信赖以及高度评价等。

(5) 自我实现的需要。自我实现的需要是人生追求的最高目标，包括能充分发挥自己的潜力，表现自己的才能，成为有成就的人。

马斯洛认为，人们的欲望和需要是没有止境的，并且总是由低级向高级逐层发展的。当低层次的需要获得满足以后，人们就开始追求更高一层的需要。驱使人们不断追求更高层次需要的动力就是人们无限的欲望。但是，人们的欲望或需要并不能得到无限的满足，因为任何社会的资源都是有限的，人们在用有限的资源和物品满足人类无限的欲望时，就必须在资源、产品和时间中加以最优选择，由此产生了消费者行为理论。

二、效用

效用（Utility）就是人们在消费某种商品或服务时所获得的满足程度。如面包可以满足人们充饥的需要，衣服可以满足人们御寒和装饰的需要，电影可以满足人们娱乐的需要等。

效用的概念与人的欲望是联系在一起的，效用是对欲望的满足，效用与欲望一样，是一种心理感觉。某种物品效用的大小没有客观标准，完全取决于消费者在消费某种物品时的主观感受。一支香烟对吸烟者来说，可以有很大的效用，而对不吸烟者来说，则可能毫无效用，甚至有负效用。

> **想一想**
>
> 商品效用的大小取决于什么?

效用本身既没有客观标准,也没有伦理学含义;对不同的人而言,同样的物品所带来的效用是不同的,甚至对同一个人而言,同一物品在不同时间与地点的效用也是不同的。例如,一件棉衣,在冬天或寒冷地区给人带来的效用很大,但在夏天或热带地区只能带来负效用。这就说明效用的大小与有无完全是一种主观感受,因人、因时、因地而不同。由于效用是一种心理感觉,所以消费者行为理论也就更偏重于心理分析。

知识链接

经济学的幸福公式

诺贝尔经济学奖得主萨缪尔森提出了一个著名的幸福公式:幸福=效用/欲望。

公式中的效用在经济学中是指用来表示从消费物品中得到的主观享受或满足。因为它的主观性,所以价格越高,不一定效用越高;消费越多也不一定效用越高。欲望就是想要达到的目标。从个人和家庭的角度来看,欲望就是过上高品质的生活、子女受到良好教育、能满足自己的爱好、能过上养尊处优的晚年,一生平安,无忧无虑。仔细分析这个公式的内涵和外延,会帮助我们对幸福有更深刻的认识。

(1) 幸福和效用成正比,与欲望成反比。就是说,欲望既定的条件下,效用越大,越幸福;在效用既定的条件下,欲望越小,越幸福。

(2) 欲望无限大,幸福会趋于0;欲望是0,幸福也是0。没有欲望也就没有幸福。

(3) 效用与主观感受有关,所以幸福也和主观感受有关。幸福就是感受,是精神方面对消费物的享受和满足;幸福的感觉与消费物品的多少和贵贱不成比例。比如,农民工每天能吃到肉和蛋,按时领到工资就是幸福;而有的人每天吃山珍海味也不满足。

(4) 人们对物的享受和个人的身体条件有关。有好玩的地方,但走不动;有好的风景,但看不见;有好听的音乐,但听不见;有好吃的,却没有胃口。吃喝玩乐都没有效用,从何谈幸福?

(5) 效用和时间正相关,时间越长,效用越大。人的生命越长,享受就越多,所以长寿的人也最幸福。

三、基数效用论与序数效用论

既然效用是用来表示消费者在消费商品时所感受到的满足程度,于是,就产生了对这种满足程度度量的问题。在这一问题上,西方经济学家先后提出了"基数效用"和"序数效用"的概念,并在此基础上形成了分析消费者行为的两种方法,即基数效用论者的边际效用分析方法和序数效用论者的无差异曲线的分析方法。

"基数"和"序数"这两个术语来自数学。基数是指1、2、3、4、5……基数是可以加总求和的。例如，基数8加4等于12，且8是4的2倍。序数是指第一、第二、第三……它是指事物之间的前后、高低排序，序数是不能加总求和的。例如，序数第一、第二和第三，它所要表明的只是第一大于第二，第二大于第三，至于第一、第二和第三本身各自的数量具体是多少，是没有意义的。

基数效用论认为，效用同长度、重量一样，是可以用基数来计量的，并且可以加总求和。所谓效用可以计量，就是指消费者消费某一物品所得到的满足程度可以用效用单位来进行衡量。例如，可以说某消费者听一张贝多芬的音乐唱片所得到的满足程度是6个效用单位，喝一杯牛奶是10个效用单位，吃一块蛋糕是2个效用单位等。所谓效用可以加总求和，是指消费者消费几种物品所得到的满足程度可以加总得出总效用。例如，某消费者消费一杯牛奶所得到的满足程度10个效用单位，吃一块饼干所得到的满足程度是2个效用单位，那么，消费者消费这两种物品所得到的总满足程度就是12个效用单位。根据这种理论，可以用具体的数字来研究消费者效用最大化问题。

基数效用论（Cardinal Utility Theory）采用的分析方法是边际效用分析法。

序数效用理论认为，效用是人们的主观心理感受，无法用数字来绝对计量，更不能加总求和。人们只能用第一，第二，第三等序数来表示效用水平的高低和选择先后，或者说，消费者只能判断对A的偏好甚于B，对B的偏好甚于C，而不能判断A比B、B比C的效用大多少。这种用先后次序或优劣对比来表示物品或劳务满足人们主观欲望程度的理论称为序数效用论。

例如，消费者消费了牛奶与饼干，他从中得到的效用无法用绝对数来绝对计量，也无法加总求和，但他可以比较从消费这两种物品中所得到的效用大小。如果他认为消费牛奶所带来的效用大于消费饼干所带来的效用，那么就可以说，牛奶的效用是第一，饼干的效用是第二。

序数效用论（Ordinal Utility Theory）采用的是无差异曲线分析法。

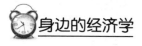身边的经济学

买钟的经济学

有一对夫妻，花了3个月时间才找到了一只他们非常喜爱的古玩钟，他们商定只要售价不超过600美元就买下来。但是，当他们看清上面的标价时，丈夫却犹豫了。"哎呀！"丈夫低声说："上面的标价是800美元，你还记得吗？我们说好了不超过600美元，我们还是回去吧。"妻子说："不过我们可以试一试，看店主能不能卖便宜点。毕竟我们已经找了这么久才找到的。"夫妻俩私下商量了一下，由妻子出面，试着与店方讨价还价，尽管她认定600美元买到这只钟的希望非常小。

妻子鼓起勇气，对钟表售货员说："我看到你们有只小钟要卖。我看了上面的标价，而且价标上有一层尘土，这给小钟增添了几许古董的色彩。"停顿了一下，她接着说："我告诉你

我想干什么吧,我想给这只钟出个价,只出一个价。我肯定这会使你震惊的,你准备好了吗?"她停下来看了一下售货员的反应,又接着说:"哎,我只出300美元。"

钟表售货员听了这个价后,连眼睛也没眨一下就爽快地说:"好!给你,卖啦!"你猜他们的反应怎样?夫妻俩欣喜若狂了吗?不,事实的结果是正好相反。"我真是太傻了,这钟本来恐怕就值不了几个钱,或者肯定是里面缺少了零件,要不为什么那么轻呢?再要么就是质量低劣……"妻子越想越懊恼。尽管后来夫妻俩还是把钟摆到了家中的客厅里,而且看上去效果很好,美极了,似乎走得也不错,但是她和丈夫总觉得不放心,总是被某种欺骗的感觉所笼罩。针对上述情况,可以用消费者效用理论对其进行解释。

效用是商品满足人的欲望和需要的能力和程度。从消费主体考察,消费者消费商品从而获得某种满足程度,是消费者的一种主观感觉或感受;进一步说这种主观的感觉或感受,是一个心理的感知过程。故事中出现这种现象的原因就是那个钟表售货员居然以300美元把那只钟卖给那对夫妻,售货员这种爽快的行为使那对夫妻认为钟表不值300美元,没有实现他们消费时的预期效用。深入到他们的内心分析他们的心理反应,就是他们在购买那只钟的同时,没有从购买行为中获得一种价值感,没有获得效用最大化的实现。

第二节　基数效用论

知识导入

5袋谷物的效用

一个农民在原始森林中建了一座小木屋,独自在那里劳动和生活。他收获了5袋谷物。这些谷物要用到来年秋天,但不需要留有剩余。他是一个善于精打细算的人,因而安排了一个在一年内使用这些谷物的计划。一袋谷物是他维持生存所必需的;一袋是在维持生存之外增强体力和精力的。此外,他希望有些肉可吃,所以第三袋谷物用来饲养鸡、鸭等家禽。他爱喝酒,于是第四袋谷物用于酿酒。对于第五袋谷物,他觉得最好用它来喂养几只他喜欢的鹦鹉,这样可以解闷儿。显然,这五袋谷物的不同用途,其重要性是不同的。假如以数字来表示的话,将维持生存的那袋谷物的重要性可以确定为12,其余的依次确定为10、8、6、4。

思考:如果一袋谷物遭受了损失,比如被小偷偷走了,那么他将失去多少效用?

一、总效用与边际效用

(一)总效用

总效用(Total Utility,TU)是指单个消费者通过消费一定数量的商品或服务所获得的满足程度的总和。基数效用论认为,总效用与商品消费量之间的关系可以用效用函数来表示。以 TU 表示总效用,以 Q 表示消费量,效用函数就是:

$$TU = f(Q) \tag{3.1}$$

上式中,总效用 TU 是消费量 Q 的函数,它随消费量的变化而变化。

(二)边际效用

边际效用(Marginal Utility, MU)是指单个消费者每增加一个单位商品或劳务的消费所增加的满足,也就是增加一个单位商品或劳务的消费所带来的总效用的增加量。若 MU 表示边际效用,ΔTU 表示总效用的增加量,ΔQ 表示商品数量的增加量,则

$$MU = \frac{\Delta TU}{\Delta Q} \tag{3.2}$$

若总效用函数为连续函数,则令 $\Delta X \to 0$,

$$MU = \lim_{\Delta X \to 0} \frac{\Delta TU}{\Delta X} = \frac{\mathrm{d}TU}{\mathrm{d}X} \tag{3.3}$$

现举例说明总效用和边际效用以及两者之间的关系。假如某人在一定时期内(如一天内)喝水的杯数以及对该人所产生的效用和边际效用如表 3.1 所示。

表 3.1 总效用与边际效用表

水数量(杯/天)(Q)	总效用(TU)	边际效用(MU)
0	0	0
1	10	10
2	18	8
3	24	6
4	28	4
5	30	2
6	30	0
7	28	−2

根据表 3.1,可以画出表示总效用(图 3.1)和边际效用(图 3.2)的图。

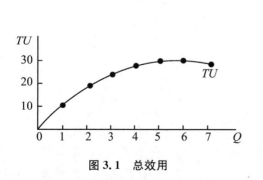

图 3.1 总效用

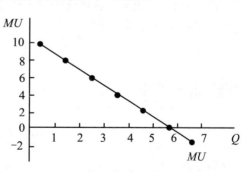

图 3.2 边际效用

图 3.1 中,横轴 OQ 代表水的消费量,纵轴 OTU 代表总效用,TU 为总效用曲线。图 3.2 中,横轴仍然代表水的消费量,纵轴 OMU 代表边际效用,MU 为边际效用曲线。

从图 3.1 和图 3.2 中可以看出,当消费 1 杯水时,总效用为 10 个效用单位。由没有消费水到消费 1 杯水,消费量增加了 1 个单位,效用增加了 10 个效用单位,所以,第 1 杯水的边际效用为 10 个效用单位。当消费 2 杯水时,总效用为 18 个效用单位,由消费 1 杯水到消费 2 杯水,消费量增加了 1 个单位,总效用从 10 个效用单位增加到 18 个效用单位,所以,第 2 杯水的边际效用为 8 个效用单位。以此类推,当消费 7 杯水时,总效用为 28 个效用单位,而边际效用为 -2 个效用单位,即增加第 7 杯水的消费所带来的是负效用。

> **想一想**
>
> 总效用与边际效用有何关系?

可见,总效用与边际效用的关系是:当边际效用为正时,总效用是增加的;当边际效用为 0 时,总效用达到最大;当边际效用为负数时,总效用减少。

二、边际效用递减规律

(一)边际效用递减规律的内容

边际效用递减规律(Law of Diminishing Marginal Utility)是指一定时期内,在其他物品的消费量不变的条件下,随着消费者对某种物品消费量不断增加,消费者从该物品连续增加的每一消费单位中得到的效用增量即边际效用是递减的。德国经济学家戈森首先对这种现象进行了描述,所以该规律又被称为戈森第一定律。

如表 3.1 所示,一个非常口渴的人喝第 1 杯水时,会感到特别甘甜,这杯水能使他免于渴死,且缓解了他的干渴感,因而效用特别大,假设它的效用量是 10;喝第 2 杯水时,进一步缓解了干渴感,因而主观上感到的效用仍然较大,但比起第一杯水来说要小一些了,此时它的效用量是 8;2 杯水可能还未完全消除他的干渴感,因此他还想继续喝,当他喝第 3 杯水时,主观感受到的效用量要比第二杯水小,其效用量为 6,以此类推,当他喝完第 4、第 5 杯水时,其效用分别是 4 和 2,由于喝完第 5 杯水就喝饱了,因而,第 6 杯水对他来说,喝不喝已无所谓,因而其效用量是 0。若接着喝第 7 杯水,他的胃被撑得发胀,反而引起不适的感觉,所以这杯水的效用量变成了 -2。

身边的经济学

吃三个面包的感觉

罗斯福连任三届美国总统后,曾有记者问他有何感想,总统一言不发,只是拿出一块三明治面包让记者吃,这位记者不明白总统的用意,又不便问,只好吃了;接着,总统拿出第二块,记者还是勉强吃了;紧接着总统拿出第三块,记者为了不撑破肚皮,赶紧婉言谢绝。这时罗斯福总统微微一笑:"现在你知道我连任三届总统的滋味了吧。"

(二) 边际效用递减规律存在的原因

1. 来自人们的欲望本身

戈森提出了关于欲望的两条规律:一是欲望强度递减规律。即在一定时期内,一个人对某种物品的欲望强度随着物品数量增加而减少。当人们消费某种商品时,其欲望获得部分满足,因而对这种商品的欲望降低;同时,对其他商品的需求欲望则感到强烈。二是享受递减规律,即随着欲望的满足,人们得到的满足是递减的。这说明消费一种物品的数量越多,即随着刺激的重复,人们获得的满足程度在逐步减少,如我们连续喝水时就有这种感觉。

2. 来自商品本身的用途

每种商品都有多种多样的用途。当某种商品数量很少时,人们会根据自己的判断把它用到最需要的地方,如果数量增加,人们就会用于其他用途。这可以解释为什么在沙漠中行走的人绝不会用水洗澡,而在水源充足的地方,不仅可以用水洗澡,还可以用水洗衣、冲刷地板等。

边际效用递减规律与需求定理

需求定理表明,在需求条件不变的前提下,某种商品的需求量与价格之间存在着反向变化关系。这个规律也可以用边际效用递减规律来解释。

西方经济学家根据边际效用递减规律,提出了"边际效用价值论"。边际效用价值论认为,商品的需求价格不是取决于总效用,而是取决于边际效用。商品的需求价格是指消费者在一定时期内对一定量的某种商品所愿意支付的价格。如果一定数量的某种商品的边际效用越大,则消费者为购买这些数量的该种商品所愿意支付的价格就越高;反之,如果一定数量的某种商品的边际效用越小,则消费者为购买这些数量的该种商品所愿意支付的价格就越低。由于边际效用递减规律的作用,随着消费者对某种商品消费量的连续增加,该商品的边际效用是递减的;相应地,消费者为购买这种商品所愿意支付的价格,即需求价格也是越来越低的。也就是说,商品需求量与价格之间呈反向变化关系的原因是边际效用递减规律的作用。

三、基数效用论的消费者均衡

消费者均衡是研究单个消费者如何把有限的货币收入分配在各种商品的购买中以获得最大的效用。也可以说,它是研究单个消费者在既定收入的情况下,如何实现效用最大化的问题。这里的均衡是指消费者实现最大效用时既不想再增加、也不想再减少任何商品购买数量的这样一种相对静止的状态。

在研究消费者均衡时,有以下几点假设:

第一,消费者的偏好是既定的。也就是说,消费者对各种物品效用与边际的评价是既定不变的。

第二,物品的价格是既定的。

第三,消费者的收入是既定的。

第四,货币的边际效用是不变的。只有货币的边际效用是不变的,才可以用货币的边际效用去衡量其他物品的效用。同时,由于消费者的货币收入是有限的,同样的货币可以购买不同的物品,所以,这个假设在一般情况下也是合理的。

消费者均衡正是要说明在这些假设条件之下,消费者如何把有限的收入分配于各种物品的购买与消费上,以获得最大的效用。

基数效用论认为,如果消费者的货币收入水平是固定的,市场上各种商品的价格是已知的,消费者实现效用最大化,即实现消费者均衡的条件是:消费者应该使自己所购买的各种商品的边际效用与价格之比相等。或者说,消费者应使自己花费在各种商品购买上的最后1单位货币所带来的边际效用相等。

假定,消费者用既定的收入 M 购买 n 种商品,$P_1,P_2,\cdots,P_n$ 分别为 n 种商品的既定的价格,λ 为货币的边际效用,是一个既定不变的常数。以 $X_1,X_2,\cdots,X_n$ 分别表示 n 种商品的数量,$MU_1,MU_2,\cdots,MU_n$ 分别表示 n 种商品的边际效用,则上述的实现消费者均衡的条件可以用公式表示为

$$P_1 X_1 + P_2 X_2 + \cdots + P_n X_n = M \tag{3.4}$$

$$\frac{MU_1}{P_1} = \frac{MU_2}{P_2} = \frac{MU_n}{P_n} = \lambda \tag{3.5}$$

其中,式(3.4)是限制条件,式(3.5)是在限制条件下实现消费者均衡的条件。

下面以消费者购买两种商品为例,具体说明实现消费者均衡的条件。

与式(3.4)和式(3.5)相对应,在只购买两种商品的情况下实现消费者均衡的条件为

$$P_1 X_1 + P_2 X_2 = M \tag{3.6}$$

$$\frac{MU_1}{P_1} = \frac{MU_2}{P_2} = \lambda \tag{3.7}$$

为什么达到上述条件,就能保证达到消费者均衡呢?假设 $MU_1/P_1 > MU_2/P_2$,那么,意味着最后1单位货币用于购买商品1所获得的边际效用大于用于购买商品2所获得的边际效用。这时,理性的消费者就会调整这两种商品的购买数量:增加对商品1的购买量,减少对商品2的购买量。在这样的调整过程中,一方面,在消费者用减少1单位货币的商品2来相应地增加1单位货币的商品1时,由此带来的商品1的边际效用的增加量是大于商品2的边际效用的减少量的,这意味着消费者在不多花钱的情况下,总效用增加了;另一方面,在边际效用递减规律的作用下,商品1的边际效用会随其购买量的不断增加而减少,商品2的边际效用会随其购买量的不断减少而增加。这种调整一直持续到当 $MU_1/P_1 = MU_2/P_2$ 为止,即消费者花费最后1单位货币于商品1与花费最后单位货币于商品2上所获得的边际效用相等。此时,消费者既不想增加也不想减少任何商品的购买数量,便处于一种相对的静止状态。

反之,当 $MU_1/P_1 < MU_2/P_2$ 时,说明对于消费者来说,最后 1 单位货币用于购买商品 1 所获得的边际效用小于用于购买商品 2 所获得的边际效用。根据同样的道理,理性的消费者会进行与前面相反的调整过程,即减少对商品 1 的购买,增加对商品 2 的购买,直至 $MU_1/P_1 = MU_2/P_2$。对于上述抽象的公式,可以用表 3.2 来说明。

表 3.2 某消费者的边际效用

商品数量(X)	1	2	3	4	5	6	7	8
商品 1 的边际效用(MU_1)	11	10	8	6	5	4	3	2
商品 2 的边际效用(MU_2)	20	18	14	13	12	10	8	6

在表 3.2 中,假设某消费者在某一时期内将 8 元钱全部用于商品 1 和商品 2 的购买,且货币的边际效用不变,两商品的价格分别为 $P_1=1$ 元,$P_2=1$ 元,他应该对商品 1 和商品 2 各购买多少时才能使他得到最大的总效用呢?

在边际效用递减规律的作用下,消费者只有使每 1 元钱所带来的边际效用最大,才能使最后的总效用最大。具体地看,根据表 3.2,理性的消费者肯定会用第 1 元钱购买第 1 单位的商品 2,由此得到 20 效用单位,因为如果他用第 1 元钱去购买第 1 单位的商品 1,只能得到 11 效用单位。以此类推,他将用第 2、第 3、第 4 和第 5 元钱去购买第 2、第 3、第 4 和第 5 单位的商品 2,分别获得 18、14、13 和 12 效用单位;再用第 6 元钱去购买第 1 单位的商品 1,获得 11 效用单位;最后,用第 7、第 8 元钱去购买第 2 单位的商品 1 和第 6 单位的商品 2,这时,分别花费在这两种商品上的最后 1 元钱所带来的边际效用是相等的,都是 10 个效用单位。至此,该消费者的全部收入 8 元都用完,并以最优购买组合 $X_1=2$,$X_2=6$ 实现了效用最大化的均衡条件:当消费者花费的每 1 元钱买到的各种商品的边际效用量正好彼此相等的时候,就能在花费既定支出的情况下使买到的商品效用最大化,即

$$\lambda = \frac{MU_1}{P_1} = \frac{MU_2}{P_2} = \frac{10}{1}$$

约束条件为:$P_1X_1+P_2X_2=1\times2+1\times6=8$,此时,消费者获得了最大的总效用,为 108 个效用单位。

> **想一想**
> 在人们生活中,作为必需品的水无疑比作为奢侈品的钻石重要得多,但为什么钻石的价格比水高得多?

四、消费者剩余

消费者剩余(Consumer's Surplus)是消费者愿意对某商品支付的价格与实际价格之间的差额。这个概念是马歇尔提出来的。根据边际效用递减规律,消费者先消费的每一个单位商品总是比最后消费的那个单位商品具有更大的效用。但消费者所支付的每一个单位商品的价格却是由消费的最后一个单位的边际效用所决定的。因此,消费者在先消费的每一

个单位的商品中都得到了剩余,即消费者所得到的满足大于他所支付的代价。当这种剩余消失时,他就会停止购买该商品。所以消费者剩余也就是总效用与总价值之间的差额。

你所购买的东西值不值

你在商场里看中了一件上衣,价格100元,你在购买时肯定要向销售员砍价,问他80元卖不卖,销售员理解消费者的这种心理,往往会同意让些利,促使你尽快决断,否则你就会有到其他柜台看看的念头。经过一番讨价还价,最终可能以90元成交。在这个过程中消费者追求的是效用最大化吗?显然不是。这实际是你对这件衣服的主观评价而已,就是为所购买的物品支付的最高价格。如果市场价格高于你愿意支付的价格,你就会放弃购买,觉得不值,这时你的消费者剩余是负数,你就不会购买了;相反,如果市场价格低于你愿意支付的价格,你就会购买,觉得很值,这时就有了消费者剩余。还比如,在现实生活中消费者并不总是能够得到消费者剩余的。在竞争不充分的情形下,厂商可以对某些消费者提价,使这种利益归厂商所有。更有甚者,有些商家所卖商品并不明码标价,消费者去购买商品时,他们先漫天要价,然后再与消费者讨价还价。消费者要想在讨价还价中获得消费者剩余,在平时就必须注意浏览和观察各种商品的价格和供求情况,在购买重要商品时至少要货比三家,并与卖者讨价还价,最终才能恰到好处地拍板成交,获得消费者剩余。

讨论:(1) 什么是消费者剩余?
　　　(2) 为什么说消费者剩余是主观的?

第三节　序数效用论

人生中最重要的东西

有个心理学家以"人生什么最重要"为主题展开调研。他来到孤儿院,问孩子们:"这个世界上,你们觉得什么最重要呢?"孩子们齐声回答:"爸爸妈妈最重要!"他又来到一家敬老院,问老人们:"人生什么最重要?"老人回答:"生命最重要!"他又来到一家医院,问躺在病床上的病人:"人生什么最重要?"病人叹口气说:"健康最重要啊!"心理学家出了医院,遇到了一位漂泊的游子,又问了同样的问题,游子仰望天空,视着一轮明月说:"回家最重要!"最后,心理学家来到小河边,看见一位失恋的人正在河边哭泣,于是走过去安慰,失恋的人说,她后悔自己不懂得珍惜,失去之后才开始明白,人生最重要的是曾经的恋人!人生到底什么最重要呢?每个人的说法各不相同,那么,对人生重要的东西该怎样排序?是否也可以用来考虑我们对消费的选择呢?

思考:你在消费面临多种选择时,是否会排序呢?

序数效用论者认为,商品的效用是无法用具体数值衡量的,只能用顺序或等级来表示。他们提出消费者偏好的概念,取代了基数效用论者关于效用的大小可以用"效用单位"来表示的说法。序数效用论者指出,消费者对于各种不同商品组合的偏好(即爱好)程度是有差别的,这种偏好程度的差别决定了不同商品组合的效用的大小顺序。

序数效用论对消费者偏好有以下三个基本假定:

第一,消费者偏好可以比较。序数效用论假定消费者在心目中能给不同的商品(或商品组)按照偏好排列一个顺序,所以,如果消费者面前有两组商品 A 和 B,若 A 带给他的效用大于 B,他就更偏好 A;反之,就更偏好 B;若两组商品带给他的满意程度或效用一样大小,那么消费者对选择哪一组就完全不在乎,因为他觉得两组商品是完全无差异的。

序数效用论

第二,消费者偏好可以传递,即偏好在逻辑上是一致的。假定有三种不同的商品组合 A、B、C。就某消费者的喜爱来说,如果他认为 A 超过 B,而 B 又超过 C,则 A 一定是超过 C。例如,某位消费者在只有可口可乐和百事可乐可供选择时,他总是选择可口可乐,而在只有可口可乐和雪碧可供选择时,他总是选择雪碧。那么,如果某一天只能在百事可乐和雪碧中作选择的话,他应该会毫不迟疑地选择雪碧。还有另一种情况是,如果消费者认为 A 与 B 无差异,而 B 与 C 又无差异,则 A 与 C 一定也无差异。

第三,"多比少好"原则或非饱和性。如果两个商品组合的区别仅在于其中一种商品的数量的不同,那么,消费者总是偏好于含有这种商品数量较多的那个组。这意味着,消费者对每一种商品的消费都处于非饱和状态。

序数效用论在这三个基本假设的基础上运用无差异曲线来分析消费者行为。

一、无差异曲线

(一) 无差异曲线的含义

无差异曲线(Indifference Curve)是表示能够给消费者带来同等效用水平或满足程度的两种商品的不同数量组合点的轨迹。

如果两种商品不仅可以相互替代,并且能够无限可分,则消费者就可以通过两种商品的此消彼长的不同组合来达到同等的满足程度。假定有猪肉(X)和牛肉(Y)两种商品,按 A、B、C、D 四种方式组合,这四种组合方式对某个消费者所提供的满足程度是相等的,如表 3.3 所示。

表 3.3 无差异的各种组合

组合方式	猪肉(X)	牛肉(Y)
A	1	10
B	2	6
C	3	4
D	4	2.5

设平面直角坐标系,横轴 X 表示猪肉数量,纵轴 Y 表示牛肉的数量,将表 3.3 中的各种不同组合在平面坐标上用对应的各点连接起来,就可以得到曲线 U_1,如图 3.3 所示。它表明在曲线 U_1 上一定数量的牛肉和一定数量的猪肉的组合,对于消费者的满足程度来说没有差异,所以曲线 U_1 就是无差异曲线。

消费者的偏好程度是无限多的,根据消费者所感受的较高和较低水平的满足程度,可以相应地列出不同水平的各种商品的多种无差异组合。把这些组合在平面坐标上所对应的各点连接起来,便可以相应地得到不同水平的无差异曲线。由于消费者的欲望是永无止境的,消费者所面临的无差异曲线也有无数个。这无数个无差异曲线便构成无差异曲线群,如图 3.4 所示。在无差异曲线群中,同一条无差异曲线代表同样的满足程度,不同的无差异曲线代表不同的满足程度。离原点 O 越远的无差异曲线,所代表的满足程度越高,离原点 O 越近的无差异曲线,所代表的满足程度越低,即 $U_3 > U_2 > U_1$。

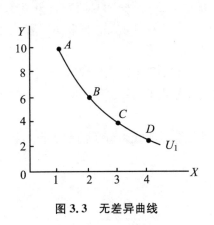

图 3.3 无差异曲线

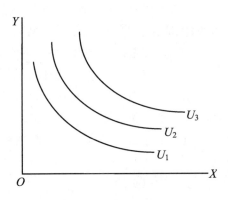

图 3.4 无差异曲线群

(二) 无差异曲线的特点

1. 无差异曲线从左上方向右下方倾斜,斜率为负

这是因为,在无差异曲线上任何一个组合点都提供同等水平的满足,消费者为了保持同等的满足水平,必须通过放弃一定数量的 Y 商品,方能增加 X 商品的消费,所以若要满足水平不变而商品组合发生变动,那么两种商品的数量就必须一增一减。因此,无差异曲线的斜率一定是负数。

2. 任何两条无差异曲线都不能相交

如果两条无差异曲线相交,就必定和序数效用论对消费者偏好的假定相矛盾,如图 3.5 所示,两条无差异曲线相交于 C 点。因为交点上的两商品数量完全相同,因此它们具有相同的效用。但 A 和 C 在同一条无差异曲线上,所以 $A=C$,B 和 C 也在同一条无差异曲线上,所以 $B=C$,这样,根据消费者偏好的传递性推断出 $A=B$。B 点的商品组合所代表的 Y 商品的数量与 A 组合相等,但 B 点的商品组合所代表的 X 商品的数量却大于 A 点的商品组合所代表的 X 商品的数量,根据消费者偏好的第三个假定,消费者对 B 点的商品组合的偏好必定大于对 A 点的商品组合的偏好。这样一来,消费者在认为 A 点和 B 点无差异的同时,又认为 B 点优于 A

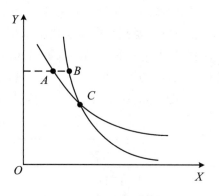

图 3.5　相交的无差异曲线

点,这就违反了消费者偏好的第一个假定。所以,图 3.5 中两条无差异曲线相交的画法是错误的。

3. 无差异曲线是凸向原点的

从图 3.3 和图 3.4 可见,无差异曲线不仅是向右下方倾斜的,即无差异曲线的斜率是负值,而且无差异曲线是凸向原点的,即随着 X 商品数量的连续增加,无差异曲线斜率的绝对值是递减的。无差异曲线的这一特点系由商品的边际替代率递减规律所决定。

> **想一想**
> 无差异曲线有哪些特点?

(三) 边际替代率

1. 边际替代率的概念

边际替代率(Marginal Rate of Substitute,MRS)是消费者在保持满足程度不变时,减少的一种商品消费量与增加的另一种商品的消费量之比。

以 ΔX 代表 X 商品的增加量,以 ΔY 代表 Y 商品的减少量,MRS_{XY} 代表以 X 商品代替 Y 商品的边际替代率,则边际替代率的计算公式为

$$MRS_{XY} = -\frac{\Delta Y}{\Delta X} \tag{3.8}$$

例如,消费者在保持满足程度不变时,增加 1 个单位的 X 商品,就必须减少 2 个单位的 Y 商品,则以 X 商品代替 Y 商品的边际替代率为 -2。尤其注意的是,在保持满足程度,即总效用不变时,增加一种商品的消费量就要减少另一种商品,因此,边际替代率从理论来说应该是负值。为了使商品的边际替代率取正值便于比较,所以在公式中加了一个负号。

假定商品数量的变化量趋于无穷小时,即当 $\Delta X \to 0$ 时,则商品的边际替代率的公式可以写为

$$MRS_{XY} = \lim_{\Delta X \to 0} -\frac{\Delta Y}{\Delta X} = \frac{dY}{dX} \tag{3.9}$$

显然,无差异曲线上任何一点的边际替代率等于无差异曲线在该点的斜率的绝对值。

2. 边际替代率递减规律

序数效用论在分析消费者行为时提出了边际替代率递减规律的假定。商品的边际替代率递减规律,是指在保持总效用水平不变的前提下,随着一种商品消费数量的连续增加,它所能替代的另一种商品的数量呈递减的变化趋势,即消费者为得到每一个单位的这种商品所需要放弃的另一种商品的消费量是递减的。

根据表3.3,可以计算出猪肉替代牛肉的边际替代率,如表3.4所示。

表3.4 猪肉替代牛肉的边际替代率表

无差异组合变动	ΔX(猪肉的增加量)	ΔY(牛肉的减少量)	MRS_{XY}
从 A 到 B	1	4	4
从 B 到 C	1	2	2
从 C 到 D	1	1.5	1.5

从表3.4中可以看出,若连续增加猪肉的数量,则需要减少的牛肉的数量就越来越少。这种连续增加某一种商品时,人们所愿意牺牲的另一种商品的数量呈递减的变化趋势,称之为边际替代率递减规律。其原因在于,由于边际效用递减规律的作用,随着某种商品消费量的增加,它的边际效用在递减;随着另一种商品消费量的减少,它的边际效用在递增。所以,某种商品能代替的另一种商品的数量就越来越少。边际替代率之所以是递减的,是因为边际效用是递减的。这说明,边际替代率概念和边际替代率递减规律是以边际效用概念和边际效用递减概念为出发点的。

从几何意义上讲,商品的边际替代率递减表示无差异曲线的斜率的绝对值是递减的。商品的边际替代率递减规律决定了无差异曲线的形状凸向原点。但如果对于消费者来说,两种商品为完全替代品,则一种物品增加一个单位,另一种物品减少同样的数量,边际替代率不变。例如,1美元与1元人民币,在一个相对固定的汇率上,美元与人民币的替代比率是常数,是完全替代的,则无差异曲线如图3.6(a)所示,为一条直线,商品的边际替代率,即无差异曲线的斜率为一常数。对于消费者来说,如果两种商品为完全互补品,如一副镜架和两片镜片总是配合在一起才能使用,则相应的无差异曲线如图3.6(b)所示,呈直角形状。图3.6(b)中的无差异曲线,左边一段是与横轴垂直的,表示无论Y商品如何增加,X商品也不能减少,故以Y代替X的边际替代率MRS_{XY}为0;右边一段是与横轴平行的无差异曲线,这就表示无论X商品如何增加,Y商品也不能减少,所以以X商品代替Y商品的边际替代率MRS_{XY}为0。

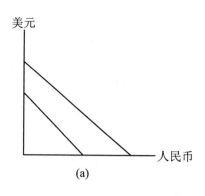 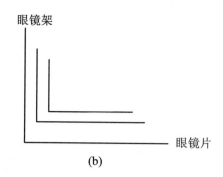

图 3.6 无差异曲线

二、预算线

(一) 预算线的含义

预算线(Budget Line)又称预算约束线、消费可能线或价格线。预算线表示在消费者收入和商品价格既定的条件下,消费者的全部收入所能购买到的两种商品的最大可能的数量组合点的轨迹。

为了分析的简便,假定某消费者有一笔收入为 100 元,全部用来购买商品 X 和商品 Y,商品 X 的价格为 5 元,商品 Y 的价格为 2 元。那么,全部收入都用来购买商品 X 可得 20 单位,全部收入都用来购买商品 Y 可得 50 单位。

设立直角坐标系,横轴表示 X 商品的数量,纵轴表示 Y 商品的数量,由此画出预算线为图 3.7 中的线段 AB。

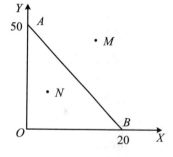

图 3.7 预算线

在图 3.7 中,纵轴节点 A 表示消费者收入 100 元全部用于购买商品 Y,横轴节点 B 表示消费者收入 100 元全部用于购买商品 X,这是两种极端的情况。连接 A、B 两点的直线,即预算线上每一点都表示消费者用收入可能买到的 X 和 Y 的各种组合。预算线把平面坐标图划分为两个区域:预算线右侧区域中的任何一点,如 M 点,是消费者利用全部收入不可能实现的商品购买的组合点;预算线左侧区域中的任何一点,如 N 点,表示消费者的全部收入在购买该点的商品组合之后还有剩余。

如果 M 表示消费者的既定收入,以 P_X 和 P_Y 分别表示 X 商品和 Y 商品的价格,以 X 和 Y 分别表示两种商品的购买数量,则预算线方程为

$$M = P_X \cdot X + P_Y \cdot Y \tag{3.10}$$

上式表明,消费者的全部收入 M 等于他购买商品 X 的支出与购买商品 Y 的支出的总和。

由(3.10)式可得,消费者全部收入购买商品 X 的数量 M/P_X,它是预算线在横轴的截距,即为图 3.7 中线段 OB。消费者全部收入购买商品 Y 的数量为 M/P_Y,它是预算线在纵轴的截距,即为图 3.7 中的线段 OA。预算线的斜率为

$$-\frac{OA}{OB} = -\frac{\frac{M}{P_Y}}{\frac{M}{P_X}} = -\frac{P_X}{P_Y} \tag{3.11}$$

这说明预算线的斜率可以表示为两种商品价格之比的负值。当然,(3.10)式的预算线方程也可改写为

$$Y = -\frac{P_X}{P_Y} + \frac{M}{P_Y} \tag{3.12}$$

这是一个直线方程,其中 $-P_X/P_Y$ 为预算线的斜率,M/P_Y 为预算线在纵轴上的截距,即为图中 OA,它表示消费者全部收入可购买商品 Y 的数量。由于斜率为负数,因此,预算线向右下方倾斜,如图 3.7 所示。

> **想一想**
> 预算线的斜率取决于什么?

(二)预算线的变动

预算线表示在一定的收入 M 的限制下,当两种商品的价格 P_X 和 P_Y 为已知时,消费者可以购买到的两种商品的各种组合。所以,如果当消费者的收入 M 或商品价格 P_X 和 P_Y 生变化时,便会引起预算线的变动。预算线的变动可以归纳为以下三种情况:

(1)当两种商品的价格不变,消费者的收入发生变化时,预算线的位置会平行移动。这是因为,预算线的斜率是两种商品价格之比的负值,商品的价格不变,则预算线的斜率一定不变。于是,收入的变化只能引起预算线的截距 M/P_X 和 M/P_Y 变化,如图 3.8(a)所示。假定原有的预算线为 AB,若消费者收入增加,则预算线 AB 向右上方平移至 A_1B_1,它表示消费者的全部收入用来购买两种商品的数量都因收入的增加而增加。若消费者收入减少,预算线由 AB 则向左下方平移至 A_2B_2,它表示消费者的全部收入用来购买两种商品的数量都因收入的减少而减少。

(2)当消费者的收入不变,两种商品的价格同比例同方向变化时,预算线也会发生平移。这是因为,两种商品价格同比例同方向的变化并不导致预算线的斜率变化,而只会引起预算线的截距发生变化。若两种商品的价格同比例上升,则预算线 AB 向左下方平移;若两种商品的价格同比例下降,则预算线向右上方平移。

(3)消费者的收入不变,两种商品的相对价格变化,导致预算线的斜率发生变化。绝对价格是花费在每一个商品上的单位价格,相对价格是两种商品绝对价格的比例。商品的相对价格变化包括两种情况:一是一种商品的价格不变,而另一种商品的价格发生变化;二是两种商品的价格同时发生变化,但比例不同。

图 3.8(b)中,AB 线为原预算线。假设 Y 商品价格不变,X 商品价格降低,则预算线围绕 A 点向外旋转至 AB_2;若 Y 商品价格不变,X 商品价格上升,则预算线围绕 A 点向内旋转至 AB_1。

如果 X 商品价格不变,Y 商品价格发生变化,预算线的斜率朝另一侧变动,即预算线围绕 B 点旋转。如图 3.8(c)所示。

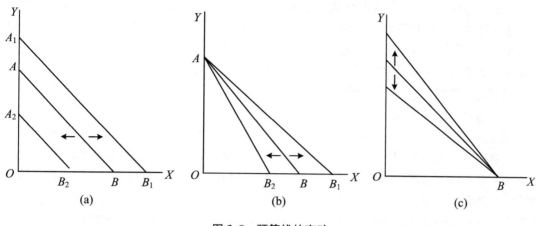

图 3.8 预算线的变动

如果两种商品价格同时不同比例变动，根据上述原理可推理出不同情况的新预算线。

三、序数效用论的消费者均衡

在一定的收入、价格和资源条件下，消费要获取最大程度的满足，一方面取决于他的主观偏好，另一方面取决于客观条件给消费者提供的实际可能。把两者结合起来就可以使消费者得到最大满足，实现消费者均衡。

在序数效用论中，无差异曲线反映了消费者的主观偏好，由于消费者的欲望是没有止境的，所以，一个消费者所面临的无差异曲线有无数条。消费者总想通过购买把心目中的无差异曲线推离原点越远越好，以便获得更大的满足。但是，这只能是消费者的主观愿望，由于消费者的主观欲望要受到消费者的货币收入和商品价格的限制，这种限制在序数效用论中可以用预算约束线来表示。因此，序数效用论认为，应当而且可以用无差异曲线和预算约束线这两个分析工具来说明消费者均衡。

按照序数论的说明，在收入既定和商品价格已知的条件下，一个消费者关于两种商品的预算线只能有一条。那么，当一个消费者面临一条既定的预算线和无数条无差异曲线时，他应该如何决策才能获得最大程度的满足呢？通过前面的分析得知：预算线是一条从左上方向右下方倾斜的直线，而无差异曲线的形状是左上方向右下方倾斜，并且凸向原点。这样一来，既定的一条预算线与消费者所面临的无数条无差异曲线之间必定存在着相交、相离以及相切三种关系，并且有且只有一条无差异曲线与预算线相切。序数效用论的分析指出，只有在既定的预算线与其中的一条无差异曲线相切的切点上，

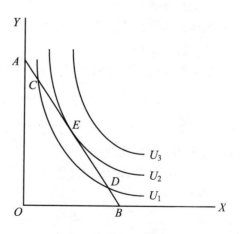

图 3.9 消费者均衡

消费者才能获得最大效用水平或满足程度，无差异曲线与预算线相切的切点称之为消费者均衡点。如图 3.9 所示。

在图 3.9 中，U_1、U_2 和 U_3 曲线表示该消费者面临的无数条无差异曲线中最具有代表性的三条。其中，U_1 与预算线 AB 相交于 C、D 两点，U_2 与预算线 AB 相切于 E 点，U_3 与预算线 AB 相离。很显然，U_3 代表的满足程度最高，U_2 次之，U_1 最低，即 $U_3 > U_2 > U_1$。线段 AB 表示在某消费者收入既定和商品价格已知条件下的预算线。在预算线与 U_2 相切的切点 E 点实现消费者均衡。

为什么只有在 E 点时才能实现消费者均衡呢？因为虽然 AB 线和 U_1 相交于 C、D 两点，这表明消费者的既定收入可以买到无差异曲线 U_1 上的商品组合 C、D，但这样的购买并不能给消费者带来最大程度的满足，因为 U_1 位于 U_2 的左下方，并且任意一条与预算线 AB 相交的无差异曲线必然位于 U_2 下方，即 U_1 给消费者提供的满足程度必然低于 U_2，一个有理性的消费者不会做出这样的选择。U_3 是位置高于 U_2 的无差异曲线，虽然 U_3 的确能给消费者带来比 U_2 更大的满足，但是消费者在现有的收入和价格条件下无法实现购买。因此，只有在预算线和无差异曲线相切的切点 E 上的商品组合，才是消费者可以买到的能给消费者带来最大满足的商品组合。因此 E 点是消费者均衡点或最大满足点。

> **想一想**
> 什么是消费者均衡点？

在消费者均衡点上，预算线的斜率正好等于无差异曲线的斜率。由于预算线的斜率是两种商品价格的比率，而无差异曲线的斜率是两种商品的边际替代率，所以，实现消费者均衡的条件是：两种商品的边际替代率等于两种商品价格的比率，即

$$MRS_{XY} = \frac{\Delta Y}{\Delta X} = \frac{P_X}{P_Y} \tag{3.13}$$

这就是实现消费者均衡的条件。它表示在一定的收入约束条件下，为了得到最大的满足程度，消费者应选择最优的商品数量的购买组合，必须使得两种商品的边际替代率等于两商品的价格之比。

以上是序数效用论者对消费者行为的分析。在此需要指出的是，虽然序数效用论者和基数效用论者分析消费者行为所运用的分析方法不同，但两者所得出的实现消费者均衡的条件从本质上讲是相同的。

如果假定商品的效用可以用基数来衡量，则商品的边际替代率 MRS_{XY} 可以表示为

$$MRS_{XY} = \frac{\Delta Y}{\Delta X} = \frac{MU_X}{MU_Y} \tag{3.14}$$

其证明如下，由于在保持效用水平不变的前提下，消费者增加一个单位某种商品的消费量所带来的效用的增加量和相应减少的另一种商品的消费量所带来的效用的减少量必定是相等的，也就是说，X 商品的增加和 Y 商品的减少对效用水平的影响是 0 或总效用的增量（ΔTU）为 0，即

$$\Delta TU = \Delta X \cdot MU_X - \Delta Y \cdot MU_Y = 0$$

所以，

$$MRS_{XY} = \frac{\Delta U}{\Delta C} = \frac{MU_X}{MU_Y}$$

根据(3.13)，序数效用论关于实现消费者均衡的条件可以改写成：

$$MRS_{XY} = \frac{MU_X}{MU_Y} = \frac{P_X}{P_Y} \quad \text{或} \quad \frac{MU_X}{P_X} = \frac{MU_Y}{P_Y} = \lambda$$

其中，λ 为货币的边际效用。于是，式(3.13)与基数效用论者关于消费者的均衡条件式(3.6)是相同的。

知识链接

收入效应和替代效应

当一种商品的价格发生变化时，会对消费者产生两种影响：一是使消费者的实际收入水平发生变化。在这里，实际收入水平的变化被定义为效用水平的变化；二是使商品的相对价格发生变化。这两种变化都会改变消费者对该种商品的需求量。

例如，在消费者购买商品 X 和商品 Y 两种商品的情况下，当商品 X 的价格下降时，一方面，对于消费者来说，虽然名义货币收入不变，但是现有的等量货币的购买力增强了，也就意味着实际收入水平提高了。实际收入水平的提高，会使消费者增加对这两种商品的购买量，从而达到更高的效用水平，这就是收入效应。另一方面，商品 X 价格的下降，使得商品 X 相对于价格不变的商品 Y 来说，较以前便宜了。商品相对价格的这种变化，会使消费者增加对商品 X 的购买而减少对商品 Y 的购买，这就是替代效应。显然，替代效应不考虑实际收入水平变动的影响，所以，替代效应不改变消费者的效用水平。同理，也可以分析商品 X 的价格提高时的替代效应和收入效应，只是情况刚好相反罢了。

综上所述，一种商品价格变动所引起的该商品需求量变动的总效应可以分为替代效应和收入效应两个部分，即总效应＝替代效应＋收入效应。其中，将由商品的价格变动引起实际收入水平的变动，进而引起商品需求量的变动的过程，称为收入效应。由商品的价格变动引起商品相对价格的变动，进而引起商品需求量的变动的过程，称为替代效应。收入效应表示消费者的效用水平发生变化，而替代效应则不改变消费者的效用水平。

四、消费者均衡的变动

在讨论了实现消费者均衡的条件之后，我们再来考察一下与消费者均衡有关的条件发生变化之后，消费者均衡点将会如何变动。

（一）价格变动对消费者均衡的影响——价格-消费曲线

在消费者收入不变和其他商品的价格不变时，某种商品的价格发生变化必然引起预算线斜率的改变，使预算线与新的无差异曲线相切从而引起消费者均衡点移动。把该种商品在不同价格水平下的消费者均衡点连接起来，就是价格-消费曲线。

假设，商品 Y 的价格不变，商品 X 的价格由 P_0 下降到 P_1，再下降到 P_2，其中 $P_0 > P_1 > P_2$。预算线将以 A 为轴心顺序向右旋转，由 AB_0 到 AB_1，再至 AB_2。AB_0 与无差异曲线 U_0

相切于 E_0，AB_1 与无差异曲线 U_1 相切于 E_1 点，AB_2 与无差异曲线 U_2 相切于 E_2 点，将 E_0、E_1 和 E_2 联结起来，便是价格-消费曲线（Price-Consumption Curve），如图 3.10 所示。

（二）收入变动对消费者均衡的影响——收入-消费曲线

在价格不变的情况下，消费者收入的任何变化都会引起预算线平行移动。预算线的每一次移动总与新的无差异曲线相切，从而引起消费者均衡点的移动。如果把不同收入水平下的消费者均衡点连接起来，就是收入-消费曲线。

假设，消费者的货币收入不断提高，由 M_0 提高到 M_1，再由 M_1 提高到 M_2，即 $M_0 > M_1 > M_2$。M_0、M_1、M_2 三种不同的收入水平下的预算线分别为 A_0B_0、A_1B_1、A_2B_2。随着预算线平行上移，较高的预算线将与较高的无差异曲线相切，形成新的消费者均衡点。如图 3.11 所示，A_0B_0、A_1B_1、A_2B_2 分别与 U_0、U_1 和 U_2 相切于 E_0、E_1 和 E_2 点。预算线的变动引起预算线和无差异曲线切点的移动，把随收入变化而变化的消费者均衡点，即 E_0、E_1 和 E_2 连接起来，就可以得到一条新的曲线，这条新曲线叫作收入-消费曲线（Income-Consumption Curve）。

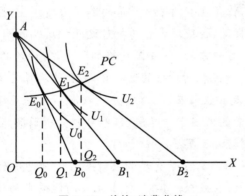

图 3.10 价格-消费曲线

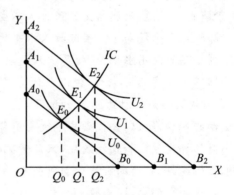

图 3.11 收入-消费曲线

知识链接

恩格尔曲线

利用收入-消费曲线可以导出恩格尔曲线。恩格尔曲线是以 19 世纪德国统计学家恩斯特·恩格尔的名字命名的。它是描述某种商品购买量与货币收入水平之间关系的曲线。可以将收入-消费曲线转换为恩格尔曲线。方法是对应每一种收入水平，找出该种收入水平下的某种商品购买量，可以得到一个点；不同收入水平下的不同购买量构成许多点，连接这些点便得到恩格尔曲线。

案例点击3.2

"子非鱼,安知鱼之乐"新解

中国古代哲学家庄子与惠子在一个桥上游玩,庄子看见鱼在水中自由地游来游去,感叹说:"鲦鱼出游从容,是鱼之乐也。"惠子说:"子非鱼,安知鱼之乐?"庄子曰:"子非我,安知我不知鱼之乐?"惠子曰:"我非子,固不知之矣;子固非鱼也,子之不知鱼之乐,全矣。"庄子曰:"请循其本。子曰'汝安知鱼之乐'云者,既已知吾知之而问我,我知之濠上也。"

翻译后意思就是:庄子和惠子漫步在濠河的桥上,庄子说:"鲦鱼游弋得很从容,这鱼很快乐啊。"惠子说:"你不是鱼,怎么知道鱼的快乐呢。"庄子说:"你不是我,怎么知道我不知道鱼快乐呢。"惠子说:"我不是你,当然不知道你的感知;你也不是鱼,你也不知道鱼的快乐,就是这样。"庄子说:"请回到我们开始时的话题,你刚才说的'你不是鱼,在哪里知道鱼的快乐呢?'这句话,就是说你已经知道了我知道鱼的快乐却还来问我,我是在底部安放有竹刺的护城河上知道的。"

从现代经济学的角度看上述这段对话,我们可以把其作为对鱼儿快乐与否的判断。如果鱼有感觉,它也要追求效用最大化。它在水中自由地游来游去是不得已而为之,还是在享受,只有鱼自己才能判断。效用或满足是一种心理感觉,只有自己能做出判断。所以,应该说惠子说得对,你又不是鱼,怎么能知道鱼快乐,还是不快乐?

消费者行为理论强调的是从个人出发来判断效用,正如要鱼儿自己判断自由地游来游去是否快乐一样。个人的感觉是研究消费者行为的出发点。

当然,由于人的行为有共同之处,人对满足程度的判断表现为他的消费行为,所以,这种心理感觉仍是可以研究的,有共同的规律可探寻。这正是消费者行为理论的意义。

讨论:商品和劳务给我们提供的满足程度取决于什么?

案例点击3.3

手机款式为什么变化这么快

在通讯产品市场上,各商家为了在竞争中获取市场的占有率,不断地拓展手机的功能,更新手机的款式和型号。我们身边很多赶时尚的人,也经常地更换手机。

从经济学的理论看,消费者连续消费某一款式的手机给消费者所带来的边际效用是递减的。如果企业连续只生产一种型号的手机,它带给消费者的边际效用就在递减,消费者愿意支付的价格就会降低。因此,企业的产品要不断创造出多样化的产品,即使是同类产品,只要不相同,就不会引起边际效用递减。

讨论:(1) 如何理解边际效用递减规律?

(2) 企业如何阻碍边际效用递减规律对消者的影响?

知识归纳

基本概念	总效用、边际效用、边际效用递减规律、无差异曲线、预算线、消费者均衡
基本原理	当任意两种商品的边际效用之比等于相应的价格之比时,消费者就达到了效用最大化。
基本知识点	(1) 边际效用是消费者每增加一个单位商品的消费所增加的满足。一种商品的边际效用随着该商品数量的增加而递减的趋势,就是边际效用递减规律。 商品的价值是由边际效用决定的,边际效用递减规律决定了该商品的需求曲线从左上方向右下方倾斜。 为了取得最大的满足,消费者对消费的多种商品进行选择时,总是要使每1单位货币所提供的边际效用相等,即 $$\frac{MU_1}{P_1} = \frac{MU_2}{P_2} = \frac{MU_3}{P_3} = \cdots = \frac{MU_N}{P_N} = \lambda$$ (2) 无差异曲线由消费者获得同样满足的各点所组成;其斜率为边际替代率。由于边际替代率递减规律的作用,无差异曲线总是凸向原点。 (3) 消费者剩余是消费者愿意对某商品支付的价格与实际价格之间的差额。 (4) 预算线是在收入和价格既定的条件下,消费者所能购买到的两种商品数量的最大组合。它是一条直线,其斜率为两种商品的价格之比。该线离原点的远近取决于消费者收入的多少。 预算线只能与一条无差异曲线相切,不可能同时与两条无差异曲线相切。在预算线与无差异曲线相切之处,预算线的斜率正好等于无差异曲线的斜率,即 $$MRS_{XY} = \frac{P_X}{P_Y}$$ 这也就是消费者的最大满足条件。 (5) 在价格不变时,消费者收入变化所引起的消费者均衡点移动的轨迹就是收入-消费曲线。在消费者收入不变时,某种商品价格的变化所引起的消费者均衡点移动的轨迹就是价格-消费曲线。 (6) 基数效用论和序数效用论实质上是一致的,只是形式不同而已。

◆ 复习检测

1. 判断题

(1) 假定其他条件不变,消费者从每一个单位商品中得到的效用随着这种商品数量的增加而增加。

(2) 任意一条无差异曲线的边际替代率处处相等。

(3) 在同一条无差异曲线上,不同的消费者所得到的总效用是无差别的。

(4) 两条无差异曲线的交点所表示的商品组合,对于同一个消费者来说具有不同的效用。

(5) 假定其他条件不变,如果某种商品的价格下降了,根据效用最大化原则,消费者会增购这种商品。

2. 单项选择题

(1) 猪肉对回民来说,可能有( )。
A. 很大效用　　　B. 很小的效用　　　C. 零效用　　　D. 负效用

(2) 无差异曲线的位置和形状取决于( )。
A. 消费者的偏好
B. 消费者的偏好和收入
C. 消费者的偏好、收入以及商品的价格

(3) 预算线的位置和斜率取决于( )。
A. 消费者的收入
B. 消费者的收入和商品的价格
C. 消费者的偏好、收入和商品的价格

(4) 边际效用递减的规律说明( )。
A. 随着对商品的消费量增加,该商品的总效用有下降的趋势
B. 随着收入的增加,对该商品的总效用有下降的趋势
C. 随着收入的增加,边际效用有下降的趋势
D. 随着对商品消费量的增加,该商品的边际效用有下降的趋势,当某商品的价格增加时,其边际效用有下降的趋势

(5) 如果消费者消费的商品 X、Y 的价格之比是 1∶1.25,它们的边际效用之比是 1∶2,为达到效用最大化,消费者应该( )。
A. 增购 X 而减少 Y 的购买
B. 增购 Y 而减少 X 的购买
C. 同时增购 X、Y 两种商品
D. 同时减少 X、Y 的购买量

(6) 消费者剩余是消费者的( )。
A. 实际所得　　　B. 主观感受　　　C. 没有购买的部分　　　D. 消费剩余部分

(7) 某消费者偏好商品 A 甚于商品 B,原因是( )。
A. 商品 A 的价格最低
B. 商品 A 供不应求
C. 商品 A 有多种用途
D. 商品 A 效用大

(8) 如果人民收入水平提高,则食物支出在总支出中的比重将( )。
A. 大大增加　　　B. 稍有增加　　　C. 下降　　　D. 不变

3. 分析题

(1) 简述边际效用递减规律的含义并举例加以说明。
(2) 用无差异曲线的分析方法说明消费者均衡的条件。

4. 计算题

(1) 已知某消费者每年用于购买商品 A 和商品 B 的支出为 540 元,两商品价格分别为 $P_A=20$ 元,$P_B=30$ 元,该消费者的总效用函数为 $U=Q_A \times Q_B$(Q_A、Q_B 分别为商品 A 和商品 B 的消费数量),为了获得最大的总效用,消费者每年购买这两种商品的数量各应是多少?每年从中获得的总效用为多少?

(2) 某人以其 1000 元全部收入用以购买,x 和 y 两种商品,x 和 y 的价格分别为 100 元和 500 元,它们的边际效用如下:

商品单位	边际效用	
	x	y
1	20	50
2	18	45
3	16	40
4	13	35
5	10	30
6	6	25
7	4	20
8	2	15

试问,他将分别购买多少单位的 x 和 y 才能达到均衡?

第四章 生产理论

通过本章的教学,旨在使学生掌握供给曲线背后的生产者行为,即厂商作为经济人为实现利润最大化,应如何选择生产的合理投入区域和最优的生产要素投入组合。

关键词

生产要素 Factors of Production　　　生产函数 Production Function
总产量 Total Product　　　　　　　　平均产量 Average Product
边际产量 Marginal Product　　　　　　等成本线 Iso-cost Line
边际收益递减规律 Law of Diminishing Marginal Utility
等产量线 Isoquant Curve　　　　　　　规模经济 Economies of Scale
内在经济 Internal Economies　　　　　外在经济 External Economies

生产与我们的生活息息相关,鞋子是由制鞋厂生产出来的,衣服是由制衣厂生产出来的,那生产究竟是由什么决定的呢?它又受哪些因素影响呢?厂商是如何安排生产的呢?在生产时怎样才能以最小的投入获得最大的产出呢?本章将告诉我们这些问题的答案。

第一节　生产与生产函数

鞋厂的生产函数

一家制鞋厂要生产一定数量的皮鞋,就需要投入劳动、皮革、机器、厂房等生产要素。皮鞋的产出量和各种生产要素的最小投入量之间的函数关系就是这家制鞋厂在这段时期的生产函数。

假定某家制鞋厂根据统计资料,鞋的产量Q与劳动投入量L和资本投入量K的函数关系是

$$Q = \sqrt{L \cdot K}$$

思考:(1) 什么是生产?

(2) 什么是生产要素?

(3) 什么是生产函数?

一、生产与生产要素

(一) 生产

所谓生产(Production),就是指一切能够创造或增加效用的人类活动,而效用是消费者通过消费某种商品或劳务产生的满足程度。因此,所有能够给予人们创造或增加某种满足的活动都是生产活动。例如,面包可以充饥,衣服可以御寒等。

生产不仅包括物质资料的生产,也包括各种劳务的生产。生产过程就是对各种生产要素进行组合,并产出产品的行为,即把投入变为产出的过程。

生产与生产要素

生产一般是由生产者进行的。生产者(Producer)也称厂商(Firm),指能够做出统一的生产决策的单个经济单位,包括个人、合伙人和公司性质的经营组织形式。生产者被假定为是合乎理性的经济人,提供产品的目的在于追求最大的利润;它可以是一名个体生产者,也可以是一家规模巨大的公司,也就是我们通常讲个体户和企业。例如,美国的 IBM 公司是一个生产者,校门口的包子铺也是一个生产者。

厂商的目标是利润最大化。但这种目标的实现,一般从两个方面来理解:

(1) 在不考虑价值形态因素的情况下,如何在生产要素有限的情况下,实现生产要素的合理配置和最优配置,即产量最大化。

(2) 在考虑价值形态因素的情况下,即在成本一定的情况下,实现利润最大化。

(二) 生产要素

生产要素(Factors of Production)是指生产商品所投入的经济资源。任何生产都需要投入各种不同的生产要素,从这个关系上看,生产就是把投入变为产出的过程。西方经济学把生产要素分为四类:劳动、资本、土地和企业家才能。

(1) 劳动(Labor)。劳动是指劳动者在生产过程中所提供的劳务,它包括体力劳动和脑力劳动,是最基本的生产要素。劳动力是劳动者的能力。在西方经济学中,对劳动和劳动力一般不作严格的区分。

(2) 资本(Capital)。资本是指生产中所使用的资金。它有两种形式:无形的人力资本

与有形的物质资本。前者指体现在劳动者身上的身体、文化、技术状态;后者指生产过程中使用的各种生产设备,如机器、厂房、工具、仓库等资本品。在生产理论中,资本指的是物质资本。

(3) 土地(Land)。土地是指生产中所使用的各种自然资源,是一国的自然禀赋,它不仅包括土地,还包括自然状态的矿藏、森林、河山、能源、原料等。

(4) 企业家才能(Entrepreneurship)。企业家才能是指企业家的经营管理能力与创新能力,即企业家对整个生产过程的组织与管理工作。西方经济学家认为,在这四类要素中,企业家才能特别重要。

知识链接

熊 彼 特

熊彼特(Schumpeter,1883~1950)毕业于维也纳大学,后到英国游学。1907年,他与夫人在埃及开了家律师事务所,他把女王的地产租金减了一半,却使女王的收入翻了一番,显示出了一个经济学家出众的理财能力。同时他出版了第一部著作《理论经济学的本质与内容》,这使他成为欧洲经济学界的名人。1909年,熊彼特回到奥地利,在格拉兹大学任教,并于1912年出版了他最重要的著作《经济发展理论》。正是在这本书中,他提出了奠定他一生事业基础的创新理论。

二、生产函数

(一)生产函数的概念

在一定技术水平下,生产过程中投入的各种不同的生产要素的数量及其组合比例与生产出来的产品产量之间存在着一定的依存关系,即投入一定数量的要素,就会有一定数量的产出与之相对应。投入与产出的这种关系可以用函数形式表示出来,这种函数就是生产函数(Production Function),它表示在既定技术条件下,生产要素的数量与某种组合和它所能产出来的最大产量之间的依存关系。

假设 Q 代表产量,L,K,N,E 分别代表劳动、资本、土地、企业家才能这四种生产要素,则生产函数的一般形式为

$$Q = f(L,K,N,E) \tag{4.1}$$

在分析生产要素与产量的关系时,由于土地是较为固定的,企业家才能难以测算,因此,一般把生产函数写成

$$Q = f(L,K) \tag{4.2}$$

这一函数表明,在一定技术水平时,生产一定量的产品,需要一定数量的劳动与资本的

组合。同样,生产函数也表明,当劳动与资本的数量和组合为已知时,也就可以推算出最大的产量。

生产函数的概念有两个基本性质:

(1) 在既定的技术水平下,如果各种生产要素的数量增加,产出量也随之增加。因此,产出量是各生产要素的增函数。

(2) 生产函数表示的产出量是最大的。

值得一提的是,生产函数的前提条件是一定时期内既定的生产技术水平,一旦生产技术水平发生变化,原有生产函数就会变化,从而形成新的生产函数。

> **想一想**
>
> 如何理解生产函数?

(二) 技术系数

生产不同的产品时,厂商所投入的各种生产要素的配合比例是不同的。这种为生产一定数量的某种产品所需要的各种生产要素的配合比例称之为技术系数(Technological Coefficient)。

如果生产某种产品所需要的各种生产要素的配合比例不能改变,那么,这种技术系数称为固定技术系数。它表明各种生产要素之间不能相互替代。这种固定技术系数的生产函数被称为固定配合比例生产函数。

如果生产某种产品所需要的各种生产要素的配合比例可以改变,那么,这种技术系数称为可变技术系数。它表明生产要素之间可以相互替代。

一般地,大多数产品的生产技术系数是可变的,即劳动与资本的组合比例是可以变动的。例如,为了生产一定数量的产品,可以采用"多用劳动、少用资本"的劳动密集型生产方法,也可采用"多用资本、少用劳动"的资本密集型生产方法,这样的生产函数称为可变比例的生产函数。

知识链接

柯布-道格拉斯生产函数

20世纪30年代初,美国数学家柯布与经济学家道格拉斯根据美国1899~1922年的工业生产统计资料,计算出这一时期美国的生产函数为

$$Q = AL^\alpha K^{1-\alpha}$$

这就是经济学中著名的"柯布-道格拉斯"生产函数。在这个生产函数中,A与α是常数,其中$1 > \alpha > 0$。α表示劳动在总产量中的贡献份额,$1-\alpha$表示资本在总产量中的贡献份额。

柯布与道格拉斯计算出,在该时期美国的工业生产中,A为1.01,α为0.75,所以柯布-

道格拉斯生产函数可以具体写成

$$Q = 1.01 L^{0.75} K^{0.25}$$

从上式可以看出：

(1) 柯布-道格拉斯生产函数是线性齐次的生产函数。

(2) 在总产量中，劳动的贡献份额约占 75%，而资本的贡献份额约占 25%。

(3) 若要增加产量，应该按 3∶1 的比例增加劳动投入和资本投入。

第二节　一种生产要素的合理投入

知识导入

土地上施肥量越多越好吗？

1771 年，英国农学家杨格在若干相同的地块上施以不同量肥料，从而证明了肥料施用量与产量增加之间存在着边际产量递减的关系。这不是偶然的现象，而是经验性规律。假如，农民在一定面积的土地上撒一把化肥，能增加产量 1 千克；撒两把化肥，增产 3 千克；但化肥撒得越多，增产会越少，过量的施肥甚至导致土壤板结，粮食减产。边际产量递减规律是从社会生产实践和科学实验中总结出来的，在现实生活的绝大多数生产过程中都是适用的。

思考：为什么在一定面积的土地上施肥不是越多越好？

在分析投入的生产要素与产量之间的关系时，先从最简单的一种生产要素的投入开始，即考察这样一种生产情况：厂商生产某种产品的生产函数中，所有生产要素中只有一种要素可以变动，其余都是固定不变的。本节主要研究可变比例生产函数。在研究这一问题时，必须首先认识几个变量。

一、总产量、平均产量、边际产量

要进一步分析一种生产要素变动与产量的关系以及这种可变要素的最优投入量，必须先明确总产量、平均产量与边际产量。

(1) 总产量(Total Product)。总产量是指投入一定量的生产要素以后，所生产出来的全部产量，用 TP 表示。

(2) 平均产量(Average Product)。平均产量是指平均每一个单位可变生产要素投入所生产出来的产量，用 AP 表示。

(3) 边际产量(Marginal Product)。边际产量是指增加或减少一个单位生产要素的投入量所带来的产出量的变化量,用 MP 表示。

若以 L 表示 L 要素的投入量,ΔL 表示 L 要素的增加量,则总产量、平均产量与边际产量的关系可以用如下公式表示:

$$TP = AP \cdot L \tag{4.3}$$

$$AP = \frac{TP}{L} \tag{4.4}$$

$$MP = \frac{\Delta TP}{\Delta L} \tag{4.5}$$

假定某厂商投入资本量不变,雇佣不同数量的工人进行生产,这时的生产函数如表 4.1 所示。

表 4.1 生产函数表

资本量(K)	劳动量(L)	劳动增量(ΔL)	总产量(TP)	平均产量(AP)	边际产量(MP)
10	0	0	0	0	0
10	1	1	6	6	6
10	2	1	13.5	6.75	7.5
10	3	1	21	7	7.5
10	4	1	28	7	7
10	5	1	34	6.8	6
10	6	1	38	6.3	4
10	7	1	38	5.4	0
10	8	1	37	4.6	—1

根据上表可画出总产量、平均产量和边际产量的曲线图,如图 4.1 所示。

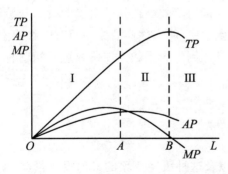

图 4.1 总产量曲线、平均产量曲线和边际产量曲线

在图 4.1 中,横轴 OL 代表劳动投入量,纵轴 TP、AP、MP 代表总产量、平均产量与边际产量。TP 为总产量曲线,AP 为平均产量曲线,MP 为边际产量曲线。从图形上,可以看出总产量、平均产量和边际产量之间的关系有这样几个特点:

第一,在资本量不变的情况下,随着劳动量的增加,最初总产量、平均产量和边际产量都是递增的,但各自增加到一定程度以后就开始分别递减,并且总产量与平均产量一直趋向于 0,却不会等于 0;边际产量不仅可以为 0,还可以为负数。所以,总产量曲线、平均产量曲线和边际产量曲线都是先上升而后下降。这反映了边际报酬递减规律。

第二,边际产量曲线与平均产量曲线相交于平均产量曲线的最高点。在相交前,平均产

量是递增的,边际产量大于平均产量(MP>AP);在相交后,平均产量是递减的,边际产量小于平均产量(MP<AP);在相交时,平均产量达到最大,边际产量等于平均产量(MP=AP)。

第三,当边际产量为正值时,总产量一直增加;当边际产量为0时,总产量达到最大;当边际产量为负数时,总产量开始减少。

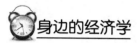身边的经济学

边际产量与平均产量的关系

边际量与平均量之间存在着如下关系:对于任何两个相应的边际量和平均量而言,只要边际量小于平均量,边际量就把平均量拉下;只要边际量大于平均量,边际量就把平均量拉上。当边际量等于平均量时,平均量必然达到其自身的极值点。

例如,某排球队的平均身高是1.80米(平均量),新加入的一名队员身高1.85米(边际量),则全队的平均身高就会增加;反之,如果新加入的一名队员身高是1.75米(边际量),则全队的平均身高就会下降。

二、边际收益递减规律

边际收益递减规律(Law of Diminishing Marginal Utility)又称边际报酬递减规律,它的基本内容是:在技术水平不变的情况下,当把一种可变的生产要素投入到一种或几种不变的生产要素中时,最初这种生产要素的增加会使产量增加,但当它的增加超过一定限度时,增加的产量开始递减,最终还会使产量绝对减少。例如,在一块田里耕种,起初增加一个劳动力,产量可能增加许多,如果继续增加劳动力,产量的增加量却越来越小,最后甚至为0。

> **想一想**
> 农业技术进步对农民有好处吗?

关于边际收益递减规律需要作如下说明:

第一,边际收益递减规律的前提条件是技术水平不变。若技术水平发生变化,这个规律就不存在。

第二,随着可变要素的连续增加,边际产量变化要经历递增、递减,最后变为负数的全过程。递增是因为固定要素在可变要素很少时潜在效率未充分发挥出来。一旦固定要素的潜在效率全部发挥出来了,边际产量就开始递减。但是,边际产量递增与报酬递减规律并不相矛盾。因为这个规律的意义在于:当一种要素连续增加时,迟早会出现边际产量递减的趋势,而不是规定它一开始就递减。

第三,边际收益递减规律只适用于可变要素比例的生产函数。如果要素比例是固定的,这个规律也不成立。

第四,边际收益递减规律与边际效用递减规律一样无需提出理论证明,它是从生产实践

中得来的基本生产规律,边际产量是可以计量的。与之相比,边际效用递减规律是从消费者心理感受中得来的,边际效用是不可计量的。

 身边的经济学

如何理解边际收益递减

对于这一规律可以这样理解:如果我们在固定的厂房和有限的机器设备(4台机器)下投入一名工人生产,这个工人要从头到尾完成所有相关工作,则效率不会太高。如果再增加一名工人,两人可以进行有效的分工协作,提高工作效率,可以使产量上升超过一倍。如果再增加工人,由于有4台机器可以使用,还可以进一步分工协作,产量仍然会提高。但如果不断地增加工人,会使得在固定的厂房和有限机器设备下的劳动力过剩,生产效率低,随之产量开始下降。最后工人实在太多,挤在一间厂房里,无事可干。因此,每个工人所带来的产量增量即边际产量最终变成负数。

三、一种生产要素的合理投入阶段

从上面分析可知,在生产一种产品所使用的各种生产要素中,除一种生产要素外,其余要素固定不变,当该要素逐渐增加,边际产量变化要经历递增、递减,最后变为负数的过程,并由此规定了平均产量递增、递减和总产量递增、递减的过程,因此,可以把生产划分为三个阶段,如图4.1所示。

(1)第Ⅰ阶段。该阶段是投入劳动量从0增加到A点的阶段,这时平均产量一直在增加,边际产量大于平均产量。说明在这一阶段,相对于不变的资本量而言,劳动量不足。所以劳动量的增加可以使资本得到充分利用,从而产量递增。由此来看,劳动量最少要增加到A点为止,否则资本无法得到充分利用。

(2)第Ⅱ阶段,该阶段是劳动投入量由A点逐渐增加到B点的阶段,这时平均产量开始下降,边际产量递减,即增加劳动量仍可使边际产量增加,但增加的比例是递减的。由于边际产量仍然大于0,总产量仍在增加。当劳动量增加到B点时,总产量达到最大。

(3)第Ⅲ阶段。该阶段是劳动量增加到B点以后的阶段,这时边际产量为负数,总产量绝对减少。由此看来,劳动量的增加超过B点后反而是不利的。

> **想一想**
> 理性的厂商到底应选择在哪一阶段进行生产呢?为什么?

由以上分析可知,一种生产要素的合理投入应在第Ⅱ阶段最为合适,至于在这一阶段的哪一点最合适,还需对成本、收益和利润进行深入的分析。

马尔萨斯的预言

经济学家马尔萨斯认为,随着地球上人口的不断膨胀,越来越多的劳动力去耕种土地,在土地资源有限的条件下,由于劳动边际报酬递减规律的影响,劳动的边际产量与平均产量下降。同时,又有更多的人需要食物与粮食,最终会产生大饥荒,人们必将面临无食物与粮食的境地。几百年过去了,我们不但没有如马尔萨斯所预言的陷入大饥荒的恐慌之中,相反,我们的生活因为日益丰富的物质而变得越来越美好。那么是哪里出了问题,导致了这个预言最终只是一个预言,没有成为现实。

讨论:为什么马尔萨斯的预言没有成为现实?

第三节　两种生产要素的合理投入

中国富士康用机器人替代了60000个工人!

据《南华早报》报道,苹果公司的提供商富士康在其一个工厂里已经使用机器人替代了60000个工人工作。

在给Market Watch的一份声明中,富士康确认称,该公司多年来一直致力于实现中国所有富士康工厂的自动化生产。自动化生产将解放富士康的工人,这些解放后的工人将重点关注生产过程中更高的附加值,例如研发、生产流程控制以及质量控制。富士康称:"如今我们在所有的工厂中,都在采用机器人以及其他创新生产技术,以替代之前重复性的人工劳动。随着我们生产过程和产品的技术含量不断增加,在未来数年间,自动化将在我们的生产过程中扮演越来越重要的角色。"

虽然说发展人工智能前期的投入成本非常高,但从长期来看,与人工相比,机器生产更加具有可预见性而且更加稳定,并且可以降低人工生产成本。昆山的许多企业为世界大部分地区生产电子产品,他们经常面临赶工期、及时交货的压力。使用机器人生产在某种程度上解决了上述一些问题。预计机器人还将用在工资低、不要求复杂技能的工作岗位,比如简单的组装生产。

思考:机器人会完全取代工人吗?劳动和资本如何实现最佳组合?

前面分析了一种可变生产要素的投入量发生变动时,对产出量产生的影响,现在来分析两种生产要素同时变动时,如何组合才能在产量既定情况下,实现成本最小,或在成本既定情况下获得最大产量。也就是进一步研究可变比例生产函数的多种要素投入。在技术系数可以变动,即各种生产要素的配合比例可以变动的情况下,各种生产要素按什么比例配合最好呢?这就是生产要素最适组合所研究的问题。这种分析与消费者均衡很相似,分析方法也基本相同,即边际分析法与等产量分析法。为了说明最适要素组合,需要引入等产量线和等成本线等概念。

一、等产量曲线

(一)等产量线的含义

等产量线(Isoquant Curve)是表示在技术水平不变的条件下,两种生产要素的不同数量组合可以带来相等产量的一条曲线。

例如,某生产者在技术水平不变的条件下,用劳动(L)和资本(K)两种生产要素生产某种产品,两种生产要素可以有a、b、c、d四种不同的组合方式,这四种组合方式都能生产出相同的产量,如表4.2所示。

表4.2　劳动与资本组合

组合方式	资本(K)	劳动(L)	产量(Q)
a	6	1	100
b	3	2	100
c	2	3	100
d	1	6	100

根据表4.2可以做出图4.2。在该图中,横坐标OL代表劳动量,纵坐标OK代表资本量,Q代表等产量线。由等产量线的含义可知,等产量线Q上任意一点所代表的L与K不同数量的组合都能生产出等量的产量。

(二)等产量线的特点

等产量线与无差异曲线具有类似的几何性质,它具有以下四个特点:

(1)等产量线是一条向右下方倾斜的曲线,其斜率为负值。这表明,生产者为了达到相同的产量,在增加一个生产要素时,必须同时减少另一种生产要素。如果两种

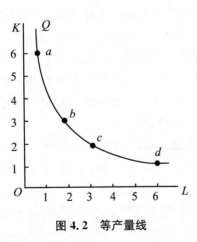

图4.2　等产量线

生产要素同时增加,在资源既定时就无法实现,如果两种生产要素同时减少,就不能保持相等的产量水平。

(2) 在同一坐标平面上有无数条等产量线,同一条等产量线代表相同的产量,不同的等产量线代表不同的产量,而且,距离坐标原点越远的等产量线所代表的产量越高,离原点越近的等产量线所代表的产量越低,如图 4.3 所示。其中,Q_1、Q_2、Q_3 是三条不同的等产量线,它们分别代表了不同的产量水平,即 $Q_1<Q_2<Q_3$。

(3) 在同一平面图上,任意两条等产量线不能相交。因为在交点上两条等产量线代表了相同的产量水平,就会与第二个特征相矛盾。

(4) 等产量线是一条凸向原点的线。这是由边际技术替代率决定的。

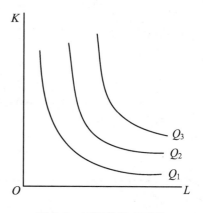

图 4.3 不同的等产量线

(三) 边际技术替代率

边际技术替代率(Marginal Rate of Technical Substitution,MRTS),是指在维持相等产量水平时,每增加一个单位某种生产要素的数量与所需减少的另一种生产要素的数量之比。

如果增加劳动 L 可以减少资本 K 而能够保持产量不变,那么,增加的劳动 L 的数量与减少的资本的数量的比值,就是劳动 L 替代资本 K 的边际技术替代率,记为 $MRTS_{LK}$,以 ΔL 代表劳动增加量,以 ΔK 代表资本减少量,则

$$MRTS_{LK} = \frac{\Delta K}{\Delta L} \tag{4.6}$$

> **想一想**
> 边际技术替代率的几何含义是什么?

在产量不变的前提下,增加一种要素投入就要减少另一种要素的投入,因此,边际技术替代率应为负值。但为方便起见,一般用其绝对值。

通过与第三章相类似的方法可以证明:

$$MRTS_{LK} = \frac{\Delta K}{\Delta L} = \frac{MP_L}{MP} \tag{4.7}$$

由于资本投入量减少,就需要投入相对更多的劳动量,这样才能维持相同的的产量水平。这样,边际技术替代率是递减的,所以等产量线会凸向原点。

可见,等产量线的几何特点与无差异曲线相似,所以它被称为生产无差异曲线。但两者的区别是,等产量线表示产量,无差异曲线表示效用;等产量线是客观的,无差异曲线是主观的。

二、等成本线

等成本线(Iso-cost Line),又称企业预算线,是一条表明在生产者的成本与生产要素价格既定的条件下,生产者所能购买到的两种生产要素数量的最大组合的线。

等成本线表明了厂商进行生产的限制条件,即他所购买生产要素的花费不能大于或小于所拥有的货币成本。大于货币成本则无法实现生产,小于货币成本则无法实现产量最大化。等成本线可以写为

$$C = P_L \cdot L + P_K \cdot K \tag{4.8}$$

式中,C 为货币成本,P_L、P_K、L、K 分别为劳动与资本的价格与购买量。

上式也可写为

$$K = \frac{M}{P_K} - \frac{P_L}{P_K} \cdot L \tag{4.9}$$

> **想一想**
>
> 等成本线的斜率取决于什么?

这是一条直线方程式,其斜率为 $-P_L/P_K$。

因为 M、P_L、P_K 为既定的常数,所以给出 L 的值,就可以解出 K。当然,给出 K 的值,也可以解出 L。

如果 $L=0$,则 $K=M/P_K$;如果 $K=0$,则 $L=M/P_L$。

根据等成本线方程,就可以绘出等成本线。如 $M=600$ 元,$P_L=2$ 元、$P_K=1$ 元,则有若 $L=0$,则 $K=600$;若 $K=0$,则 $L=300$。如图 4.4 所示。

在图 4.4 中,连接 AB 两点的直线就是等成本线。在等成本线上的任何一点都是在货币成本与生产要素价格既定的条件下,能购买到的劳动与资本的最大数量的组合。因为,在 AB 线左侧任何一点,所购买的劳动和资本的组合是可以实现的,但并不是最大数量的组合,即没有完全使用货币资本;AB 线右侧任何一点,所购买的劳动和资本的组合是无法实现的,因为所需要的货币超过了既定的成本。

图 4.4 中的等成本线表示厂商的货币成本和生产要素价格是既定的,如果厂商的货币成本和生产要素价格改变了,则等成本线就会变动。如果生产者的货币成本变动(或者生产要素价格都变动),则等成本线会平行移动。货币成本增加,等成本线向右上方平行移动;货币成本减少,等成本线向左下方平行移动,如图 4.5 所示。

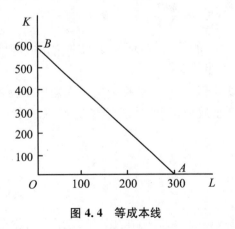

图 4.4 等成本线

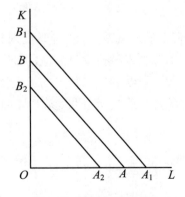

图 4.5 等成本线的变动

图 4.5 中,AB 是原来的等成本线。当货币成本增加时,等成本线向右移动为 A_1B_1,当

货币资本减少时,等成本线向左移动为 A_2B_2。

三、生产要素最适组合

利用等产量线和等成本线来分析生产要素最适组合。生产要素最适组合,又称生产者均衡,是指在既定产量下达到成本最小的生产要素组合,或在总成本既定时,实现产量最大的生产要素组合。

(1) 当产量既定时成本最小的生产要素最适组合,如图4.6所示。

图4.6中,由于产量既定,因而只有一条等产量曲线 Q,A_1B_1、A_2B_2、A_3B_3 是三条等成本线。A_1B_1 成本最低,但它与等产量线既不相交又不相切,因而要生产既定产量 Q 是不可能的;A_3B_3 成本最高,且与等产量线相交于 C 和 D 点,可以生产出既定产量 Q,但不符合成本最小原则;厂商要实现等产量线 Q 所代表的产量水平,只有选择等产量线与等成本线 A_2B_2 相切的 E 点,才能以最小成本实现既定产量。E 点就是生产要素的最优组合点,即生产者均衡点。

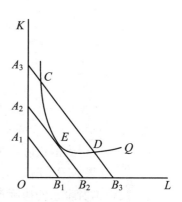

图 4.6 产量既定时的成本最小化

(2) 当考察成本既定时产量最大的生产要素最优组合,如图4.7所示。

图4.7中,由于成本既定,因而只有一条等成本线 AB,Q_1、Q_2、Q_3 是三条不同的等产量线,其中产量水平最低的 Q_1 与等成本线 AB 相交于 C 和 D 点,意味着既定成本生产 Q_1 的产量能到达,但没有实现产量最大化;产量水平最高的 Q_3 与等成本线 AB 既不相交又不相切,意味着既定成本不可能达到 Q_3 所代表的产量水平;只有等成本线 AB 与等产量线 Q_2 相切的 E 点,才是厂商选择的生产要素最优组合点,即生产者均衡点。

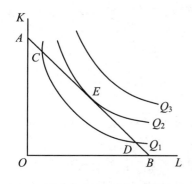

图 4.7 成本既定时的产量最大化

生产者均衡点表示生产者所选择的生产要素组合是当成本既定时产量最大的组合或者是当产量既定时成本最小的组合。在生产者均衡点上,生产者用既定成本生产出最大产量或者生产既定产量耗费了最小成本,实现了成本最小化,产量最大化,以至实现利润最大化。只要其他条件不发生变化,生产者是极其愿意继续保持这种均衡状态的。

由于厂商的生产要素最佳组合点恰好位于等产量线与等成本线的切点,而在生产要素最佳组合点处两条曲线的斜率相等。等产量曲线的斜率绝对值可以用要素的边际技术替代率来表示。等成本线的斜率绝对值等于相应的两种要素的价格之比,因此,生产要素最优组合所满足的条件是

$$MRTS_{LK} = \frac{P_L}{P_K}$$

式中,$MRTS_{LK}$ 表示劳动对资本的边际技术替代率,它表示从技术的角度来看,增加单位劳动可以代替的资本数量;P_L/P_K 表示劳动和资本两种生产要素价格的比率,它表示从市场价

格的角度来看,每一个单位劳动可以换取的资本数量。因此,上式表明,从生产技术的角度来看,当劳动对资本的替代率与按市场价格衡量的两者之间的替代率相等时,劳动与资本的投入比例才是最优的,这时候厂商才能处于均衡状态。

由于边际技术替代率与要素边际产量之间的关系为

$$MRTS_{LK} = \frac{MP_L}{MP_K} \tag{4.10}$$

所以生产要素最佳组合条件可以表示为

$$\frac{MP_L}{MP_K} = \frac{P_L}{P_K} \tag{4.11}$$

或者

$$\frac{MP_L}{P_L} = \frac{MP_K}{P_K} \tag{4.12}$$

式(4.12)表明每一个单位成本支出购买任意一种生产要素得到的边际产量是相等的。因此,式(4.12)给出了生产要素最优组合的另一种解释,即只有当每一个单位货币购买任意一种生产要素所得到的边际产量都相等时,此时的生产要素组合才是最优的。

事实上,如果 $MP_L/P_L > MP_K/P_K$,那就说明投入1元钱劳动所带来的边际产量要大于投入1元钱资本所带来的边际产量,此时,如果厂商增加劳动投入而相应减少资本投入,那么增加劳动所增加产量要大于减少资本所减少的产量,这样,在成本不变的情况下,总产量将会上升,直到两者相等为止。同样,当 $MP_L/P_L < MP_K/P_K$ 时,厂商会增加资本投入而相应减少劳动投入。上述结论可推广到 n 种投入要素的情况。

四、生产扩展线

生产扩展线(Expansion Path of Production)是指在技术水平、投入要素价格不变的前提下,企业在很长一段时期内扩大生产规模所能采取的最佳投入组合的轨迹。

在生产要素的价格、生产函数和其他生产条件不变的前提下,如果企业不断增加成本,则等成本线逐渐向右上方平行移动;如果企业不断增加产量,则等产量线也会向右上方平行移动。于是,各等成本线与各等产量线相切,从而形成不同的生产要素的最佳组合点,将所有的最佳组合点连接起来就形成一条生产规模扩展线。如图4.8所示,OE 为不同水平的等产量线和等成本线相切的点的连线。企业沿着这条线扩大生产时,始终可以实现生产要素的最佳组合。

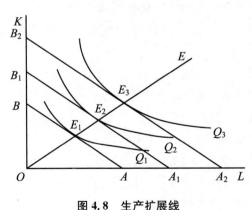

图 4.8 生产扩展线

第四节 规模报酬

知识导入

宝洁公司的发展历程

1837年10月31日,宝洁公司成立。1859年,宝洁公司年销售额首次超过100万美元,公司员工发展为80人。1915年,宝洁公司首次在加拿大设厂。1937年是宝洁公司创立100周年纪念,年销售额达到2.3亿美元。1980年,宝洁公司在全世界23个国家开展业务,销售额直逼11亿美元。2001年,宝洁公司全年销售额为514亿美元。宝洁公司全球雇员近10万人,在全球80多个国家设有工厂及分公司,所经营的300多个品牌的产品畅销160多个国家和地区。2013年,宝洁公司收益开始出现下滑。2014年8月4日,宝洁公司宣布计划出售、终止或淘汰多达100个品牌,以削减成本,并将公司的关注点放在最重要的产品系列上。本次被裁撤的品牌数量超过总数一半以上。

思考:企业规模可以无限扩张吗?

一、规模报酬的概念

如果在生产过程中,所有投入要素的数量都发生变化,就会产生规模报酬问题。所谓规模报酬(Returns to Scale)是指在其他条件不变的情况下,企业内部所有生产要素按相同比例变化时所带来的产量变化情况。企业只有在很长一段时期内,才能变动全部生产要素,进而变动生产规模,因此企业的规模报酬分析属于长期生产理论问题。

一般来说,生产要素按相同比例增加,一定会带来产量的增加,但是产量增加的幅度一般要经历以下三个阶段:

1. 规模报酬(收益)递增的阶段

当厂商最初扩大工厂规模时,产量增加的幅度将大于规模扩大的幅度。例如,企业规模扩大了1倍,导致产量扩大了2倍。

规模报酬

2. 规模报酬(收益)不变的阶段

在产量增加的幅度大于规模扩大的幅度后,厂商继续扩大工厂规模,产量增加的幅度将等于规模扩大的幅度。例如,企业规模扩大了1倍,产量也扩大了1倍。

3. 规模报酬(收益)递减的阶段

规模收益不变阶段后,厂商如果还继续扩大工厂规模时,产量增加的幅度将会减少,且小于规模扩大的幅度。例如,企业规模扩大了1倍,产量只增加了一半。

 知识链接

规模经济与规模报酬

所谓规模经济,是指若厂商的产量扩大1倍,而厂商生产成本的增加少于1倍,则称厂商的生产存在着规模经济。与规模经济相反的是规模不经济,即若厂商的产量增加1倍,而成本增加大于1倍,则称厂商的生产存在着规模不经济。也就是说,若厂商规模扩大,导致长期平均成本下降,则生产存在着规模经济;反之,若厂商规模扩大,反而导致长期平均成本上升,则生产存在着规模不经济。如果成本的扩大是由于生产要素同比例增加而造成的,那么,若产量增加的倍数大于生产要素增加的倍数,则称生产是规模报酬递增的;若产量增加的倍数等于生产要素增加的倍数,则称生产是规模报酬不变的;若产量增加的倍数小于生产要素增加的倍数,则称生产是规模报酬递减的。很显然,规模报酬递增是规模经济的一个特例,而规模报酬递减是规模不经济的一个特例。

二、规模报酬变化的原因

(一) 内在经济与内在不经济

内在经济(Internal Economies)是指一个厂商在生产规模扩大时,由自身内部所引起的产量增加。引起内在经济的原因主要有以下三个方面:

1. 技术

生产规模扩大,可以购置和使用更加先进的机器设备,使产量更大幅度地增加;生产规模扩大,专业分工更细,可以提高工人技术水平,提高生产效率;生产规模扩大,还有利于实行资源的综合开发和利用,使生产要素效率得以充分发挥。

2. 管理

巨大的工厂规模能使厂商内部管理系统高度专门化,使各个部门管理者容易成为某一方面专家,从而提高管理水平和工作效率。

3. 购销

大厂商从大宗产品的销售和原料购买中获得更大好处。大批订购原料可获得各种优惠条件,大宗产品的销售能节约销售成本。

由此可见,工厂规模的扩大可以使厂商从很多方面获得内在经济,从而获得递增的规模收益。但是,生产规模也不是越大越好,规模过大会产生内在不经济。

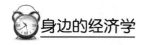 身边的经济学

规模经济的好处

亚当·斯密在其名著《国民财富的性质和原因的研究》中描述了他参观一个扣针厂的情形。斯密说工人之间的专业化和引起的规模经济给他留下了深刻的印象。他写道:"一个人抽铁丝,另一个人拉直,第三个人截断,第四个人削尖,第五个人磨光顶端以便安装圆头;做圆头要求有两三道不同的操作;装圆头是一项专门的业务,把针涂白是另一项业务;甚至将扣针装进纸盒中也是一门职业。"

斯密说,由于这种专业化,扣针厂每个工人每天可以生产几千枚针。他得出的结论是:"如果工人选择分开工作,而不是作为一个专业工作者团队,那他们肯定不能每人每天制造出20枚扣针,或许连一枚也造不出来。"换句话说,由于专业化,大扣针厂比小扣针厂实现更高人均产量和每枚扣针更低的平均成本。

斯密在扣针厂观察到的专业化普遍存在于现在经济中。例如,如果你想盖一栋房子,你可以自己努力去做每一件事。但大多数人会选择建筑商,建筑商又雇佣木匠、瓦匠、电工、油漆工和许多其他类型工人。这些工人专门从事某种工作,往往会比通用型工人做得更好。实际上,运用专业化实现规模经济是现代社会繁荣的一个原因。

内在不经济(Internal Diseconomies)是指一个厂商在生产规模扩大时,由自身内部引起的产量或收益减少。这是由于企业生产规模过大,会使管理越来越复杂,管理效率下降;企业规模过大,还会增加采购原材料和产品销售的困难,使生产要素价格与销售费用增加,从而使规模收益出现递减的趋势。

对企业产量和收益产生影响的因素,除了厂商自身内部因素外,还与整个行业生产规模大小有关,即外在经济和外在不经济。

(二)外在经济与外在不经济

外在经济(External Economies)是指由于整个行业规模的扩大而使该行业内的企业受益。

由此可见,引起外在经济的因素是行业规模的扩大。首先,行业规模的扩大,可以设立专业技术学校培养熟练劳动力和工程技术人员,以提高整个行业的劳动力素质;其次,可以建立共同的服务组织,如市场推销机构、信息机构和科研机构等,从而提高整个行业的经济效益;最后,可以建立较便利的交通运输和通讯网络。此外,行业规模的扩大如同厂商规模扩大一样,能够在行业内部实行更好地进行专业化协作,提高各个厂商的生产效率。

但是,一个行业的规模过大也有可能导致单个厂商的行业环境恶化,产生外在不经济。这是因为,首先,行业规模过大,厂商之间互相争购原料和劳动力,从而导致要素价格上升,成本增加;其次,行业规模过大,也会加重环境污染,造成运输紧张,个别厂商要为此承担更高的代价。因此,行业规模过大将会导致外在不经济,使厂商的规模收益递减。

知识链接

范围经济

如果一个厂商同时生产多种产品的支出小于多个厂商分别生产的支出,或者说一个企业从事多种产品生产所引起的长期平均成本递减或收益递增,经济学家就称这种现象为范围经济或者多产品经济。

企业进行多种产品生产也称为是联合生产,这种联合生产一般是生产相关产品(如某大学利用它的场地在提供教育产品的同时,还提供学生生活消费品的经营活动),它可以使多种产品分享生产设备和其他投入,或可以充分利用副产品而获得好处。

范围经济与规模经济不同,有的企业不存在规模报酬递增时也可以有范围经济。例如,只修理自行车的小店不需要改变规模就可以兼修三轮车、滑板车或其他相关产品而获得额外收入。

网络经济中自然存在着产品关联现象,包括生产过程、影响过程、服务过程等,因此范围经济是IT产业的一种普遍现象。比如,市话服务、长话服务、电信产品就是关联产品;微软公司的操作系统、办公软件、浏览器等也是关联产品。范围经济同规模经济一样,能明显降低企业的运营成本,还能增加抗风险能力。因此,在IT产业中,范围经济更能增加企业的竞争优势,其重要性甚至要大于规模经济。

三、适度规模

由以上的分析来看,一个厂商和一个行业的生产规模不能过小,也不能过大,要实现适度规模。对一个厂商来说,就是两种生产要素的增加应该适度。

适度规模就是使各种生产要素的增加,即生产规模的扩大正好使收益递增加到最大。当收益递增加到最大时,就不再增加生产要素,并使这一生产规模维持下去。

对于不同行业的厂商来说,适度规模的大小是不同的,没有一个统一的标准。在确定适度规模时应主要考虑以下三个因素:

(1) 行业的技术特点。一般来说,需要的投资量大,所用的设备复杂、先进的行业,其适度规模也就大,如船舶制造业、汽车制造业等;相反,需要的投资少,所用的设备比较简单的行业,适度规模就较小,如服装业、餐饮业等。

(2) 市场条件。一般来说,生产市场需求量大,而且生产标准化程度高的产品的厂商,其适度规模应该大;相反,生产市场需求小,而且生产标准化程度低的产品的厂商,适度规模也应该小。

(3) 自然资源状况。比如矿山储藏量的大小,水力发电站的水资源的丰裕程度等。

除此之外,交通条件、能源供给、原料供给、政府政策等因素也是在确定适度规模时需要考虑的。

各国、各地,由于经济发展水平、资源、市场等条件的差异,即使同一行业,规模经济的大

小也不完全相同。但对一些重要行业,国际有通行的规模经济标准。我国大多企业都没有达到规模经济要求,但随着技术进步,许多行业的生产规模尚有扩大趋势。因此,对我国来说,适当扩大企业规模是我国许多企业提高规模经济效益的客观需要。

> **小思考**
>
> 企业到底是"大的是美好的",还是"小的是美好的"?

"波司登"再关1572家门店,羽绒服霸主怎么了?

2016年6月29日晚间,"波司登"发布了截至2016年3月31日的年度业绩公告。报告期内,"波司登"实现收入约为57.87亿元,同比下滑8%。不过,得益于大力度控制整体开支,积极清理库存,优化零售网络,公司的存货总量及制成品存货数量均呈双位数下降,分别为14.7%和17.9%。

据《每日经济新闻》报道,2014~2016年,服装行业面临产能过剩、品牌竞争力下降等问题。加之越来越多海外品牌加快了在中国市场的业务拓展步伐,致使国内服装行业面临的形势十分严峻。基于多方面的原因,"波司登"一直在进行零售网点的调整及库存的清理。

6月30日,"波司登"执行董事兼首席财务官麦润权表示:在去库存方面,公司今年还将继续。

"波司登"的主要业务分为三大板块:羽绒服业务、贴牌加工管理业务及非羽绒服业务。根据最新的业绩报告,羽绒服业务依旧为"波司登"的最大收入来源,占总收入的68.7%,余下的14.3%及17.0%分别来自非羽绒服业务及贴牌加工管理业务。2015年,这三块业绩均出现了下滑,不过情况相对2014年有所好转。

"波司登"方面表示,公司秉承了此前的业务策略,2016年进一步加大力度优化零售网络和清理库存。"2016年,本集团通过临时卖场、大型连锁超市、工厂店等多种针对性的销售集道,积极清理库存,尽量避免与新货重叠,影响优质门店的销售。"不仅如此,"波司登"的门店仍在持续收缩中。

据了解,为配合集团的品牌转型策略,2015年年底时集团就已着手调整"雪中飞"品牌的销售门店,逐步把部分优质的销售门店直接纳入"波司登"旗下继续营运,关闭部分销售门店。截至2016年3月31日,其羽绒服业务的零售门店总数净减少1328家,其中,自营零售门店净减少833家,第三方经销商经营的零售网点净减少495家。

在非羽绒服业务方面,公司收入下降18.3%。除"杰西"品牌收入增加外,"波司登"男装和"摩高"品牌的收入均出现下滑。"波司登"男装、"杰西"及"摩高"门店分别净减少了175家、8家以及61家。和羽绒服业务一起,2015年"波司登"门店净减少了1572家,相比前一财年的5000余家门店大幅减少。

另据《第一财经日报》报道,在谈及未来品牌发展方向时,"波司登"执行董事兼首席财务官麦润权表示,未来是"波司登"品牌重要的新阶段,企业会为了提升产品差异化和符合市场消费趋势,继续深入研究消费市场的消费特点,通过对零售数据的深入分析,更精准地安排各款式产品的生产,包括在制订生产计划之前,先在实体店对其主推产品和款式进行试销,以测试和了解市场反应,从而制订相应的生产和销售方案。

据悉,这家老牌的羽绒服公司未来将对其旗下的几个品牌做出大幅调整。原有的"波司登"品牌将继续定位于中高端时尚设计,而"冰洁"品牌的业务重心将逐步转移至线上销售。考虑到市场对于羽绒服设计的要求日益提高,集团决定让设计风格偏向传统的"康博"品牌退出羽绒服市场,以便集团能集中资源在其他品牌上。

企业在生产销售过程中,究竟应当维持怎样的规模呢?经济学中的生产理论告诉人们,盈利能力是决定企业生产规模的一个重要指标。生产就是企业投入生产要素生产出对消费者或其他生产者具有经济价值的物品和劳务的过程。企业在生产过程中投入的生产要素主要有资源、劳动、资本和企业家才能。

企业在经营过程中,通过不断调整不同要素的投入量,来确定生产经营的规模,从而取得规模效益,实现盈利。

在实体经济普遍不景气的大背景下,作为传统产业的服装行业同样面临着生产能力过剩、库存过高、生产成本增加、品牌竞争力下降、营业收入下降等问题。因此如何进行供给侧结构性改革,怎样去库存、去产能、树品牌、降成本成为服装企业在新一轮竞争取胜的关键因素。为此,"波司登"采取了关闭门店等措施来降低成本。同时调整品牌组合战略,使旗下的品牌组合更能符合市场趋势。此外,为了适应电子商务带来的销售方式的变化,一部分业务从线下销售转向线上销售。"波司登"希望通过生产规模和品牌组合策略的调整能够在新一轮竞争中占据不败之地。

讨论:(1)在该案例中,"波司登"公司在企业经营决策过程中调整了哪些资源?为什么要进行这样的调整?

(2)"波司登"门店的大幅减少,是否意味着其生产经管规模的减小?是否会影响其盈利能力?

我国农业规模经济发展及其问题

随着我国城镇化进程的加快,大量农村劳动力进入城市,农业生产出现了土地流转加快、农业资本不断深化和新型经营主体不断涌现等特点。我国的农业生产成就巨大,但也存在生产成本高、利润微薄等问题,亟须提高生产效率,逐渐从小农生产方式向规模化、集约化的现代农业生产方式转变。以多种形式的适度规模经营为抓手,发挥农业生产的规模经济效益,提升农业的全要素生产率(TFP),有助于实现农业的可持续发展。

1. 我国农业生产的要素投入发生了巨大变化

(1)土地流转加快。

20世纪80~90年代,全国土地流转比例很小,根据农业部农村固定观察点调查资料,

1984~1992年完全没有转让过耕地的农户比例达93.8%。到2003年时,农业部农村固定观察点对全国20842农户的抽样调查显示,全国土地流转面积占总耕地面积的9.1%。近年来,全国土地流转速度明显加快,截至2014年年底,全国家庭承包耕地流转总面积达到4.03亿亩,是2010年的2.16倍。2014年土地流转总面积占家庭承包经营耕地面积的30.32%,比2010年提高了15.65个百分点。

(2) 农户土地经营规模增大。

土地流转加快的同时,农户经营土地的规模也在增大。截至2013年年底,经营耕地10亩①以下的农户为2.26亿户,占家庭承包户总数的85.96%以上,经营耕地在10亩及以上的农户已经占到14.04%。在经营规模扩大的类别中,10~30亩和30~50亩两个组别的比例最高,分别达到10.28%和2.55%,到2014年,尽管经营50亩以下的农户仍占绝大多数(98.71%),但经营50亩及以上的农户比例在持续上升。

(3) 农业机械化程度不断深化。

2014年,我国农用机械总动力是107600万千瓦,是1978年的9.16倍,是2003年的1.79倍。农用大中型拖拉机动力由2003年的3230万千瓦上升到2012年的14437万千瓦,增长了346.97%,而小型拖拉机动力在同期只增长了33.7%,这也反映了近年来农业规模化、集约化经营的发展势头迅猛。农村用电量也从2003年的3433亿千瓦时上升到2014年的8884亿千瓦时,增长了158.78%。相应的,从事农业劳动的人口不断减少,2003~2014年,第一产业就业人员从36204万人下降到22790万人,减少了37.05%。

(4) 经营主体趋于多元化。

从土地流转来看,土地承包的接包主体趋于多元化。2014年,在全部耕地流转中,流入农户的比例占58.31%,耕地向其他主体的流转依次为:农民专业合作社占21.84%,企业占9.68%,其他主体占10.17%。与2010年相比,2014年流入农户的耕地比例下降了11.04个百分点;流入农民专业合作社的耕地比例上升了10.01个百分点;流入企业的耕地比例上升了1.62个百分点;流入其他主体的耕地比例降低了0.58个百分点。

从耕地经营的整体格局来看,耕地经营正在从农户单一主体向农户与农民专业合作社、企业等多主体共营转变。在耕地经营主体中,农户虽然仍占据主导地位,但近年来其耕地经营面积与比例都在下降,2010~2014年,农户的耕地经营面积由12.15亿亩下降到11.61亿亩,下降了4.44%,农户的耕地经营面积比例从95.44%下降到87.36%,下降了8.08个百分点。同期农民专业合作社的耕地经营面积与比例均在快速上升,农民专业合作社的耕地经营面积从2010年的0.22亿亩增加到2014年的0.88亿亩,增加了300%,农民专业合作社的耕地经营面积比例则从1.73%上升到6.62%,增加了4.89个百分点。同一时期,企业和其他主体的耕地经营面积也翻了一番。

2. 当前农业生产存在的问题

长久以来,我国农业是注重产量的粗放型生产方式,这种单纯依靠土地、化肥等生产要素投入的生产方式越来越难以维持下去,农民增收、粮食增产的难度越来越大。

(1) 农业生产成本高、利润薄。

1978~2014年,我国水稻、小麦和玉米这三种作物的劳动力投入逐步减少,机械投入大

---

① 1亩≈666.67平方米。

幅增加，化肥与其他投入也呈增长趋势。其中，三大主粮每亩用工数量从1978年的33.31个工日下降到2014年的5.87个工日，下降了82.4%。每亩化肥费用从1978年的7.08元上升至2014年的132.42元，每亩农药费用从1978年的0.84元上升至27.56元，每亩机械作业费从1978年的0.84元上升至2014年的134.08元。

由于农资成本、人工成本上升等因素，我国三大主粮生产的利润率越来越低。据《全国农产品成本收益资料汇编2015》显示，我国三大主粮的每亩主产品总成本由2009年的600.41元上升到2014年的1068.57元，增长了77.97%；人工成本由2009年的188.39元上升到2014年的446.75元，增长了137.14%；土地成本由2009年的114.62元上升到2014年的203.94元，增长了77.93%。每亩净利润则大幅下降，由2009年的192.35元下降到2014年的124.78元，降低了35.13%。每亩成本利润率由2009年的32%大幅下降到2014年的11.68%。

(2) 生产要素配置不合理。

一是耕地规模小、碎片化严重。据2003年农业部农村固定观察点农户数据调查显示，2003年我国户均地块数为5.722块，其中规模不足0.033公顷的有2.858块，规模为0.033~0.067公顷的有1.194块，0.067~0.133公顷的有0.813块，0.133~0.2公顷的有0.342块，规模在0.333公顷以上的仅有0.233块。李建林等的研究表明，由于耕地碎片化，我国浪费的耕地占农地有效面积的3%~10%，使生产每吨谷物的劳动力成本增加115元，造成土地生产率降低15.3%。

二是劳动力老龄化，且受教育程度不高。由于外出务工的劳动力多是具有较高学历的青壮年男性，使得留在农村从事农业的劳动力年龄老化，素质下降，有些地方甚至出现了季节性的劳动力短缺。农业兼业化、副业化倾向显现，农民对农业生产的某些环节无力顾及，甚至退出传统生产领域，致使一些农产品的生产能力有所下降。

根据农业部农村经济研究中心"我国粮食安全发展战略研究"课题组2011年基于22个省(区、市)134个村庄1552个水稻种植户的调查数据，样本户主平均年龄为51.4岁，其中，户主50岁以上的农户占55.3%，户主受教育年限平均为7年，基本为初中文化程度。

三是农业科技含量仍有待提升。我国存在农业科技成果的转化应用比较滞后、农机服务体系不健全、适合小规模土地经营方式的小型农业机械的研发不足等问题。农业生产较多地依赖粗放式的要素投入，科技含量不高，亟须提升农业生产的科技含量。

四是农业融资不足。现代农业生产需要全产业链的金融、保险、农技、农机、农资、销售、咨询、技术培训等社会化服务支持。农村基层金融服务机构很少，信贷规模小，难以对现代农业经营主体的生产经营活动形成有力支撑。

五是农业生产组织化程度偏低。当前，我国农户家庭经营多数仍属于分散经营，存在"小生产"与"大市场"矛盾，面临着自然、市场和质量安全"三重风险"。专业大户和家庭农场尚处于发展早期，数量少、规模小。农民专业合作社发展也还处在起步阶段，截至2014年年底，全国农民专业合作社达113.8万个，但被农业部门认定为示范社的只有10.7万个，占比为9.4%。龙头企业与农户间的利益联结机制还不健全，采用合作、股份合作等较为紧密联结方式的仅占38.2%。

综上所述，在我国传统的农业生产方式下，土地、资本、劳动力、科技等要素投入的质量和配置效率都处于较低的水平,造成农业生产成本高、利润薄,农民增收困难。因此,农业生产方式转型期要实现农业可持续发展、增加农民收入,必须提高农业的全要素生产率。

上述案例表明,我国农业效益比较低有我方面的原因,其中一个重要原因就是经营主体分散,耕地规模过小,碎片化严重,无法发挥规模效益。由于耕地碎片化,我国浪费的耕地占农地有效面积的 3‰~10‰,使生产每吨谷物的劳动力成本增加了 115 元,造成土地生产率降低 15.3‰。由于规模过小,致使农业生产成本居高不下,利润较低。由于规模过小,造成组织程度低,农户无法享受大规模专业分工带来的高效率。由于规模过小,农业专业化服务,如融资、技术、管理等服务也跟不上。因此,我国农业改革的方向就是加快土地确权,在确权的基础上加快土地流转,发挥农业专业合作社职能,更好地从事农业专业化服务,提高效率,降低成本,实现农业现代化。

讨论:(1) 你认为当前阻碍我国农业生产效率提高的因素有哪些?
(2) 你认为如何才能提高我国农业规模化经营水平?

知识归纳

基本概念	生产、生产函数、生产要素、总产量、平均产量、边际产量、边际收益递减、等产量线、等成本线、边际技术替代率、生产扩展线、规模经济、内在经济、外在经济
基本原理	通过对投入的生产要素与产出量的关系的分析,得出生产者的最优选择。
基本知识点	(1) 生产的四要素:劳动、土地、资本、企业家才能。 (2) 一种可变投入要素的生产函数。生产函数是一定技术条件下,生产要素投入量与产品的最大产出量之间的数量关系,可记为 $Q=f(L,K,\cdots,T)$,在短期内,假定资本设备不变,只有一种要素可变,即劳动可变,则上述生产函数可记为 $Q=f(L)$。 (3) 平均产量是指单位生产要素生产的产量;边际产量是指每增加 1 单位要素所增加的产量。边际产量递减规律即要素报酬递减规律。 (4) 生产的三阶段:第一阶段,平均产量递增阶段;第二阶段,平均产量开始递减到边际产量为 0 的阶段;第三阶段,边际产量为负数的阶段。理智的生产者将会在第二阶段上经营。这是生产要素的合理投入区域。 (5) 等产量曲线与边际技术替代率。在长期生产中,各种要素都可变。假定要素可替代,则在一定条件下可用各种要素的组合产出等量产品。这些组合可用等产量曲线表示。较高的等产量曲线表示较大产出量。 为保持产量不变,增加一种要素投入量,可相应减少另一种要素的投入量,两者的比率称为要素的边际技术替代率。边际技术替代率是递减的,并且等于两者的边际产量之比。 (6) 生产要素的最佳组合。即一定成本下产量最大的投入组合或一定产量下成本最小的投入组合,就是生产者均衡的状态。生产者均衡为等产量曲线与等成本线的相切点。 (7) 生产规模的报酬。当所有投入的要素以一定比率增加时,产量以相同、较大或较小的比率增加,分别称不变、递增和递减的规模报酬。 (8) 生产规模扩大之所以会引起的产量及收益的不同变动,可以用内在经济与外在经济以及与它们对应的内在不经济与外在不经济来解释。

◆ **复习检测**

1. 单项选择题

(1) 如果连续地增加某种生产要素,在总产量达到最大时,边际产量曲线( )。

A. 与纵轴相交　　B. 经过原点　　C. 与平均产量曲线相交　D. 与横轴相交

(2) 等产量线是指在这条曲线上的各点代表( )。

A. 为生产同等产量投入要素的各种组合比例是不能变化的

B. 为生产同等产量投入要素的价格是不变的

C. 不管投入各种要素量如何,产量总相等的

D. 投入要素的各种组合所能生产的产量都是相等的

(3) 等成本线平行向外移动表明( )。

A. 产量增加了　　　　　　　　B. 成本增加了

C. 生产要素的价格按不同比例提高了　　D. 效益增加了

(4) 一种可变投入的合理阶段是( )。

A. 第一阶段　　　B. 第二阶段　　　C. 第三阶段　　　D. 不存在

(5) 根据等产量线与等成本线结合在一起的分析,两种生产要素最适组合是( )。

A. 等产量线与等成本线相交之点

B. 等产量线与等成本线相切之点

C. 离原点最远的等产量线上的任何一点

D. 离原点最远的等成本线上的任何一点

2. 简答题

(1) 什么是边际收益递减规律?解释这一规律存在的原因。

(2) 在两种生产要素可变的条件下,厂商应如何选择生产的经济区域?

(3) 为什么边际技术替代率会出现递减?

(4) 什么是规模收益?怎样判定规模收益的类型?

(5) 作图说明厂商在既定成本条件下如何实现最大产量的最优组合。

3. 问答题

(1) 中国现在有100多家汽车厂,年产汽车100多万辆,这种状况是否正常?为什么?

(2) 某企业有资金100万元。假设一台机器的资本价格为10万元/台,劳动价格为10元/小时。请画出该企业的等成本线。

第五章 成本与收益

通过本章的学习,掌握各种成本的基本概念,重点掌握短期成本的概念与分类、各种短期成本变动的规律和利润最大化原则,了解长期成本概念、短期成本与停止营业点的关系和机会成本在企业决策中的作用。

关键词

成本 Cost　　　　　　　　　　　平均成本 Average Cost
固定成本 Fixed Cost　　　　　　总成本 Total Cost
可变成本 Variable Cost　　　　　边际成本 Marginal Cost
利润最大化原则 Maximum-profit Principle
收益 Revenue　　　　　　　　　总收益 Total Revenue
平均收益 Average Revenue　　　边际收益 Marginal Revenue

第一节　成本理论

如何降低实体经济企业成本

2016年8月,国务院印发《降低实体经济企业成本工作方案》,对今后一个时期开展降低实体经济企业成本工作做出全面部署:
(1) 有效降低企业税费成本。
(2) 有效降低企业融资成本。

(3) 着力降低制度性交易成本。

(4) 合理降低企业人工成本。

(5) 进一步降低企业用地成本。

(6) 较大幅度降低企业物流成本。

在经济下行压力比较大的条件下,开展降低实体经济企业成本工作,是党中央、国务院为有效缓解实体经济企业困难、助推企业转型升级做出的重要决策部署,对有效应对经济下行压力、增强经济可持续发展能力具有重要意义。因为,任何时候,实体经济都是一个国家实力的直接承担者,无论到了哪个发展阶段,实体经济都是基础的基础。经济转型升级发展是一个系统过程,在新兴产业带动下,实体行业会有更深远的提升;离开了实体经济支撑,创新也就成了无源之水,创意、研发向实际生产能力转化不是在空中楼阁中完成的,必然首先要依附实体行业。事实证明,很多核心技术的突破性进展都是在实体行业中取得的,大量的所谓"风口",归根结底也是实体行业发展到一定阶段催生的一个个新机遇。

中国的经济发展走到一个特殊阶段,转方式、调结构,机遇和压力并存,这是一个多头并举的特殊时期。世界新兴经济体经历到这个阶段,实体经济行业往往会最先触碰到瓶颈。随着新兴产业兴起,社会资源争相趋附,客观上实体经济行业就会受到挤压,形成大量资本"体外循环"的现象。这个时候,实体经济企业就需要外力相助,减除重负,尤其是清除一切不合理的成本,包括降低税费成本、降低人工成本、降低融资成本、降低交易成本、降低用地成本,降低物流成本等。通过国家这些降低成本政策的实施,剔除了企业不合理的成本和负担,实体经济企业因此得到了关键性助力,从而使企业能够轻装上阵。为企业降低成本实际上是鼓励实体经济行业得到充分的回报,让做实业的人真正成为市场的中坚力量。

思考:(1) 什么是生产成本?

(2) 降低实体经济企业成本的重要意义有哪些?

一、成本及其分类

(一) 生产成本

生产成本(Cost)也称生产费用,是指厂商在生产过程中所使用的各生产要素的货币支付。生产要素包括劳动、资本、土地和企业家才能四种基本形式。厂商为获得劳动而支出的费用是工资,为获得资本而支出的费用是利息,为获得土地而支出的费用是地租,为获得企业家才能而支出的费用是正常利润。因此,生产成本是由工资、利息、地租和正常利润四部分组成的。

成本

(二) 显成本和隐成本

生产成本按其收回归属的不同,可分为显成本和隐成本。

显成本(Explicit Cost)是指厂商从市场上购入各种生产要素支付给要素所有者的费用,包括工资、原材料、燃料、运费、地租、贷款利息、各种税收。这些费用要求厂商以货币形式支付,并作为成本项目反映在会计账面上,所以也叫会计成本。与显成本相对应的利润是会计利润。

隐成本(Implicit Cost)是指厂商对自己提供的生产要素所应该支付的费用。这种费用应该支付,但并没有实际货币支出,也会反映在会计账面上,包括厂房、机器等固定资产的折旧费(作为成本记入账面);以及厂商自己投入资金的利息和在生产过程中从事经营管理的报酬等。与包括显成本和隐成本在内的总成本相对应的利润是经济利润或超额利润。

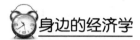
身边的经济学

门面房是出租,还是自己经营

假如,你有一间门面房,你用它开了一家杂货店。一年下来,算账的结果是挣了 5 万元,肯定会觉得很高兴。但用经济成本理论分析,恐怕就高兴不起来了。因为,你没有把隐成本算进去。假定,如果门面房按市场价出租一年是 2 万元,而你原来有工作且年收入是 3 万元,这 4 万就是你自己经营的隐成本。从经济学分析来看,隐成本是你提供了自有生产要素房子和劳务所理应得到的正常报酬,而在会计账目上没有作为成本项目记入账上。这样算的结果就是你一年并没有挣 5 万元,只是保本。如果再加上自己经营需要 1 万元的资金进货,这 1 万元的银行存款利息也是隐成本。如此计算,你自己经营就非常不合适了,应该出租;但是如果你下岗了,而且找不到高于 3 万元的工作,那还是自己经营为上策。

显成本和隐成本之间的区别说明了经济学家与会计师分析经营活动之间的不同:经济学家关心研究企业如何做出生产和定价决策,因此,当他们衡量成本时就包括了隐成本;而会计师的工作是记录流入和流出企业的货币,结果,他们只衡量了显成本,却忽略了隐成本。

(三) 机会成本

机会成本(Opportunity Cost)是指以一定的代价从事某项经济活动所必须放弃的以这同一代价从事另一项经济活动所带来的利益。从生产者来说,是指由于使用某一投入要素而必须放弃该要素其他用途的最高代价;从要素所有者来说,则是这一要素在其他可能的机会中获得的最高报酬。

假设某厂商拥有 200 万元资金,他可以把这 200 万元资金投入三个不同的行业:若投入 A 行业,则获利 20 万元;若投入 B 行业,则可获利 30 万元;若投入 C 行业,则可获利 25 万元。他决定把 200 万元投入 B 行业,那他放弃的另两种用途中的投入 C 行业获利的 25 万元,就是他选择 30 万元获利的机会成本。

值得注意的是,机会成本并不是生产活动中的实际货币支出,但它对经营者的决策有时十分重要。机会成本能够比较精确地衡量选择的代价,从而可以为生产者选择获利最大的方案提供准确的依据。

除了以上几种成本概念外,还有许多不同的成本概念,如总成本、平均成本、边际成本等,将在下面作详细介绍。

 身边的经济学

一个人是否应该上大学

上大学,其收益是使知识丰富和一生拥有更好的工作机会。但成本是什么呢?要回答这个问题,你会想到把学费、书籍、住房和伙食的钱加总起来。但这种总和并不真正地代表上大学所放弃的东西。

这种成本计算的第一个问题是,它包括的某些东西并不是上大学的真正成本。即使你离开学校,你也需要有睡觉的地方,需要有食物维持生命。只有在大学的住宿和伙食比其他地方贵时,贵的这一部分才是上大学的成本。实际上,大学的住宿与伙食费可能低于你自己生活时所支付的房租与食物费用。在这种情况下,住宿与伙食费的节省是上大学的收益。

这种成本计算的第二个问题是,它忽略了上大学最大的成本——时间。当你把时间用于听课、读书和写文章时,你就不能把这段时间用于工作。对大多数学生而言,为上学而放弃的工资是他们受教育的最大单项成本。

一种活动的机会成本是为了这种活动所放弃的东西。当做出是否上大学的决策时,决策者应该认识到伴随每一种可能的行动而来的机会成本。实际上,决策者通常是知道这一点的。他们之所以决定上学,就是因为他们认为上大学的收益大于机会成本。那些运动员放弃上学而从事职业运动,是因为他们明确地认识到,他们上大学的机会成本太高。因此他们决定:不值得花费这种成本来获得上大学的收益。

二、短期成本理论

(一)短期的含义

短期(Short Run)是指在这期间厂商不能调整其生产规模,即在厂商投入的全部生产要素中,只有一部分生产要素是可以变动的,另一部分则固定不变。例如,在短期内厂商可以调整原料、燃料及生产工人数量这类生产要素,而不能调整厂房、设备等生产要素。因此,短期内生产要素分为两部分:随产量变动而变动的称为可变生产要素;不能随产量变动而变动的称为固定生产要素。

> **想一想**
> 什么是短期?

(二)短期成本的类型

1. 短期总成本

短期总成本(Short-Run Total Cost, STC)是指厂商投入全部生产要素支付的费用总额,它等于固定成本与可变成本之和,即 $STC=FC+VC$。

短期总成本 STC 线表现为一条从固定成本起由左下方向右上方上升的曲线,如图 5.1 所示。

固定成本(Fixed Cost,FC),是与固定生产要素相对应的概念,指不随产量变动而变动的成本,如厂房、机器、设备等。即使暂时停产,产量为 0 时,固定成本仍然存在。因为固定成本在短期内是不变的,在几何图形上,固定成本 FC 线表现为一条与横轴平行的直线。如图 5.1 所示。

可变成本(Variable Cost,VC),是与可变生产要素相对应的概念,指随产量变动而变动的成本,如原材料、燃料和工人的数量等。如果暂时停产,产量为 0,可变成本也为 0。可变成本是产量的递增函数,在几何图形上,可变成本 VC 线表现为一条自左下方向右上方上升的曲线,如图 5.1 所示。

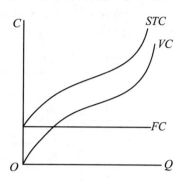

图 5.1 短期总成本、固定成本和可变成本曲线图

2. 短期平均成本

短期平均成本(Short-run Average Cost,SAC)是指每一个单位产品所摊付的总成本。

$$SAC = \frac{STC}{Q} = \frac{FC+VC}{Q}$$
$$= \frac{FC}{Q} + \frac{VC}{Q} = AFC + AVC$$

从上式我们可以得出,短期平均成本等于平均固定成本和平均可变成本之和。式中,Q 代表产量。

平均固定成本(Average Fixed Cost,AFC)是指每一个单位产品所摊付的固定成本。

$$AFC = \frac{FC}{Q}$$

式中,Q 代表产量。

平均可变成本(Average Variable Cost,AVC)是指每一个单位产品所摊付的可变成本。

$$AVC = \frac{VC}{Q}$$

式中,Q 代表产量。

3. 短期边际成本

短期边际成本(Short-Run Marginal Cost,SMC)是指每增加一个单位的产量所引起的总成本的增加值。

$$SMC = \frac{\Delta STC}{\Delta Q} = \frac{d(TC)}{dQ}$$

由于在短期中,固定成本并不随产量变动而变动,所以,总成本的变动只是由可变成本的变动引起的,上式就可以写为

$$SMC = \frac{\Delta STC}{\Delta Q} = \frac{\Delta VC}{\Delta Q} \quad 或 \quad SMC = \frac{d(VC)}{dQ}$$

(三)各类短期成本的变动规律及其相互关系

为了说明各类短期成本的变化及相互关系,我们假设某厂的短期成本如表 5.1 所示。

表 5.1　某厂短期成本表

单位：万元

产量	固定成本（FC）	可变成本（VC）	总成本（STC）	平均固定成本（AFC）	平均可变成本（AVC）	平均成本（SAC）	边际成本（SMC）
0	120	0	120	/	/	/	/
1	120	34	154	120	34	154	34
2	120	63	183	60	31.5	91.5	29
3	120	90	210	40	30	70	27
4	120	116	236	30	29	59	26
5	120	145	265	24	29	53	29
6	120	180	300	20	30	50	35
7	120	230	350	17.14	32.86	50	50
8	120	304	424	15	38	53	74
9	120	420	540	13.33	46.67	60	116

1. 短期总成本、可变成本和固定成本

从表 5.1 中的数据我们可以得出：固定成本不随产量的增加而变动，FC 曲线的形状与图 5.1 中描述的是一致的。可变成本随产量的增加而增加，VC 曲线的形状与图 5.1 中描述的是一致的，从原点开始向右上方递增。总成本也随产量的增加而增加，并且由于固定成本不为 0，因此，总成本在产量为 0 时，也不会为 0，它的变化规律与可变成本相同。这也与图 5.1 中 STC 曲线的形状相一致，即 STC 曲线在可变成本平行上移一段等于固定成本的垂直距离后向右上方递增。

2. 短期平均成本、平均固定成本和平均可变成本

根据表 5.1 中的数据我们可以做出 AFC 曲线，AVC 曲线及 SAC 曲线，如图 5.2 所示。

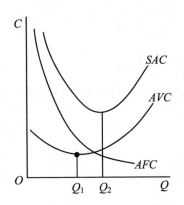

图 5.2　平均可变成本、平均成本、平均固定成本曲线

由于平均固定成本是产量的递减函数，所以 AFC 曲线是一条随产量不断增加而向右下方不断倾斜的曲线。平均可变成本是产量的函数，它随产量的增加呈现先递减在达到极小值后（图 5.2 中的 Q_1 产量处的平均可变成本）开始递增，即 AVC 是一条 U 形曲线。AVC 曲线在产量 Q_1 之前处于递减阶段，在 Q_1 之后转为递增阶段。所以，产量为 Q_1 时，其所对应的平均可变成本是 AVC 曲线从递减转为递增的转折点，也是平均可变成本的最低点。AVC 曲线呈 U 形变化，是因为在产量为 Q_1 之前，每增加一个单位的可变生产要素所增加的产量超过原来每一个单位可变生产要素的平均产量，从而表现为平均可变成本随产量增加而递减。当产量在 Q_1 之后，情况正好相反，因而 AVC 曲线也就从递减转为递增。平均成本是平均固定成本和平均可变成本之和，平均成本

SAC曲线也呈现U形变化，但由于平均固定成本随产量增加而持续递减，因而SAC曲线的变化逐渐接近平均可变成本AVC曲线，SAC曲线与AVC曲线之间的垂直距离等于平均固定成本。SAC曲线在产量为Q_2之前递减，在Q_2之后递增。产量为Q_2点时，其平均成本最低。平均成本最低点所对应的产量之所以大于平均可变成本最低点所对应的产量，是因为当AVC曲线达到最小并转为递增时，AFC曲线仍在递减，只要AFC曲线的递减超过AVC曲线的递增，SAC曲线就仍然处于递减阶段。只有当AVC曲线的递增超过了AFC曲线的递减以后，SAC曲线才转入递增。

3. 短期边际成本、短期平均成本和短期平均可变成本

从图5.3中，我们可以看到：

（1）SMC曲线与SAC曲线的关系。当SMC曲线位于SAC曲线下方时，即SMC＜SAC，SAC曲线处于递减阶段；当SMC曲线位于SAC曲线上方时，即SMC＞SAC，SAC曲线处于递增阶段；SMC曲线与SAC曲线相交之点，即SMC＝SAC，是平均成本的最低点。

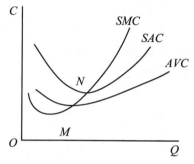

图5.3 边际成本、平均可变成本与平均成本的关系

（2）SMC曲线与AVC曲线的关系。当SMC曲线位于AVC曲线下方时，即SMC＜AVC，AVC曲线处于递减阶段；当SMC曲线位于AVC曲线上方时，即SMC＞AVC，AVC曲线处于递增阶段；当SMC曲线与AVC曲线相交时，即SMC＝AVC，是平均可变成本的最低点。

我们把SMC曲线与SAC曲线相交之点，即SAC曲线的最低点N称为收支相抵点。这时价格为平均成本，平均成本等于边际成本（$P＝SAC＝SMC$），厂商的生产成本（包括正常利润）与收益相等。把SMC曲线与AVC曲线的相交之点，即AVC的最低点M称为停止营业点。在此点上的价格只能弥补平均可变成本，厂商的收益与可变成本相等，损失的是不生产也要支付的固定成本。如果比这点还低，则不能弥补可变成本，此时企业无论如何也不能继续生产了。

沉没成本

沉没成本（Sunk Cost）是指以往发生的，但与当前决策无关的费用。从决策的角度看，以往发生的费用只是造成当前状态的某个因素，当前决策所要考虑的是未来可能发生的费用及所带来的收益，而不考虑已往发生的费用。

人们在决定是否去做一件事情的时候，不仅是看这件事对自己有没有好处，而且也看过

去是不是已经在这件事情上有过投入。我们把这些已经发生不可收回的支出,如时间、金钱、精力等,称为沉没成本。在经济学和商业决策制定过程中会用到沉没成本的概念,代指已经付出且不可收回的成本。沉没成本常用来和可变成本作比较,可变成本可以被改变,而沉没成本则不能被改变。如果你是理性的,那就不应该在决策的时候考虑沉没成本。比如看电影,会有两种可能:① 付钱后发觉电影不好看,但忍受着看完;② 付钱后发觉电影不好看,退场去做别的事情。如果你后悔看电影了,那么你应该果断地出来去做别的事,这是一种明智的选择,因为你用这个时间去做别的事情所获得的收益可以弥补看电影所遭受的损失。

三、长期成本理论

(一) 长期的含义

长期是指在这期间厂商能够调整其生产规模,即厂商投入的全部生产要素都是可以变动的。在长期内,厂商不仅可以随产量的变化调整其投入的原材料、燃料、工人的数量,而且可以根据产量的情况,调整厂房、设备的数量,使生产规模发生变化,以适应产量变化的要求。在长期中,生产成本没有固定与可变之分,所有成本都是可变的。

(二) 长期成本的分类

1. 长期总成本

长期总成本(Long-run Total Cost,LTC)是指长期中生产一定量产品所需要的成本总和。

长期总成本随产量的变动而变动。没有产量时没有总成本。随着产量的增加,总成本增加。在开始生产时,要投入大量的生产要素,而产量少时,这些生产要素无法得到充分利用。因此,成本增加的比率大于产量增加的比率。当产量增加到一定程度后,生产要素开始得以充分利用,这时成本增加的比率小于产量增加的比率,这也是规模经济的效益。最后,由于规模收益递减,成本增加的比率又大于产量增加的比率。可用图5.4来说明长期总成本的变动规律。

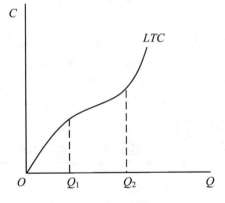

图5.4 长期总成本变化

在图5.4中,LTC 为长期总成本曲线。该曲线从原点出发,向右上方倾斜,表示长期总成本随产量的增加而增加。产量在 $O \sim Q_1$ 之间时,长期总成本曲线比较陡峭,说明成本增加的比率大于产量增加的比率;产量在 $Q_1 \sim Q_2$ 之间时,长期总成本曲线比较平坦,说明成本增加的比率小于产量增加的比率;产量在 Q_2 以后,长期总成本曲线比较陡峭,说明成本增加的比率又开始大于产量增加的比率。

> **想一想**
> 长期总成本曲线的起点在哪里?

2. 长期平均成本

长期平均成本(Long-run Average Cost,LVC)是指长期中平均每一个单位产品的成本。

如图 5.5 所示，假定某生产者在短期内只有三种大小不同的生产规模 SAC_1、SAC_2、SAC_3 可供选择。

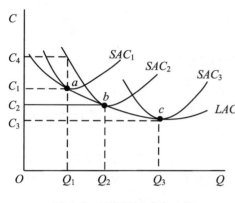

图 5.5 长期平均成本曲线

生产者要根据产量的大小来决定生产规模，其目标是使平均成本达到最低。当产量为 Q_1 时，要选择 SAC_1 这一规模，因为这时平均成本为 C_1，是最低的；如果选择 SAC_2 这一规模，则平均成本为 C_4，则 $C_4>C_1$。以此类推，当产量为 Q_2 时，则要选用 SAC_2 这一规模，这时平均成本为 C_2 是最低的；当产量为 Q_3 时，则要选用 SAC_3 这一规模，这时平均成本 C_3 是最低的。

在长期中，厂商可以根据它所要达到的产量来调整生产规模，以使平均成本达到最低。平均成本最低的规模就叫做适度规模。各条短期平均成本曲线都有个适度规模的点，即平均成本最低的点，将这些点连成一线，便形成了长期平均成本曲线。整个长期平均成本曲线把无数条短期平均成本曲线包在其中，因此，用数学的术语描述，长期平均成本曲线就是短期平均成本曲线的包络曲线(Envelope Curve)。在长期生产中，厂商要按这条曲线做出生产规划，选择最佳生产规模，因而长期平均成本曲线又称为计划曲线(Planning Curve)，厂商按计划曲线进行生产，可以用最低的成本生产出既定产量。

长期平均成本曲线和短期平均成本曲线都是一条先下降而后上升的 U 形曲线。长期平均成本曲线随着产量的增加逐渐下降，是由于规模收益递增；后来它又随着产量的增加而上升，则是由于规模收益递减，这与短期平均成本曲线的变动趋势相似。

但长期平均成本曲线与短期平均成本曲线也有区别，主要是长期平均成本曲线无论是在下降，还是上升，都较为平缓，这说明，长期平均成本，无论减少，还是增加，都变动较缓慢。因为在长期内，全部生产要素都可以随时调整，从规模收益递增到规模收益递减之间有一个较长的规模收益不变的阶段。而在短期内，没有规模收益不变阶段。所以，短期平均成本曲线是先下降后上升且变动较大的 U 形曲线。

3. 长期边际成本

长期边际成本是长期中增加一个单位产品所增加的成本。它是长期总成本曲线的斜率。

在一般情况下，长期边际成本曲线也是先下降后上升的典型的 U 形曲线，但是它比短期成本曲线的变动要平缓一些。长期边际成本曲线与长期平均成本曲线的关系同短期边际曲线与短期平均成本曲线的关系一样。如图 5.6 所示，当长期边际成本小于长期平均成本，即 $LMC<LAC$ 时，长期平均

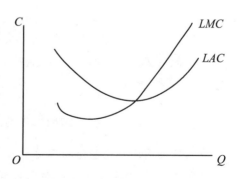

图 5.6 长期边际成本曲线与长期平均成本曲线

成本曲线 LAC 呈下降趋势；当长期边际成本大于长期平均成本，即 LMC>LAC 时，长期平均成本曲线 LAC 呈上升趋势；当 LMC＝LAC 时，长期平均成本曲线处于最低点。

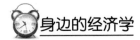 身边的经济学

全球每四个微波炉就有一台格兰仕

面临着越来越广阔的市场，每个企业都有两种战略选择：一是多产业，小规模，低市场占有率；二是少产业，大规模，高市场占有率。格兰仕公司选择的是后者。格兰仕的微波炉，在国内已达到 70% 的市场占有率；在国外已达到 35% 的市场占有率。

格兰仕的成功就是运用了规模经济的理论，即某种产品的生产，只有达到一定的规模时，才能取得较好的效益。微波炉生产的最小经济规模为 100 万台。早在 1996～1997 年，格兰仕就达到了这一规模。随后，规模每上一个台阶，生产成本就下降一个台阶。这就为企业的产品降价提供了准备条件。格兰仕的做法是，当生产规模达到 100 万台时，将出厂价定在规模 80 万台企业的成本价以下；当规模达到 400 万台时，将出厂价又调到规模为 200 万台的企业的成本价以下；而现在规模达到 1000 万台以上时，又把出厂价降到规模为 500 万台企业的成本价以下。这种在成本下降的基础上所进行的降价，是合理的降价。降价的结果是将价格平衡点以下的企业一次又一次地淘汰，使行业的集中度不断提高，行业的规模经济水平不断提高，由此带动整个行业社会必要劳动时间不断下降，进而带来整个行业的成本不断下降。

成本低价格必然就会低，降价最大的受益者是广大消费者。从 1993 年格兰仕进入微波炉行业到现在，微波炉的价格由每台 3000 元以上降到每台 300 元左右，这不得不说是格兰仕的功劳，不能不说是格兰仕对中国广大消费者的巨大贡献。

第二节 收益与利润最大化

 知识导入

大商场平时为什么不延长营业时间

节假日期间许多大型商场都延长营业时间，但为什么平时不延长呢？从理论上说，延长营业时间 1 小时，就要支付 1 小时所耗费的成本，这种成本既包括直接的物耗，如水、电等，还包括由于延时需要支付给售货员的加班费，这种增加的成本就是我们这一章所学习的边

际成本。假如延长 1 小时增加的成本是 1 万元(注意,这里讲的"成本"是经济成本概念,包括成本和正常利润),那么在延时的 1 小时里,如果由于卖出商品而增加收益大于 1 万元,作为一个精明的企业家他还应该将营业时间在此基础上再延长,因为,他还有利润空间。相反,如果在延长的 1 小时里增加的成本是 1 万元,但增加的收益不足 1 万元,他在不考虑其他因素的情况下就会取消延时的经营决定,因为他延长 1 小时的成本大于收益。

思考:(1) 什么是边际收益?什么是边际成本?

(2) 为什么边际收益等于边际成本时,利润最大?

厂商从事生产的目的是追求利润最大化,若想达到这一目的就必须对收益和利润进行分析。

利润最大化原则

一、收益及其种类

(一) 收益

收益(Revenue)是指厂商出售产品和劳务的全部所得,即价格与销售量的乘积。收益中既包括成本,也包括利润。收益有总收益、平均收益和边际收益三种类型。

(1) 总收益(Total Revenue,TR)是指厂商销售一定量产品所得到的全部收入。

$$TR = P \times Q = AR \times Q$$

式中,TR 表示总收益,AR 表示平均收益,P 表示商品的价格,Q 表示商品的销售量。

(2) 平均收益(Average Revenue,AR)是指厂商销售每一个单位产品平均所得到的收入。

$$AR = \frac{TR}{Q}$$

(3) 边际收益(Marginal Revenue,MR)是指厂商每增加销售一个单位产品所增加的收入。

$$MR = \frac{\Delta TR}{\Delta Q}$$

式中,MR 表示边际收益,ΔQ 表示增加的销售量,ΔTR 表示增加的总收益。

注意,收益并不等于利润,它不是出售产品所赚的钱,而是出售产品所得到的钱。在不同的市场结构中,收益变动的规律并不完全相同,MR 曲线与 AR 曲线和形状也不一样。

二、利润最大化

(一) 利润

利润(Profit)是指总收益减去总成本(生产成本)的差额,分为会计利润和经济利润两类,这里的利润主要是指经济利润,经济利润也称为超额利润。

经济利润=总收益-生产成本(总成本)

如果用 π 表示厂商的利润,则

$$\pi = TR - TC$$

经济利润是厂商生产经营活动的一项最重要的指标,厂商有无经济利润以及经济利润有多少,是其进行生产经营活动决策的主要依据。厂商的经济利润可能出现以下三种情况:

第一,$\pi>0$,即 $TR>TC$,厂商可以获得超额利润。这种情况下,厂商的现有投资方向和决策是合理的,并优于其他投资方向,这时他会继续保持原有的选择。

第二,$\pi=0$,即 $TR=TC$,厂商正好能够获得正常利润。这种情况下,厂商虽然没有经济利润,但他也不会轻易改变投资方向,除非新的投资方向能有稳定的经济利润。

第三,$\pi<0$,即 $TR<TC$,厂商将发生亏损。这种情况下,厂商的纯收益低于正常利润,这时他将会考虑改变其投资方向,以争取至少能获得正常利润。

知识链接

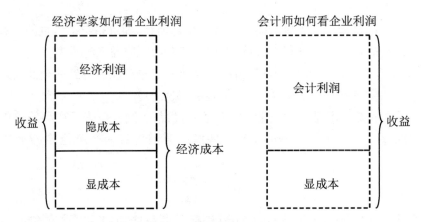

图 5.7　经济利润与会计利润

注意:在分析企业利润时,经济学家将所有机会成本包含在内,而会计师只衡量显成本。因此,经济利润小于会计利润。

(二)利润最大化原则

在经济分析中,利润最大化原则(Maximum-profit Principle)指的是边际收益等于边际成本,即 $MR=MC$,这也是利润最大化的必要条件。

为什么只有在 $MR=MC$ 时,才能实现利润最大化呢?

(1)如果边际收益大于边际成本,即 $MR>MC$,则厂商每增加一个单位产量所带来的收益大于生产这一个单位产量的成本,所以,厂商增加产量有利于厂商利润总额的提高,这也说明利润还没有达到最大化。

(2)如果边际收益小于边际成本,即 $MR<MC$,则厂商每增加一个单位产量所能带来的收益小于生产这一个单位产量的成本,此时,厂商增加产量将导致亏损,因此,厂商必然要减少产量。

无论是 MR>MC,还是 MR<MC,厂商都没有实现利润最大化原则,只有当边际收益等于边际成本,即 MR=MC 时,厂商才不会调整产量,表明已把该赚的利润都赚到了,即实现了利润最大化。

> **想一想**
>
> 利润最大化原则是什么?

厂商对利润的追求受到市场各方面条件的影响和限制,不可能达到无限大。这样,利润最大化的原则是边际收益等于边际成本,厂商要根据这一原则来确定自己的产量。因此,MR=MC 是厂商利润最大化的基本原则。

旅行社在旅游淡季如何经营

一日,小李同朋友聊天,告诉他某旅行社在旅游淡季从天津到北京世界公园 1 日游仅需 58 元(包含车费和门票)。朋友不信,认为这是旅行社的宣传手段。旅行社真的会做赔本买卖吗? 58 元连世界公园的门票都不够。

小李说,这是真的。因为旅行社在淡季游客不足,而旅行社的大客车、工作人员这些生产要素是不变的,即使一个游客都没有,汽车的折旧费、工作人员的工资等固定费用也要正常支出。任何一个企业的生产经营都有长期与短期之分,从长期看,如果收益大于成本,就可以生产,更何况即使是 58 元的价格旅行社也还是有一定的收益。具体如下:一个旅行社的大客车载客 50 人,共收到 2900 元;高速公路费和汽油费假定是 800 元,门票价格为 25 元,门票总价为 1250 元,总支出为 2050 元,此时,旅行社净赚 850 元。在短期不经营也要损失固定成本时,因此只要收益能弥补可变成本,就可以经营下去。换个说法,每位乘客支付费用等于平均可变成本,就可以经营。另外,公园在淡季门票会打折,团体票会打折也是基于这个原理。

旅行社之所以会推出较低的价格还可以维持经营,主要是进行了成本收益的核算。为什么只要弥补了可变成本,旅行社就可以继续经营呢? 因为平均可变成本的经济学意义是将已产出产品所带来的成本平均分摊到每个产品,那么所有边际成本小于平均可变成本的产品都有向下拉低平均可变成本的效果。尽管旅行社所售票价无法弥补其固定成本,但是只要平均收益能够弥补平均可变成本时,就可以选择继续经营。当平均收益无法弥补平均可变成本时,就不得不选择停业了。

讨论:(1) 什么是短期成本? 什么是长期成本?

(2) 什么是固定成本? 什么是可变成本? 什么是平均可变成本?

(3) 旅行社在什么情况下就可以经营?

 案例点击5.2

春秋航空公司的低成本竞争策略

99元,199元,299元,如果运气好的话,你还可以拿到标价"0元"的免费机票。如果说这家机票比火车卧铺票还便宜的航空公司还能盈利,你一定觉得这是天方夜谭,但春秋航空公司让神话变成了现实。

春秋航空公司是中国首家低成本运行的航空公司,经营国内航空客、货运输业务和旅游客运包机运输业务。春秋航空公司旨在提供"安全、低价、准点、便捷、温馨"的航空服务,创新起步,安全平稳运行,平均客座率为95.4%。

春秋航空公司打破了民航业的许多传统,在正式运营的第一年就开始盈利,当同期成立的民营航空公司纷纷不堪压力倒闭时,春秋航空公司依然发展良好。2006年,春秋航空公司荣获民航总局运输司公布的中国民航"五率"加权积分总评比第一名。在2008年全球金融危机期间,全国各大国有航空公司纷纷亏损,南方航空公司、中国国际航空公司和东方航空公司净利分别亏损8.1亿元、19.4亿元和23.34亿元,春秋航空公司却能有2000万元的微盈利。这之后的盈利更是连年翻番,2009年利润突破1.5亿元,2010年利润达到4.3亿元,发展势头非常好。2015年1月,国内第一家民营航空公司——春秋航空股份有限公司在上交所成功上市。

春秋航空公司作为第一家定位于低成本运营的廉价航空公司,一直把盈利纪录保持30年以上的廉价航空公司创始者——美国西南航空公司奉为楷模。受国际金融危机的影响,2008年1~10月,春秋航空公司的利润较2007年同期下滑70%,而2008年11月公司已经出现了亏损。春秋航空公司在每条航线上的特价票投放也被迫从平时淡季的30%增加到了50%。包括董事长王正华在内,春秋航空公司的董事会已经把所有高层管理者的薪资降低了1/3,甚至没收了一些办公室的空调遥控器。但有些成本并不是想降就能降下来的。从建立之初对美国西南航空公司这种传统的低价航空经营模式进行模仿,到现在的春秋航空公司正倾向于借鉴亚洲航空公司和瑞安航空公司的商业模式,力图将各项额外的服务成本费用压至极限,春秋航空公司不做广告,没有售票柜台,飞机上没有免费餐食供应、没有报纸、没有毛毯和枕头、没有微波炉和冰块,只有一瓶350mL的矿泉水是免费的。王正华希望借此把机票的价格做到极致,要让大家乘飞机像乘地面巴士那样,飞机也可以"飞入寻常百姓家"。春秋航空公司重点把目标客户锁定为对价格敏感的年轻都市白领和商务人士。一方面,他们拥有一定的消费能力和旺盛的乘机需求;另一方面他们习惯于上网购买机票,这会大大降低春秋航空公司的营销成本。除了在春秋航空公司的航班上,很难在其他地方发现春秋航空公司的广告,甚至连售票柜台都找不到。为了省下给代理的佣金及租用柜台的费用,它的机票只在网上出售,这让春秋航空公司的销售成本仅占总成本的3%。

讨论:(1)试用西方经济学成本理论分析春秋航空公司的经营策略。

(2)春秋航空公司的成功经验能否推广到其他行业,为什么?

知识归纳

基本概念	成本 平均成本 总成本 长期成本 短期成本 边际成本 收益 边际收益 平均收益 利润最大化
基本原理	本章在界定有关成本概念的基础上,通过对短期、长期成本函数及变化规律的分析,揭示了成本与收益的经济关系,提出了生产者实现利润最大化的均衡原则。
基本知识点	(1) 短期成本分类。 ① 短期总成本包括固定成本、可变成本。 ② 短期平均成本包括平均固定成本、平均可变成本。 ③ 短期边际成本。 ④ 各种短期成本的计算。 (2) 各种短期成本变动的规律。 ① 短期总成本是短期内生产一定量产品所需要的成本总和,短期总成本曲线从固定成本出发并向右上方倾斜,表明了总成本随产量的增加而增加,其形状与可变成本曲线相同,说明总成本与可变成本变动规律相同。 ② 短期平均成本的变动规律是由平均固定成本与平均可变成本决定的。当产量增加时,平均固定成本迅速下降,加之平均可变成本也在下降,因此短期平均成本迅速下降。以后,随着平均固定成本越来越小,它在平均成本中也越来越不重要,这时平均成本随产量的增加而下降,产量增加到一定程度之后,又随着产量的增加而增加。短期平均成本曲线也是一条先下降而后上升的U形曲线。表明随着产量增加先下降后上升的变动规律。 ③ 短期边际成本的变动规律:开始时,边际成本随产量的增加而减少,当产量增加到一定程度时,就随产量的增加而增加。短期边际成本曲线是一条先下降而后上升的U形曲线。 (3) 短期中平均成本与边际成本的关系。 短期边际成本曲线与短期平均成本曲线相交于短期平均成本曲线的最低点(这一点称为收支相抵点)。在这一点上,短期边际成本等于平均成本;在这一点之左,短期边际成本小于平均成本;在这一点之右,短期边际成本大于平均成本。 (4) 长期平均成本的规律与曲线形状。 ① 长期平均成本变动的规律是随产量的增加,先减少而后增加。 ② 长期平均成本曲线是一条比较平坦的U形曲线。 ③ 长期平均成本曲线是短期平均成本曲线最低点的连线。 (5) 利润最大化原则。 利润最大化的原则是边际收益等于边际成本。无论是边际收益大于边际成本还是小于边际成本,企业都要调整其产量,说明这两种情况下都没有实现利润最大化。只有在边际收益等于边际成本时,企业才不会调整产量,表明已把该赚的利润都赚到了,即实现了利润最大化。企业对利润的追求要受到市场条件的限制,不可能实现无限大的利润。这样,利润最大化的条件就是边际收益等于边际成本。企业要根据这一原则来确定自己的产量。

◆ 复习检测

1. 单项选择题

(1) 某厂商每年从企业的总收入中取出一部分作为自己所提供的生产要素的报酬,这部分资金被视为(　　)。

　A. 显成本　　　　　B. 隐成本　　　　C. 经济利润　　　D. 生产成本

(2) 当边际成本小于平均成本时,产量的进一步增加将导致(　　)。

　A. 平均成本上升　　　　　　　　　B. 平均可变成本可能上升也可能下降

　C. 总成本下降　　　　　　　　　　D. 平均可变成本一定是处于减少的状态

(3) 短期平均成本曲线呈 U 形的原因是(　　)。

　A. 规模报酬的变化所致　　　　　　B. 外部经济与不经济所致

　C. 生产要素的边际生产率所致　　　D. 固定成本与可变成本所占比重所致

(4) 如果一个厂商的生产是处于规模报酬不变的阶段,则其 LAC 曲线一定是处于(　　)。

　A. 上升趋势　　　B. 下降趋势　　　C. 水平状态　　　D. 垂直状态

(5) 随着产量的增加,平均固定成本将(　　)

　A. 保持不变　　　　　　　　　　　B. 开始时趋于下降,然后趋于上升

　C. 开始时趋于上升,然后趋于下降　 D. 一直趋于下降

(6) 假如某厂商的总收益为 65000 元,其中劳动成本为 23000 元,原材料成本为 16500 元,该厂商为其他人工作可获得 14300 元。对于经济学家和会计师而言,利润分别是(　　)。

　A. 23000 元,16500 元　　　　　　B. 42000 元,25500 元

　C. 25500 元,14300 元　　　　　　D. 11200 元,25500 元

(7) 当产出增加时,LAC 曲线下降是因为(　　)。

　A. 规模的不经济性　　　　　　　　B. 规模的经济性

　C. 收益递减规律的作用　　　　　　D. 以上都正确

2. 问答题

(1) 说明为什么在产量增加时,平均成本曲线与平均可变成本曲线越来越接近?

(2) 如果某厂商雇佣目前正处于失业中的工人,试问正在使用中的劳动的机会成本是否为 0?

(3) 某河附近有 A、B 两座工厂,每天分别向河中排放 300 单位和 250 单位的污水。为了保护环境,政府采取措施将污水排放总量限制在 200 单位。如每个工厂允许排放 100 单位的污水,A、B 工厂的边际成本分别为 40 美元及 20 美元,试问这是否是将污水排放量限制在 200 单位并使所费成本最小的方法?

(4) 某厂商打算投资扩大生产,其可供选择的筹资方法有两种:一是利用利率为 10% 的银行贷款,二是利用厂商利润。该企业的经理认为应该选择后者,理由是不用付利息因而比较便宜,你认为他的话有道理吗?

(5) 利润最大化原则是什么?

3. 分析与计算题

（1）假设某企业的短期成本函数是 $TC(Q)=Q^3-10Q^2+170Q+66$。

① 指出该短期成本函数中的可变成本部分和不变成本部分。

② 写出下列相应的函数：$TVC(Q)$，$AC(Q)$，$AVC(Q)$ $AFC(Q)$ 和 $MC(Q)$。

（2）已知某厂商的短期总成本函数是 $STC(Q)=0.04Q^3-0.8Q^2+10Q+5$，求最小的平均可变成本值。

第六章　市场理论

本章主要分析厂商所面临的不同类型市场,以及厂商在不同的市场条件下,如何为实现最大限度的利润而确定自己的产量与价格。

完全竞争 Perfect Competition　　　　完全垄断 Monopoly
垄断竞争 Monopolistic Competition　　寡头垄断 Oligopoly
短期均衡 Short-term Equilibrium　　　长期均衡 Long-term Equilibrium

第一节　完全竞争市场

2014年7月14日,中共中央政治局常委、国务院总理李克强主持召开经济形势座谈会,听取部分中央企业、地方国企和民营企业负责人的看法和建议。会上,中国通用技术集团贺同新、中建总公司易军、交通银行牛锡明、格力集团董明珠、东方希望集团刘永行、搜狐公司张朝阳等谈了对当前经济形势的看法和企业面临的难题。李克强认真倾听,与大家深入讨论。李克强指出,企业是经济的基本细胞,是市场主体,企业兴则经济兴。营造企业发展的良好环境,政府责无旁贷。要继续下好简政放权"先手棋",为企业松绑。"政府必须要给企业松绑,要营造一个公平竞争的环境。"李克强说,"政府要把该做的做起来,把该放的放掉,让市场充分竞争、公平竞争。"

思考:为什么充分竞争、公平竞争对企业的发展如此重要?

一、市场

市场(Market)指的是从事某一特定商品买卖的场所或接触点。市场有大有小,种类繁多,比如零售商店、加油站、大排档、职业介绍所、证券交易所等。市场可以是一个有形的场所,如农贸市场,也可以是一个通过现代化通讯工具进行商品交易的接触点,如期货市场。

与"市场"这一概念紧密相连的是"行业"。行业是指为同一商品市场生产和提供产品的所有厂商的总体。

> **想一想**
> 市场与行业有什么不同?

市场竞争程度的强弱是微观经济学划分市场类型的标准。影响市场竞争程度的具体因素主要有以下四点:

(1) 市场上厂商的数目。
(2) 厂商之间各自提供的产品的差别程度。
(3) 单个厂商对市场价格控制的程度。
(4) 厂商进入或退出一个行业的难易程度。

根据以上四个方面,微观经济学中的市场被划分为四种基本类型:完全竞争市场、完全垄断市场、垄断竞争市场、寡头垄断市场。完全竞争市场和完全垄断市场是两个极端,垄断竞争市场和寡头垄断市场是介于这两种极端之间的状态,是竞争和垄断不同程度的结合,又称不完全竞争或不完全垄断市场。

二、完全竞争市场的含义与条件

完全竞争(Perfect Competition)又称纯粹竞争(Pure Competition),是指竞争不受任何阻碍和干扰的一种市场结构。这种不受任何阻碍和干扰的含义是:① 不存在垄断现象;② 不受政府影响。

作为完全竞争的市场结构,必须同时具备以下四个基本条件:

(1) 市场上有不计其数的生产者和消费者。

由于厂商数目众多,所以每个厂商的规模都很小,任何一个厂商都无法通过自己的产量来影响和左右市场价格。由于消费者数目众多,每一个消费者的购买量相对于整个行业的总需求量也是微不足道的,因此,每个消费者也不可能通过调整自己的购买量来影响市场价格。

完全竞争市场的特点

(2) 产品是完全同质的。

所有厂商所生产的产品都是完全相同的,不存任何差别。这样,厂商就无法通过自己的产品差别来控制价格。

(3) 资源完全自由流动。

厂商为生产所投入的各种资源,如资本、劳动等都可在市场中不受阻碍地自由流动。从另一个角度来看,这也意味着厂商进入或退出一个行业是完全自由的。这样,任何资源都可以及时投向能获得最大利润的生产,并及时从亏损的生产中退出。

(4) 市场信息是完全的和对称的。

厂商与消费者都可以获得完整而迅速的市场供求信息,不存在相互欺骗。进入市场的每一个消费者和厂商都可以根据自己掌握的完全信息,做出自己最优的经济决策,从而获得最大的经济利益。完全信息也就排除了由于信息不通畅而可能导致的一个市场同时按照不同的价格进行交易的情况。

以上是理想化的完全竞争市场的条件和特点,在现实生活中完全具备上述条件的市场是不存在的,但也有一些行业接近这种市场结构,例如农产品市场。

三、完全竞争市场的需求曲线和收益曲线

(一) 完全竞争厂商面临的需求曲线

在完全竞争市场的条件下,对整个行业来说,需求曲线是一条向右下方倾斜的曲线,供给曲线是一条向右上方倾斜的曲线。整个行业产品价格由需求与供给决定,即均衡价格 P_0,如图 6.1(a)所示。这个价格一旦决定下来,单个厂商就必须无条件接受。因为,任何单个厂商的产量相对于市场来说,是微不足道的,他无法通过调整产量来影响市场价格。而且,由于商品是同质的,消费者又具有完全信息,因此,任何单个厂商都无法通过提高价格来增加收入。所以,如果说一个厂商试图以高于 P_0 的价格出售其产品,他将无法售出任何产品。另一方面,在市场价格 P_0 处,对任何单个厂商来说,市场都是足够大的,厂商不必降价也能将自己的产品全部售出去,因而他也没有必要降价或进行广告宣传以扩大销售量。

可见,完全竞争厂商面对的需求曲线不随产量变动而变动。也就是说,完全竞争市场上的单个厂商所面临的需求曲线是条高度为 P_0 的水平直线,如图 6.1(b)所示。它表示在完全竞争条件下,单个厂商只能被动地接受由全行业供求关系决定的既定的市场价格。

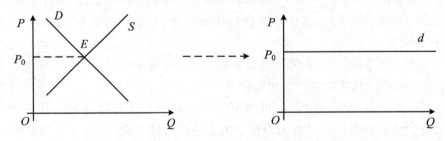

(a) 完全竞争市场的需求曲线与供给曲线   (b) 完全竞争市场上单个厂商所面临的需求曲线

图 6.1 完全竞争市场及单个厂商的需求曲线

想一想

　　水平的需求曲线说明什么问题?

（二）完全竞争厂商的平均收益与边际收益

厂商按既定的市场价格销售商品，每一个单位商品的价格也就是该产品的平均收益。所以，平均收益恒等于价格，即 $AR=P$。

在完全竞争市场上，单个厂商销售量的变动，并不能影响市场价格。也就是说，厂商每增加一个单位产品的销售，市场价格仍然不变，从而每增加一个单位产品销售的边际收益也不会变。所以，边际收益也等于价格，即 $MR=P$。

因此，在完全竞争市场上，厂商的平均收益和边际收益是相等的，都等于价格，即 $P=AR=MR$。也就是说，作为完全竞争厂商，其"需求曲线、平均收益曲线、边际收益曲线"三条线是重合的，经济学家将其称为"三位一体"，如图6.2所示。

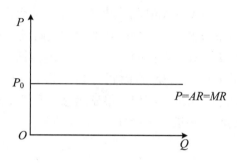

图 6.2 完全竞争厂商的收益曲线

四、完全竞争市场的厂商均衡

（一）完全竞争厂商的短期均衡

完全竞争厂商的短期均衡

在短期内，厂商来不及根据市场的需求来调整机器设备、厂房之类的生产要素投入，只能调整可变投入的数量。厂商的短期均衡是指厂商处于某种状态中，即厂商保持某种产量可以实现利润最大化，此时厂商既不愿意多生产也不愿意少生产一个单位的产品，这种状态称之为厂商的短期均衡。厂商的短期均衡就是要解决在短期内如何选择最佳产量以实现利润最大化的问题。上一章中分析的利润最大化原则"$MR=MC$"，适用于所有市场结构中的厂商。由于完全竞争市场的单个厂商是既定价格的接受者，且 $P=AR=MR$，因此完全竞争厂商的利润最大化原则为 $P=MC$，完全竞争厂商将根据这一原则确定自己的均衡产量。那么，在利润最大化的产量上，厂商是否一定能赚钱呢？回答是否定的。在短期内，企业既可能盈利，也可能亏损，还可能盈亏平衡。下面我们来具体分析以下几种情形：

1. 市场均衡价格 P_1 高于平均成本的最低点，即 $P_1>\text{Min}_{(SAC)}$

在图6.3中，市场价格为 P_1，对个别厂商来说，需求曲线 d_1 是从 P_1 引出的一条平行线。这条需求曲线同时也是平均收益曲线 AR_1 与边际收益曲线 MR_1。SMC 为短期边际成本曲线，SAC 为短期平均成本曲线。对应于市场价格 P_1，厂商根据利润最大化的原则 $P=MC$，选择的产出数量由 E_1 点所决定，由 E_1 点决定的产出水平为 Q_1，此时厂商的总收益为 $OP_1E_1Q_1$ 的面积。当产量是 Q_1 时，

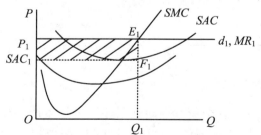

图 6.3 超额利润的均衡

厂商的总成本等于平均成本乘以产量，即 $OSAC_1F_1Q_1$ 的面积。很显然，总收益大于总成本，厂商获得了超额利润，超额利润的总额为阴影部分的面积。因此，当厂商所接受的价格高于其平均成本最低点时，厂商可获得超额利润。

2. 市场均衡价格 P_2 等于平均成本的最低水平，即 $P_2 = \text{Min}_{(SAC)}$

在图 6.4 中，市场价格为 P_2，对个别厂商来说，需求曲线 d_2 是从 P_2 引出的一条平行线。这条需求曲线同时也是平均收益曲线 AR_2 与边际收益曲线 MR_2。厂商根据利润最大化的原则 $P=MC$，选择的产出数量由 E_2 点所决定，由 E_2 点决定的产出水平为 Q_2，此时厂商的总收益为 $OP_2E_2Q_2$ 的面积。当产量是 Q_2 时，厂商的总成本等于平均成本乘以产量，也是 $OP_2E_2Q_2$ 的面积。很显然总收益等于总成本，厂商只能获得正常利润。E_2 点被称为厂商的收支相抵点、保本点或盈亏平衡点。

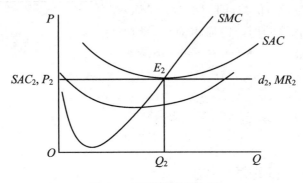

图 6.4 正常利润的均衡

3. 市场均衡价格 P_3 低于平均成本的最低点，但高于平均可变成本的最低点，即 $\text{Min}_{(AVC)} < P_3 < \text{Min}_{(SAC)}$

图 6.5 所示，此时，厂商根据利润最大化的原则 $P=MC$，选择的产出数量由 E_3 点所决定，由 E_3 点决定的产出水平为 Q_3，此时厂商的总收益为 $OP_3E_3Q_3$ 的面积，而厂商的总成本为 $OSAC_3F_3Q_3$ 的面积。此时，厂商的总收益小于总成本，厂商亏损，亏损的部分为阴影部分的面积。那么，在亏损的情况下企业还要不要继续生产呢？

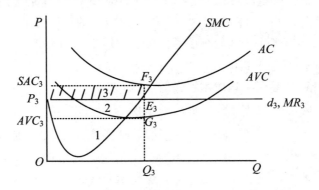

图 6.5 亏损的均衡

无论是继续生产，还是停产，企业都会遭受损失。企业亏损时还要不要继续生产，取决于继续生产和停产两种情况何者损失更大。如果停产，短期内，由于厂商无法调整生产规模，固定成本将全部损失。如图 6.5 所示，固定成本为 $AVC_3G_3F_3SAC_3$ 的面积。而厂商若继续生产,亏损的只是固定成本的一部分。此时,厂商只能苦苦支撑以待其变,因为如果停产,将亏损固定成本的全部。可见在这种情况下,厂商即便亏损,也会选择继续生产。

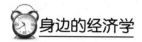身边的经济学

门庭冷落的保龄球场为什么不停业

在现实中,我们经常会看到一些保龄球场门庭冷落,但仍然在营业。这时打保龄球的价格相当低,甚至低于成本,他们为什么这样做呢?通过对企业短期成本的分析有助于解释这一现象,同时也可以说明短期成本分析对企业短期经营决策的意义。

在短期中,保龄球场经营的成本包括固定成本与可变成本。保龄球场的场地、设备、管理人员是短期内无法改变的固定投入,用于场地租金、设备折旧和管理人员工资的支出是固定成本。保龄球场营业所支出的各种费用是可变成本,如电费、服务员的工资等。如果不营业,这种成本就不存在,营业量增加,这种成本增加。固定成本已经支出,在短期内无法收回,所以,保龄球场在决定短期是否营业时,考虑的是可变成本。假设每场保龄球的平均成本为20元,其中固定成本为15元,可变成本为5元,当每场保龄球价格为20元以上时,收益大于平均成本,经营当然有利。当价格为20元时,收益等于成本,这时收支相抵,仍然可以经营。当价格低于20元时,收益低于成本。乍一看,保龄球场应该停止营业。但我们知道短期中的成本有不可收回的固定成本和可变成本之分时,决策就不同了。

假设现在每场保龄球价格为10元,是否应该经营呢?可变成本为5元,当价格为10元时,在弥补可变成本5元之后,仍可剩下5元,这5元可用于弥补固定成本。固定成本15元是无论经营与否都要支出的,能弥补5元,当然比一点不弥补要好。因此,这时仍然要坚持营业,这时考虑的不是利润最大化,而是损失最小化能弥补多少固定成本。

当价格下降到与可变成本相等的5元时,保龄球场经营或不经营是一样的。经营正好弥补可变成本,不经营的话,这笔可变成本不用支出。因此,价格等于平均可变成本之点时,被称为停止营业点,即经营与不经营是一样的。在这一点之上,只要价格高于平均可变成本就要经营;在这一点之下,价格低于平均可变成本,无论如何不能经营。

4. 市场均衡价格 P_4 等于于平均可变成本的最低点,即 $P_4 = \text{Min}_{(AVC)}$

图 6.6 中,厂商根据利润最大化的原则 $P = MC$,选择的产出数量由 E_4 点所决定,由 E_4 点决定的产出水平为 Q_4,此时厂商总收益刚好等于变动成本,亏损的部分为阴影部分的面积,刚好等于固定成本。在此情况下,厂商可以生产,也可以不生产。因为生产也好,不生产也好,厂商都会亏掉全部的固定成本(图中的阴影部分),而可变成本则不会有所亏损,厂商生产与不生产效果完全一样,故此点被称作厂商短期停止营业点,即 E_4。

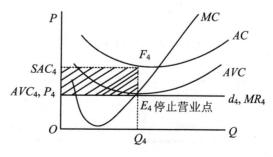

图 6.6 停止营业点

图 6.6 中,若价格下降到 AVC 曲线下方,即 $P<AVC$ 时,如果继续生产,不但全部的固定成本不能收回,其可变成本也会亏损一部分。因此,毫无疑问,此时厂商会选择立即停产,这样才只会亏掉固定成本,而避免亏损部分可变成本。

知识链接

停业原则

企业在收入刚好抵补它的可变资本或者损失正好等于固定成本时,停止营业点就会出现。当价格低于该水平,致使收入无法抵补它的可变资本时,企业就会停止生产以使其损失最小化。

停业原则的一个典型例子是石油行业。1985 年,当原油的价格为 27 美元一桶时,美国大概有 35000 个油井。但到了第二年,油井的数量不足 19000 个,减少了将近一半。是油田都枯竭了吗?答案是否定的。原因是石油的价格狂跌到每桶 14 美元的水平,是利润没了。由于没有利润,石油公司就将钻塔卸掉。而从相反的方向这个原则也同样起作用。1990 年海湾战争期间,石油价格飞涨,钻井也随着该行业利润的增长而大大增加。

(二)完全竞争厂商的长期均衡

在完全竞争市场中,短期内厂商来不及调整自己的生产规模,可能出现获得超额利润、正常利润或亏损的情况。在长期中,不仅各厂商都可以根据市场价格和供求关系来调整其所有生产要素,即改变生产规模,而且还可以自由进入或退出该行业,从而影响到该行业的生产规模和产出水平。具体来说,在长期中,如果出现供不应求的情况,有超额利润存在,厂商就可以扩大生产,其他行业的厂商也会涌入这一行业,于是整个行业的供给增加,价格就会下降,超额利润进而消失。反之,如果出现供过于求的情况,有亏损存在,厂商就可以缩小生产甚至退出这一行业,于是整个行业的供给减少,价格就会上升,亏损就会消失。如果既无超额利润,又无亏损,行业中所有的厂商都刚好获得正常利润,这时就实现了长期均衡(Long-term Equilibrium)。

在完全竞争市场上,长期均衡的条件是:$P=AR=MR=SMC=LMC=SAC=LAC$,如图 6.7 所示。

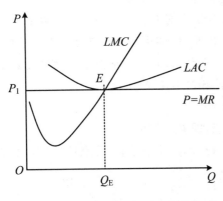

图 6.7 完全竞争厂商的长期均衡

想一想

当企业的利润为 0 时,企业是否还生产?

知识链接

利润为 0,为何有厂商愿意留在该行业?

乍一看,完全竞争厂商在长期中获得零利润似乎是荒唐的。厂商从事生产经营活动就是要获取利润。如果厂商最终利润为 0,那么似乎没有经营的必要了。

为了更充分地理解长期均衡时零利润的状态,回想一下经济利润的定义。我们把利润定义为总收益减去总成本的差额,这里的总成本包括了厂商的显成本,也包括了厂商隐成本,即厂商用于经营的时间和金钱的机会成本。所以,就算长期经济利润为 0,厂商所投入的包括自身在内的所有要素都已经获得了应有的回报,同时,经济利润为 0 时,对应的会计利润仍然可能是很高的。

假设一个农民要用自己的 100 万元去开垦他的农场,那么他不得不损失这 100 万元存入银行本可以获得的利息收入,同时,由于开垦农场,他还必须放弃一年中从其他工作中获得的 2 万元收入。这样,农民开垦农场的机会成本就包括他从 100 万元中赚到的利息以及放弃的 2 万元工资。因此,即使他开垦农场的经济利润为零,他也已经从耕作的收益中弥补了他的这些机会成本。

五、经济学家对完全竞争市场结构的评价

1. 完全竞争市场结构的优越性

西方经济学认为,完全竞争市场是一种最优的市场结构,因为在完全竞争市场中,通过市场机制的自动调节,就可以实现资源的最优配置和社会福利的最大化。其优越性主要表现在以下三个方面:

第一,从社会的供求均衡来看,产品既不会出现供不应求的状况,也不会出现供过于求的状况,产品的总供给刚好等于总需求,从而使资源得到最优配置。

第二,在长期均衡时所达到的平均成本处于最低点,这说明通过完全竞争与资源的自由流动,使生产要素的效率得到了最有效地发挥,即经济效益最高。

第三,平均成本最低决定了产品的价格也是最低的,这对消费者是有利的。

以上三个方面正是经济学家把完全竞争市场当作最理想市场结构状态的基本原因。

2. 完全竞争市场结构的缺陷

第一,由于各个企业的规模很小,小企业通常没有能力进行技术创新,从而不利于技术进步和发展。

第二,由于产品无差别,不能很好满足消费者多样化的需求。

第三,由于信息是完全和对称的,所以缺乏对技术创新的保护。

 案例点击6.1

春节的洗车服务涨价

《北京晨报》2013年2月12日刊载了题为《北京春节洗车费涨至220元》的报道。文中称:趁着春节涨价的还不只饭馆,记者发现洗车的价格也翻了几番,在京广桥附近的一家洗车店排队洗车的有近20辆车,原来20元的洗车现已经涨至150元,而原本在店中办理的洗车卡在春节期间也不能使用。洗车店中仅剩下3个员工在忙碌劳动。"春节期间大多数工人都回老家了,我们人手不够,不涨价也忙不过来。"洗车店的老板说道。而150元洗一辆车的价格还不是最高,记者调查中发现,航天桥附近的一家洗车店将价格从30元涨到了220元。

洗车市场接近完全竞争市场。一方面,一个城市有很多洗车店,尽管分布在不同的地方,但是对于快速移动的汽车而言,仍然近若邻居。另一方面,存在着众多汽车车主需要这些服务。在这个市场,春节期间的洗车又构成一个特殊的子市场,它同样是竞争的。

从平时的市场过渡到春节市场,洗车行业出现了变化,因此带来均衡的改变。一方面,车主都想洗干净爱车过年,因此春节期间对洗车的需求大大增加;另一方面洗车店也面临员工短缺的情况,即使是现有的员工和经营者,在大家回家团聚的春节期间工作,其工作的机会成本也上升了。不仅如此,按照现行法规,春节期间工作属于加班,应该支付3倍的工资,这进一步增加了生产成本。因此,这个市场到了春节时供给在减少,而需求在增加,由此导致洗车价格上升,从原来的20元左右涨至150元,甚至更高。供给减少的原因是,单个洗车店的洗车成本上升了。春节期间150元的洗车费用是新的均衡,是针对春节市场的均衡,春节过后又会降回到平时市场的均衡价格。

那么这个价格是否合理?是否需要政府加以干预呢?理论上说,所有的定价都需要有约束,不能恣意妄为。如果是竞争市场,定价的约束来自市场竞争,此时企业无法自行涨价,只能接受市场价格。如果是垄断市场,例如,一个城市仅存少数几家洗车店,从而没有市场竞争来约束企业行为,此时就需要政府对定价加以规范。在中国,是由物价局实施这一管制。

这样可以看出,洗车价格的上涨是完全合理的,是一个市场行为,不应在政府干预的范围之内。而且,进一步地探究可以发现,它的成本上涨了,而竞争将洗车价格控制在成本附近。因此,即使价格上涨至150元,这也仍然是与春节期间的成本相当的,洗车行业并未获得超额利润,因为洗车工放弃了休假,放弃了享受节日,放弃了与家人团聚。但是对出租车而言就不一样了,它不是一个竞争市场,政府事先就限制了出租车牌照的发放量,在出租车行业形成了一定的垄断,从而也就限定了其价格。即使因为春节期间成本上涨而需要调价,也不能任意而为,需要在政府规范下进行。各个城市的实际做法是,定价时已经考虑到不同时期的成本,通过取其平均值而确定了固定价格。尽管不能上调的价格在春节期间或许略低于成本,可是在平时又略高于成本。

讨论:(1)怎样理解洗车行业是一个完全竞争市场?怎样理解春节期间洗车市场是一

个特定的市场?

(2) 完全竞争市场的价格浮动需要政府介入干预吗?

第二节 完全垄断市场

知识导入

减价与提价

保罗和彼得在同一条河上经营航运。他们各自拥有一个航运公司,每日在河上运送货物和旅客。保罗想,如果河上只有我一家航运公司,生意该更红火了。保罗共有20条大船,彼得只有10条,保罗比彼得的资本雄厚得多。而且,彼得还欠着银行的大笔债务。于是,保罗降低了票价,打起了价格战。彼得没有办法,只得跟着降价。保罗再次降价,彼得再次跟上。如此反复交锋,乘客大占便宜,两位老板都受到重大损失。保罗亏损巨大,彼得更是负债累累、行将破产。最后彼得不得不将所有的船都出售给保罗。保罗获胜了,成了河上唯一的航运公司。保罗逐步提高了票价,很快成为当地首富。来往的乘客一面抱怨着票价太贵,一面却不得不坐他的船,让自己的血汗钱填满了保罗的口袋。

思考:(1) 什么是垄断?

(2) 垄断会带来哪些危害?

一、完全垄断市场的特点及成因

(一) 完全垄断市场的特点

完全垄断(Monopoly)是指整个行业的市场完全处于一家厂商所控制的状态,即一家厂商控制了某种产品的全部的市场供给。具体他说,这一市场结构的特征有以下三点:

(1) 行业中只有一家厂商,而消费者却是众多的。
(2) 厂商提供的产品不存在任何相近的替代品。
(3) 行业中存在进入壁垒,使得其他行业中的厂商难以进入。

完全垄断市场的特点及成因

(二) 完全垄断市场的成因

1. 资源控制

如果厂商控制了生产某种产品所必需的资源,那么它往往就成为该产品市场的垄断者。

典型的例子是第二次世界大战之前的美国制铝公司,该公司从19世纪末到20世纪30年代一直控制着全美铝矾土矿的开采,从而成为美国制铝行业的垄断者。

2. 专利保护

各国政府为了鼓励发明创造,保护发明者的利益都设立了许多有关专利权的法律。在某项发明获取专利的有效期内,任何其他厂商不得制造同一产品在市场上销售。这样,由于某个厂商拥有生产某种产品的专利权就可以形成垄断。

3. 政府准入

例如,政府可以通过发执照的方式限制进入某一行业的人数,如大城市出租车驾驶执照等。厂商还可以通过获得政府赋予的特许权,成为某一市场中某种产品的唯一供给者,如邮政、广播电视、公用事业等。执照和特许在一定程度上使行业内现有的厂商免受竞争,从而具有垄断的特点;作为条件,厂商必须接受政府对其产量、定价等方面的管理与控制。

4. 自然垄断

某些产品的生产具有十分显著的规模经济性,规模报酬递增阶段可以一直持续到很高的产量,以至于由一家厂商来供应整个市场的成本要比几家厂商瓜分市场的生产成本低得多,而且这个厂商的产量能够满足整个市场对这一产品的需求。这种情况我们称为"自然垄断",因为进入壁垒并非人为的因素。许多公用事业,如电力供应、煤气供应、自来水、市内电话等都是典型的自然垄断。

 身边的经济学

"钻石恒久远,一颗永流传"

一种关键资源所有权垄断的典型例子是南非的钻石公司德比尔。德比尔控制了世界上80%的钻石生产。虽然这家企业的市场份额不是100%,但它也大到足以对世界钻石价格产生重大影响的程度。

德比尔拥有多大的市场势力呢?这取决于有没有这种产品的相近替代品,如果人们认为翡翠、红宝石和蓝宝石都是钻石的良好替代品,那么,德比尔的市场势力就较小了。在这种情况下,德比尔任何一种想提高钻石价格的努力都会使人们转向其他宝石。但是,如果人们认为钻石与其他石头相比,非常不同,那么,德比尔就可以在相当大程度上影响自己产品的价格。

德比尔支付了大量广告费。乍一看,这种决策似乎有点奇怪。如果垄断者是一种产品的唯一卖者,为什么它还需要广告宣传呢?德比尔此举的目的是为了让消费者把钻石与其他宝石区分开来。当德比尔的口号告诉你"钻石恒久远,一颗永流传"时,你马上会想到翡翠、红宝石和蓝宝石并不是这样(而且,要注意的是,这句广告适用于所有钻石,而不仅仅是德比尔的钻石——德比尔垄断地位的象征)。如果广告是成功的,消费者就将认为钻石是独特的,不是许多宝石中的一种。一旦消费者有了这种感觉,就使德比尔有了更大的市场份额。

二、完全垄断市场上的需求曲线和收益曲线

(一)需求曲线

在完全垄断市场,由于仅有一个厂商,所以厂商所面临的需求曲线就是市场需求曲线。厂商可根据市场的具体状况,遵循"价高少销、价低多销"的原则来制定商品价格,因此,完全垄断厂商面临的需求曲线就是一条向右下方倾斜的曲线,它表明完全垄断厂商是价格的制定者,如图6.8所示。

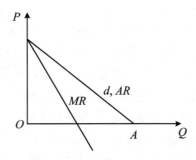

图6.8 完全垄断厂商的需求曲线与收益曲线

> **想一想**
> 完全垄断厂商面临的需求曲线为什么是向下倾斜的?

(二)平均收益与边际收益

在完全垄断市场上,垄断厂商是价格的制订者,所以厂商每出售一个单位商品所获得的收益等于商品的价格,即平均收益等于价格,平均收益曲线 AR 仍然与需求曲线 d 重合,如图6.8所示。

但是完全垄断市场上的边际收益曲线 MR 却不像完全竞争市场那样也和需求曲线 d 及平均收益曲线 AR 重叠。它虽是一条由左上方向右下方倾斜的曲线,但它位于平均收益曲线 AR 的下方,如图6.8所示。这是因为边际收益的含义是指最后增加的一个产量所获得的收益。当平均收益随着销售量的增加而下降时,边际收益必然小于平均收益。否则,每增加一个销售量就不会使平均收益下降。平均收益与边际收益的公式推导如下:

设需求曲线方程为
$$P = a - bQ$$
则
$$TR = PQ = aQ - bQ^2$$
$$AR = \frac{TR}{Q} = \frac{PQ}{Q} = P$$
$$MR = \frac{dTR}{dQ} = a - 2bQ$$

三、完全垄断厂商的均衡

（一）完全垄断厂商的短期均衡

在完全垄断市场上，厂商仍然根据边际收益与边际成本相等（$MR=MC$）的原则来决定产量，这种产量决定后，在短期内，厂商对产量的调整也要受到限制。因为，在短期内，产量的调整同样要受到固定生产要素（如厂房、设备等）无法调整的限制。这样，在供大于求的情况下，会有亏损；在供小于求的情况下，会有超额利润；供求相等时，则只有正常利润。

1. 超额利润

在图 6.9(a)中，边际收益曲线（MR）与边际成本曲线（MC）的交点 E 决定了产量为 Q_0，在决定产量 Q_0 之后，垄断厂商还必须决定价格。由于厂商在决定最优产量时，把消费者在某一数量下愿意支付的价格视为可以索要的最高价格，因而厂商索要的价格由 Q_0 对应的需求曲线上的 A 点所决定，即图 6.9(a)中的 P_0。这一价格就是市场均衡价格。

完全垄断厂商的短期均衡

这时，总收益为平均收益（价格）与产量的乘积，即 OP_0AQ_0 的面积，总成本为平均成本与产量的乘积，即 $OFBQ_0$ 的面积，总收益大于总成本，阴影部分为超额利润。

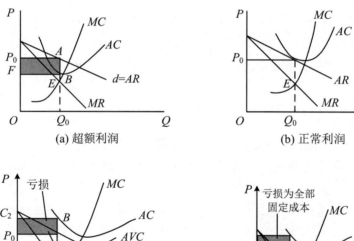

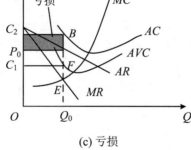

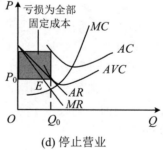

图 6.9　完全垄断厂商的短期均衡

2. 正常利润

在图 6.9(b)中，当 $AR=AC$ 时，即 AR 曲线与 AC 曲线相切，切点的横坐标与均衡点的横坐标相同，总收益等于总成本，厂商既无超额利润，亦无亏损，厂商刚好获得正常利润。

3. 亏损

如图6.9(c)所示，$AVC<AR<SAC$，即价格低于平均成本但高于平均可变成本，如果厂商继续生产，那么，它会按照边际收益等于边际成本的原则选择产出量Q_0，并根据Q_0点在需求曲线上索要价格P_0。由于厂商生产Q_0时的价格低于此时的平均成本，厂商处于亏损状态，亏损额为阴影部分的面积。

此时，厂商处于亏损状态，厂商会选择停止生产吗？与完全竞争市场的情况类似，如果厂商选择停产，厂商支付的固定成本因短期内无法调整而成为厂商的亏损，即厂商选择停止生产的亏损额为全部固定成本。厂商的固定成本等于总成本与可变成本之差，在图6.9(c)中表现为矩形C_1FBC_2的面积。很显然，厂商生产时的亏损额只是固定成本中的一部分，小于不生产时的亏损，因此厂商选择继续生产。

4. 停止营业

如图6.9(d)所示，当$AR=AVC$时，即需求曲线与平均可变成本曲线相切，如果厂商继续生产，那么，它仍然会按照边际收益等于边际成本的原则选择产出量Q_0，并根据Q_0点在需求曲线上索要价格P_0。由于厂商生产Q_0时的价格刚好低于此时的平均可变成本，厂商处于亏损状态，亏损额为阴影部分的面积，该阴影部分的面积刚好为固定成本。此时厂商生产没有经济学意义，所以会停止营业。

（二）完全垄断市场上的长期均衡

在长期中，垄断厂商为了获取更大的利润，会不断调整生产规模，以便每一个产量都能按最优规模进行。因此，长期中厂商将依照其长期成本进行决策。从整个行业来看，由于垄断市场上只有一家厂商，垄断厂商没有竞争对手，因而不同于完全竞争市场的长期调整，垄断市场上没有厂商数目的变动，只有厂商成本的调整。对应于既定的市场需求和长期成本，如果垄断厂商处于亏损，那么它就会退出该行业。由于完全垄断排除其他厂商加入该行业的可能性，因而垄断厂商的超额利润可以在长期内持续获得。因此，一般来说，多数垄断厂商在长期中处于获得超额利润的均衡状态，如图6.10所示。

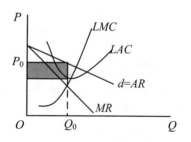

图6.10 完全垄断厂商的长期均衡

垄断厂商长期均衡的条件为

$$MR = LMC = SMC$$

四、经济学家对垄断市场的评价

完全垄断市场通常被认为是经济效率最低的一种市场结构，主要表现在以下四个方面：

(1) 垄断市场提供的产量缺乏效率。在完全垄断市场上，$P>MR$，而垄断厂商按照$MR=MC$原则提供产量，这就决定了在垄断市场上，价格一定高于其生产的边际成本，即$P>MC$。价格是消费者给予最后一个单位产品的评价，它反映了最后一个单位产品给社会带来的福利；而边际成本度量了厂商生产最后一个单位产品所花费的成本，也就是社会耗费资源的边际成本。价格高于边际成本,意味着增加生产,社会由此获得的福利大于生产的成本,社会净福利可以得到进一步增加,但垄断厂商不愿这样做,垄断市场提供的产量低于社会最优产量。

(2) 垄断厂商在平均成本的最低点上进行生产,这意味着厂商没有利用现有的生产技术进一步降低生产成本,因此,垄断厂商在技术使用方面也是缺乏效率的。

(3) 垄断厂商控制了市场,也就控制了价格,他所定的价格高于完全竞争时的价格水平,这就引起消费者剩余减少和社会经济福利受损。

(4) 垄断厂商凭借其垄断地位获取超额利润,加剧了社会收入分配的不平等。

> 垄断是不是一无是处呢?

有许多经济学家认为对垄断也要作具体分析。首先,有些完全垄断,尤其是政府对某些公用事业的垄断,并不以追求垄断利润为目的。这些公用事业往往投资额大,投资周期长且利润率低,但它又是经济发展和人民生活所必需的。这样的公用事业由政府进行完全垄断,会给全社会带来好处。然而,也应该指出,由政府完全垄断这些公用事业,也会由于官僚主义而引起工作效率低下。其次,也有的经济学家认为,垄断厂商因为能获得垄断利润,具有更雄厚的资金与人力,因而更有能力进行新的研究,促进了技术进步。

案例点击6.2

关于"滴滴"与"优步"合并算不算垄断的讨论

2016年7月底至8月初,网约车出行市场传出了"滴滴"收购"优步"在中国的品牌、业务、数据等全部资产的报道。"滴滴"收购"优步"到底算不算垄断行为,很多媒体对此展开了热烈的讨论。

一部分媒体认为,"滴滴"收购"优步"涉嫌垄断。新华社连续发表文章,标题分别是《"滴滴"收购"优步":谨防"鲶鱼"变成"沙丁鱼"》《"滴滴"并购"优步"可以少些垄断思维》《"滴滴"收购"优步":大数据垄断尤当警惕》。文章的核心大意是"滴滴""优步"合并之后可能会利用自己的市场主导地位带来更高的议价能力,导致消费者的利益被侵害,行业创新受到阻滞以及数据垄断导致的国家信息安全受到威胁。

《财经》杂志引用北京大学法学院教授邓峰的话表达了一个观点:"亏损的垄断者也是垄断者。"一石激起千层浪,针对的正是"滴滴"关于垄断的表态:目前"滴滴"和"优步"均未实现盈利,且"优步"在上一个会计年度营业额没有达到申报标准。

根据《中华人民共和国反垄断法》配套文件《国务院关于经营者集中申报标准的规定》的第三条:参与集中的所有经营者上一会计年度在中国境内的营业额合计超过20亿元人民币,并且其中至少两个经营者上一会计年度在中国境内的营业额均超过4亿元人民币,那么经营者需要事先向国务院商务主管部门申报。

文件里没有规定只有实现盈利的公司才有义务进行申报。如果只把"滴滴""优步"抽取的平台费作为营业额,根据公开的数据,"滴滴"2015年的净收入远超4亿元人民币,"优步"的营业额尚未得知。因此,"滴滴""优步"还是可能会面临反垄断机构的审查。

根据《国务院关于经营者集中申报标准的规定》的第四条:经营者集中未达到本规定第三条规定的申报标准,但按照规定程序收集的事实和证据表明该经营者集中具有或者可能具有排除、限制竞争效果的,国务院商务主管部门应当依法进行调查。

一些媒体认为,"滴滴""优步"涉嫌垄断的一个主要判断依据是市场份额。根据多家第三方公司发布的数据,在网约车市场上,"滴滴"和"优步"的市场份额合计超过90%,占据绝对的主导地位。

另一些媒体认为,"滴滴"收购"优步"不能简单定性为垄断。上海金融与法律研究院执行院长博蔚冈接受《界面新闻》采访时表示:"占据市场的绝大部分份额不意味着一定是垄断,只有拥有市场支配地位,并且滥用这种地位进行不正当竞争才算垄断。现在还没有看到'滴滴'和'优步'合并之后有任何具体的相关行动,怎么能算是垄断呢?"

关于市场支配地位《中央人民共和国反垄断法》第十八条规定,认定经营者具有市场支配地位,应当依据下列因素,其中包括:该经营者在相关市场的市场份额以及相关市场的竞争状况。

虽然《中华人民共和国反垄断法》同样规定:相关市场是指经营者在一定时期内就特定商品或者服务进行竞争的商品范围和地域范围,但是业内人士对于"相关市场"的定义和边界有着不同的看法。

一种看法认为,虽然打车软件是移动互联网发展下的一项创断举措,但是它并没有开辟一个全新的市场。根据国家交通部出台的最新条例,网约车是出租汽车行业的一部分。作为出行方式之一,网约车和传统出租车存在可替代性和竞争性。

根据罗兰贝格发布的《中国专车市场分析报告》,2015年中国人每天的出行次数(包括公交和步行)达到28亿次,其中出租车市场的渗透率达到3%,网约车市场的渗透率不足1%。如果认为传统出租车和网约车在同一个市场进行竞争,那么"滴滴""优步"不能被简单地认为是垄断。

2016年8月3日,北京大学国家发展研究院与北京大学法律经济学研究中心举办关于《网络预约出租车经营服务管理暂行办法》的政策研讨会,著名经济学家、北京大学国家发展研究院经济学教授周其仁认为不能轻而易举地反垄断,也不能用市场结构中经营主体的个数来简单判断。

"要用市场的结构来判断到底是一个(经营主体),还是两个(经营主体),关键要看市场法律。只要法律上没有硬性规定不准进入,一家公司不管占有多大的市场份额,最终总会有新的进入者……过去认为垄断就会提价,但是真实的世界里你会发现没有这么容易。"周其仁说。

另一种看法认为,出行市场是一个替代品比较多的市场,如果"滴滴""优步"合并后大幅提价,消费者不仅可以选择传统出租车、公交、地铁,也可以选择步行。

上海财经大学商学院教学研究部主任钟鸿钧撰文表示:即使"滴滴""优步"合并之后成为一家独大的平台,但技术的变迁及潜在的竞争足以使得出行市场成为一个可竞争市场,从而充分削弱大平台获取超额利润的能力。其他品牌的网约车,如"易到用车"和"神州专车",仍然在提供差异化的服务,并且参与出行市场的竞争。

北京大学国家发展研究院教授薛兆丰指出,要判断是否涉嫌垄断,关键要看以下要素:第一,网络效应,就出租车领域来说,要做到充分竞争是需要一个平台还是若干个平台;第二,行业入口有没有限制,比如其他公司开发一个打车软件有多难,行政上面是不是有阻力,找投资人是不是非法等,目前来看行业入口是完全畅通的;第三,用户层面切换不同的服务成本高不高,打不到出租车转为地铁、公交的成本是非常低的,所以与出行相关的市场是非常大的,只要界定清楚,垄断就不存在。

对于垄断平台的另外一个担心:是否提高了行业的门槛,限制了竞争,阻碍了创新。无论是从用户数量、基础设施的搭建、大数据收集的角度来看,"滴滴""优步"相对于其他平台的优势十分明显。但是如果把"滴滴""优步"放在智能出行或者整个互联网行业来说,"滴滴""优步"的地位很难一直保持下去。

但是,现在还没有形成垄断不等于将来不会垄断。如果"滴滴""优步"合并发展成一家独大格局,很有可能利用自己的市场主导地位及随之带来更高的议价能力,阻碍新的竞争者进入,导致消费者的利益被侵害,行业创新受到阻滞,以及数据垄断导致的国家信息安全受到威胁。对此要时刻保持警惕。

讨论:(1) 你认为"滴滴"和"优步"合并是否构成垄断?
(2) 如果"网约车"市场出现了垄断,将对整个出行行业造成什么样的影响?

第三节 垄断竞争市场

知识导入

打开电视,扑面而来的广告都是垄断竞争市场的产品。通过这种大众媒体做的广告大多数是化妆品、洗涤用品、牙膏、药品、家电等轻工业产品,很少看到石油、煤炭、钢铁广告,更很少看到大米、白面、水、电(不包括公益广告)广告。这是为什么?大米、白面最接近完全竞争市场,在这个市场上,有很多的消费者,也有很多的生产者,在这个市场上产品是没有差别的。打开电视经常进入视线的电视广告,一般都是轻工业产品。这个市场就是垄断竞争市场。

引起这个市场存在的基本条件是产品有差别,如消费者的个人偏好不同,每一款自行车都可以凭借自己的产品特色在一部分消费者中形成垄断地位,但这种垄断又是不稳定的。因为不同牌号的自行车是可以互相替代的。这就形成一种垄断竞争的状态,这也正是为什么生产轻工业产品的厂商不惜血本大做广告的目的。不仅如此,在这个市场上各个商家的定价决策要充分考虑同类产品的价格,正确估计自己的商品在市场上的地位,定价过高,则会被同类产品替代,失去本来的市场份额。

有差别的产品需要做广告,就是把自己产品的特色告诉消费者,这本身就是产品的特色。例如,"农夫山泉有点甜"突出了它的特色在于口感与其他矿泉水不同,从而赢得了市场。创造品牌是企业的重要的营销策略,品牌的创造是产品质量和广告宣传结合的产物,两者缺一不可。"好酒也怕巷子深"意思是说好酒也需要吆喝着卖,但如果没有好酒,再吆喝也没有用。

美国的宝洁公司通过成功的广告宣传,使它的"海飞丝""飘柔""沙宣"品牌家喻户晓,占领了80%洗发水市场,是产品质量和广告宣传有机结合的典型范例。西方人说销售如果不做广告,就如同在黑暗中向情人暗送秋波,别人根本就不知道你在干什么。

思考:(1) 最需要做广告宣传的市场是什么市场?
　　　(2) 企业打广告的目的是什么?

一、垄断竞争的含义与特征

垄断竞争(Monopolistic Competition)是指一种既有垄断又有竞争,既不是完全竞争又不是完全垄断的市场结构。其基本特征如下:

第一,厂商数目较多,并且生产相似的商品,产品之间存在替代性,彼此之间存在着激烈的竞争。但由于它不像完全竞争条件下厂商那么多,每个厂商只能对市场施加有限的影响,不能操纵市场。

第二,产品之间存在差别。产品在品种、质量、外理、品牌、企业形象、服务、地理位置等方面存在差别。产品差别是形成垄断竞争的关键。由于存在这些差别,或者可以造成这些差别,企业就可以展开非价格竞争,使企业在一定程度上成为价格的制订者。同时,企业可以利用差别形成一定程度的垄断。产品差别越大,垄断程度就越高。

第三,由于厂商规模比较小,厂商进入或退出市场比较容易。

现实经济中许多产品都是有差别的,因此,垄断竞争是一种普遍现象,最明显的垄断竞争市场是轻工业品市场。

> **想一想**
> 我们日常生活中还有哪些行业、哪些产品面对的是垄断竞争市场?这种竞争是如何造成的?

二、垄断竞争厂商面临的需求曲线

由于垄断竞争厂商生产有差别的产品,因而对价格具有一定的控制力,所以如同完全垄断厂商一样,垄断竞争厂商所面临的需求曲线也是向右下方倾斜的。另一方面,垄断竞争厂商的产品之间又有很高的替代性,市场竞争因素使得垄断竞争厂商的需求曲线具有较大的弹性。因此,垄断竞争厂商的需求曲线向右下方倾斜,但陡峭度不大,较为平坦。与完全垄断市场一样,垄断竞争厂商面临的边际收益曲线也位于需求曲线的下方。如图6.10所示。

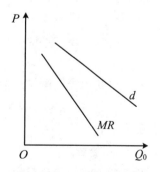

图6.10 垄断竞争厂商的面临的需求曲线与边际收益曲线

三、垄断竞争厂商的均衡

（一）垄断竞争厂商的短期均衡

在短期中，垄断竞争厂商只能调整可变要素，依据短期成本进行决策。从市场来看，单个厂商面临着一条较为平缓，但总体趋势仍向右下方倾斜的需求曲线。简而言之，在短期内，垄断竞争厂商是一个垄断者。

与其他市场上的厂商一样，为了实现利润最大化，垄断竞争厂商必然依据边际收益等于边际成本的原则来确定产量，并根据这个产量在需求曲线上索要价格。这样，垄断竞争厂商的短期均衡类似于完全垄断厂商的短期均衡。和完全垄断市场上一样，当垄断竞争市场上实现了短期均衡时，也可能有超额利润、收支相抵或亏损三种情形。这取决于某一厂商在均衡产量下的价格是大于、等于或小于平均成本。当价格高于平均成本时，厂商获得超额利润；当价格等于平均成本时，厂商获得正常利润；当价格低于平均成本时，厂商出现亏损。亏损情况下厂商是否生产仍要取决于平均可变成本，如果价格在平均成本和平均可变成本之间，则厂商在短期内会继续生产以使亏损最小化；如果价格低于平均可变成本，厂商就会停止生产以免亏损更多。

（二）垄断竞争厂商的长期均衡

垄断竞争厂商的长期均衡类似于完全竞争厂商。垄断竞争厂商的长期均衡是通过两方面的调整来实现的：其一，单个厂商调整自身的生产规模；其二，通过新厂商的加入和原有厂商的退出而调整整个行业的生产规模。如果某厂商在短期内是亏损的，在长期内他会通过自身规模调整来消除亏损，如果通过规模的调整还无法消除亏损，厂商会退出这个行业。

从整个市场看，如果存在超额利润，行业中的厂商可以自由进入，新厂商的加入使行业规模扩大，产量增加。产量增加会使需求曲线平行向下移动，最终移动到与 LAC 曲线相切的位置，则超额利润消失，不再有新厂商加入，长期均衡实现。反之，若亏损，则会有厂商退出该行业，使行业规模变小、产量减少、价格上升，直至亏损消失。因此，垄断竞争厂商在长期只能获得正常利润。

四、垄断竞争市场上的非价格竞争

由于垄断竞争厂商的产品间有一定替代性，垄断竞争厂商控制价格的能力就受到一定的限制，因而价格竞争利益不大，这使垄断竞争厂商更着重于产品质量、服务竞争及广告竞争等非价格竞争。

1. 产品变异

产品变异是非价格竞争的重要手段之一。产品变异指变换产品的颜色、款式、质地、做工和附带的服务等来改变原有的产品，以形成产品的差别，影响市场均衡。产品变异会影响产品成本和产量，但关键是要看经过变异，能否形成较大的需求从而给垄断竞争的厂商带来更大的超额利润。如果经过变异之后,在新的均衡条件下,形成的超额利润高于原来均衡时的超额利润,这种变异就是优化的变异。否则,劣化的变异对垄断竞争厂商是不利的。

2. 推销活动

推销活动的竞争是又一种非价格竞争的重要手段。推销活动会引起销售成本的变化。销售成本是用来增加产品需求的成本,包括广告开支、各种形式推销活动,如送货上门、陈列样品、举办展览、散发订单之类的开支,其中以广告最为重要。如果开展推销活动,增加了销售成本,但产品的市场需求也因此增加,赢得更多的超额利润,那么这笔推销成本的支出就是有益的。

垄断竞争下的差异化战略

产品差异化是垄断竞争市场上常见的一种现象,不同企业生产的产品或多或少存在相互替代的关系,但是它们之间存在差异,并非完全可替代的。垄断竞争厂商的产品差异化包括产品本身的差异和人为的差异,后者包括了方位的差异、服务的差异、包装的差异、营销手法的差异等,企业往往希望通过产品差异化来刺激产品的需求。

(1) 产品的原材料。潘婷洗发水宣称成分中有70%是用于化妆品的,让人不得不相信其对头发的营养护理功效。舒蕾推广的"小麦蛋白"洗发水也是在试图通过强调原料成分来加强产品的价值感。

(2) 产品的手感。TCL电工通过李嘉欣告诉大家"手感真好",因为手感好也是消费者自己判断开关质量的简单而又重要的标准。

(3) 产品的颜色。普通的牙膏一般都是白色的,然而,当出现一种透明颜色或绿色的牙膏时,大家觉得这牙膏肯定更好。高露洁有一种三重功效的牙膏,膏体由三种颜色构成,给消费者以直观感受:白色的在洁白牙齿、绿色的在清新口气、蓝色的在清除口腔细菌。

(4) 产品的味道。牙膏一般都是甜味的,可是LG牙膏反而是咸味的,大家觉得这牙膏一定好。那么,如果有种苦味的牙膏呢? 大家还会觉得好,这就是差异化的吸引力。

(5) 产品的造型设计。摩托罗拉的V70手机,独特的旋转式翻盖成为当时最独特的卖点。

(6) 产品功能组合。组合法是最常用的创意方法,海尔的氧吧空调在创意上就是普通空调与氧吧的组合。

(7) 产品构造。"好电池底部有个环",南孚电池通过"底部有个环"给消费者一个简单的辨别方法,让消费者看到那个环就联想到了高性能的电池;海尔"转波"微波炉的"盘不转波转"也是在通过强调结构的差异来提高产品价值感。

(8) 服务概念。同样的服务,但如果有一个好的概念则能加强品牌的美好印象。例如,海尔提出的"五星级服务"也为其"真诚到永远"做出不小的贡献;另外还有"24小时服务""钻石服务"等都是不错的服务概念,在加强品牌美誉度方面起到了不可忽视的作用。

五、经济学家对垄断竞争市场的评价

1. 垄断竞争市场的缺陷

（1）经济效益较低。由前面的分析知道，在长期均衡时，垄断竞争厂商的需求曲线切于长期平均成本曲线左侧，而不是像完全竞争市场那样切于最低点。也就是说，垄断竞争厂商没有像完全竞争厂商那样将平均成本降到最低点，生产效率低于完全竞争市场。

（2）产量不足。垄断竞争条件下，即 $P>MC$，这意味着垄断竞争条件下的产量低于社会最优产量，资源没有实现最佳配置。

（3）价格较高。垄断竞争厂商面临一条向下倾斜的需求曲线，这就导致垄断竞争市场长期均衡时的价格不像完全竞争市场那样等于平均成本的最低点，而是总是高于平均成本的最低点，这就意味着消费者福利有损失。

2. 垄断竞争市场的优势

（1）垄断竞争有利于技术创新。因为通过创新生产出有差别的产品，可以使垄断厂商获得超额利润，超额利润的存在激励厂商不断创新。

（2）满足消费者差异化的需求。完全竞争市场中的产品同质，消费者对产品没有选择余地，这对他们的福利是种损失。虽然消费者在垄断竞争市场上购买产品所支付的价格高于完全竞争市场，但可以在千差万别的产品中进行选择，极大地满足了消费者个性化、多样化需求。

案例点击6.3

彩电市场的多元化竞争

2015年12月23日，由中国电子商会（CECC）、中国电子技术标准化研究院（CESI）共同主办的"2015年（第十一届）中国平板电视行业大会"在北京举办。会上发布《2015年中国平板电视消费及2016年趋势预测报告》。数据显示：2015年中国平板电视销量小幅增长，将达4400万台，预计2016年消费需求仍不会有明显增长。

1. 行业压力不减，互联网加速进入，品牌竞争加剧

中国平板电视消费在经历了连续多年的高速增长之后，从2014年开始保持平稳态势。而2015年以来愈演愈烈的价格战，一步步将彩电行业整体推向利润下滑的边缘。

一方面，宏观经济和市场环境依旧形势严峻，使得彩电消费市场增长乏力，常态化的促销对消费的驱动效应也在减弱。另一方面，新的彩电品牌异军突起，互联网公司的大量涌入让行业竞争更为惨烈。除进入较早的清华同方、联想、乐视、小米外，2015年以来，大麦、PPTV、微鲸TV、暴风超体电视、CAN超能电视、风行电视等陆续加入市场竞争，更有消息称优酷也即将推出自己的硬件终端。彩电市场这个"蛋糕"并没有变大，分的人却更多了，品牌结构已经发生变化，最为明显的是外资品牌市场份额进步收缩。《2015年中国平板电视消费及2016年趋势预测报告》数据显示,外资品牌销量占比下降到15%,基本上只有三星、夏普、索尼、LG几个品牌,坚守与退出只在一念之间。

2. 多元市场格局形成,产品差异化竞争凸显

经历了2014年的市场低迷,各彩电企业早在2015年年初就开始布局谋变。随着4K成为大尺寸电视标配,发展新型显示技术、差异化竞争成为彩电企业破局的主要路径,曲面超薄、OLED、激光影院电视等新产品各自争艳。

在显示技术方面,2015年是竞争最为激烈的一年,关于"下一代电视"的争论度占据了各大媒体主要位置。LG、创维大力推动OLED电视发展,海信选择ULED和激光影院双轨并行,三星、TCL则开启了量子点时代,夏普将电视清晰度提升至8K水平,长虹推出裸眼3D电视。

当然整个业内也有共识之处,比如HDR(高动态范围处理技术)受到了彩电企业的广泛青睐。2015年海信、长虹、TCL、三星、夏普、LC等主流彩电企业都在新品搭载HDR技术。业内人士认为,HDR可以表现较高的色彩范围,以展示更多的画面细节,在2016年将成为主流显示技术。同时,电视形态也呈现多样化之势。三星引领曲面电视新风向,索尼4.9毫米超薄设计让电视薄出新境界,小米则以分体设计标新立异,可谓各有千秋、各展所长。

智能电视带来的全新时代每天都在孕育着"洪荒巨变"。除了凭借各自显示技术的积累、产品设计的创新来争夺用户外,上下游企业也都在整合资源,构建自己的生态体系。海信、TCL、创维瞄准千万级电视大屏活跃用户,将广告收入分成、视频收入分成、游戏收入分成作为新的收入源。长虹CHiQ电视为用户打造"看电视赚钱"模式。在内容服务方面,除了向用户提供增值内容和服务外,也通过向广告主提供广告资源获利。在这样一个"得用户者得天下"的时代,基于庞大用户群体的互联网电视广告显现出其价值和广阔前景。

讨论:彩电业的竞争反映了该市场的哪些特征?

第四节 寡头垄断市场

中国三大航空公司占据国内市场3/4份额

据报道,中国三大航空公司挤进亚太地区航空公司利润率前五,受惠于日渐高涨的国民旅游需求,以及政府不遗余力的支持,中国三大航空公司将新加坡航空公司、国泰航空公司、日本航空公司等竞争对手远远抛在了后面。

2015年彭博行业研究数据显示,南方航空公司、东方航空公司和中国国际航空公司的收入客公里(RPK)指标在亚太地区19家全服务航空公司中占比最高,而亚洲竞争者们的市场份额正在萎缩。在过去的五年里,东方航空公司和中国国际航空公司取代了国泰航空公司和新加坡航空公司,跻身前三甲。

经过十年的兼并重组,目前,中国三大航空公司占据着国内市场的约3/4的份额,如果将旗下航空公司纳入计算,甚至可达90%以上。作为国企改革的部分内容,中国正进一步考虑整合三大航的部分业务。

根据彭博亚太地区航空业指数,中国国际航空公司截至2015年6月底的最近12个月税息折旧及摊销前利润率以23.2%高居榜首。东方航空公司和南方航空公司则占据第二和第四的位置。该指数由10个航空公司构成,新加坡航空公司、国泰航空公司和澳大利亚航空公司都低于平均水平。当然,随着春秋航空公司、吉祥航空公司等越来越多的廉价航空公司的涌现,使三大航空公司倍感压力,去监管化大势之下,廉价航空公司的发展速度远远超过了这几家业界巨头。作为应对措施,三大航空公司甚至将其关联的航空公司改造成廉价航空,希望从这种趋势中获益。

思考:航空业的竞争反映了该市场的什么特点?

一、寡头垄断市场的概念及成因

寡头垄断(Oligopoly)是指少数几家厂商控制了整个行业的市场供给。这几家厂商的产量在该行业供给中占了很大的比例,每家厂商的产量都占有相当大的市场份额,每家厂商对整个行业价格与产量的决定都有着举足轻重的影响;同时,这几家厂商之间又存在着不同形式的竞争。

寡头垄断市场在经济中占有十分重要的地位。例如,在我国,电信行业、钢铁行业、汽车制造业、飞机制造、船舶制造都属于寡头垄断。美国、日本等发达国家也不例外。

形成寡头垄断的原因主要是某些行业规模经济的需求。例如,钢铁、石油、汽车、造船等行业的规模效益就十分显著,这类产品只有在大规模生产时才能获得较好的经济效益。因为这些行业都要使用先进的大型设备,要有精细的专业分工,需要一次性投入巨大的固定成本,而且只有在产量达到一定规模后,平均成本才会下降,生产才是有利的。这就导致这些行业中每个厂商的产量都很大,以至于只要有几家厂商存在就可以满足整个市场的需求。而且,由于进入这一市场所需的资本巨大,也使其他普通厂商很难进入这一行业。此外,寡头本身采取的种种排他性措施,以及政府对这些寡头的扶持与支持,也促进了寡头垄断市场的形成。

身边的经济学

自然垄断:中国电信行业的变化

我国的电信业起步于20世纪60年代,到八九十年代进入了大规模的尝试性应用阶段,之后随着互联网的兴起进入了快速建设时期。2006年后,由于信息化融合,移动互联网、大数据和云计算等新技术的出现,中国电信行业进入规模爆发式的增长阶段。截至2011年12月底,全国电话用户达到12.7亿户,跃居全球首位;相比2000年增长了10.4亿户,累计增长454%。其中固定电话用户达2.85亿户,较2000年增长1.41亿户。移动电话用户达9.86亿,较2000年增长8.97亿,用户增长超过2000年用户总数10倍以上。此外,3G电话用户达到1.28亿户。同时我国网民数量达到5.13亿人,其中手机网民的规模达到3.6亿人,互联网普及率达到38.3%。中国电信业近20年间发展迅速,经历了多次改革,从一家独大的自然垄断逐步向竞争市场过渡,形成了现在的3家基础电信企业全业务运营竞争的格局。

1987年,我国实行改革开放政策以前,我国的通信业(主要是电话)都是由邮电部独家垄断经营。当时中国电话资费由月租费和通话费组成。因为用户基数小,收益过低,从而使得电话业的盈利甚少,乃至亏损,所以其发展只能依靠国家投入。电信业的高技术、高投入的特点,决定了其发展需要投入大量的资金。但那个时候国家财政处于不理想的情况,于是国务院出台了165号文件,同意收取电话初装费,以此来缓解电信业建设资金不足的问题。当时,电话初装费大多数都在5000元左右,再加上昂贵的电话资费,对于普通老百姓而言,电话是奢侈的消费。

由于邮电部既是国家电信政策的制定者和监督执行者,又是国家唯一授权的经营者,所以在很大程度上阻碍了国家电信体制的转型进程。为了摆脱邮电部政企不分所带来的市场混乱局面,1988年国家提出了"三步走"的电信改革方案,即第一步将施工、器材与工业等支持系统分离;第二步将电信业务管理与政府职能分离;第三步进行邮电分离和电信业重组。这样才推动了中国电信业现代化的进程。

1994年7月,中国联通有限责任公司经国务院批准成立,打破了"老中国电信"的垄断地位。1995年,中国电信进行企业法人登记,从此逐步实行政企分开。1999年2月,国务院批准中国电信改革方案,将原中国电信拆分成新中国电信、中国移动和中国卫星通信3个公司,寻呼业务并入联通。同时,网通公司、吉通公司和铁通公司获得了电信运营许可证,形成"数网竞争"的经营格局。2002年5月,国务院对电信行业又进行了南北拆分重组,北方九省一市划归中国网通,成立新的中国电信集团公司。

由于竞争机制的引入,电信行业资费大幅度下降,加之电话初装费的取消,电话开始进入千家万户,这样电信市场容量就开始变大。从2001年开始,中国手机用户就以每年上亿的速度迅速扩大,而这些增加的手机用户中,有将近80%来自中国移动。中国移动无疑成了移动通信的新垄断者。为了平衡电信企业之间的市场势力,2008年6月,六大通信运营商整合为电信集团、联通集团和移动集团。

二、寡头垄断市场的特征

既然寡头垄断市场是介于完全垄断与垄断竞争之间的一种市场结构,它与完全垄断和垄断竞争存在某些相似的地方,但又不同于这两个市场。其基本特征表现如下:

第一,行业中只有少数几家大厂商,每个厂商的产量都在整个行业的总产量中占有较大的份额,从而每个厂商的产量和价格的变动都会对其他的竞争对手,乃至整个行业的产量和价格产生举足轻重的影响。

第二，相互依存。由于每个厂商在市场上都具有很大的影响力，某一家厂商的产量和价格发生变化，都会影响到其他厂商的销量。所以，每个寡头厂商在采取某项行动之前，必须首先要推测或掌握自己的行动对其他厂商的影响，以及其他厂商可能做出的反应，然后才能在考虑在这些反应的前提下采取相应的行动。

> **想一想**
>
> 寡头会轻易调整价格吗？

寡头市场的特征决定了以下几点：① 它很难对产量与价格问题做出像前三种市场那样确切而肯定的答案。因为，各个寡头在做出价格和产量决策时，都要考虑到竞争对手的反应，而竞争对手的反应又是多种多样并难以捉摸的；② 价格和产量一旦确定以后，就有其相对稳定性。这也就是说，各个寡头由于难以捉摸对手的行为，一般不会轻易变动已确定的价格与产量水平；③ 各寡头之间的相互依存性，使他们之间更容易形成某种形式的勾结。但各寡头之间的利益又是矛盾的，这就决定了相互勾结不能代替或取消竞争，寡头之间的竞争往往会更加激烈。这种竞争有价格竞争，也有非价格竞争。

第三，产品同质或异质。在寡头垄断市场中，产品同质和异质的情况都存在。生产同质产品的企业叫无差别的寡头或纯粹寡头。通常原料工业，如铝、钢铁、石油等行业属于此类。生产异质产品的寡头称为差别寡头，如汽车、计算机、飞机、香烟等；造成产品差别的因素很多，比如产品设计、质量、款式、性能、商标、包装等。

第四，厂商进出不易。寡头垄断市场存在着较高的市场进入壁垒，市场进入的壁垒主要来源于这个行业所存在的规模经济。规模经济的存在使得大规模生产占有强大的优势，同时也意味着需要投入巨额资金，这就使规模较小的厂商无法进入该市场。同时，对现有市场中的寡头厂商来说，由于巨额的资金已被占用，想要退出也很难。

知识链接

"囚徒困境"与寡头的决策

"囚徒困境"是图克(Tucker)于1950年提出的。该博弈是博弈论中最经典、著名的案例。虽然它讲的是一个法律刑侦或犯罪学方面的问题，但可以扩展到许多经济问题，以及各种社会问题，可以揭示市场经济的根本缺陷。

"囚徒困境"的基本模型是这样的：警察抓到两个合伙盗窃的嫌疑犯，分别关在两个房子里。警察对两个犯人说，如果有人认罪，而另一个人拒绝交代，则前者只判6个月，后者将被判刑10年。此外，两个犯人都知道，如果两人都认罪，将都被判刑8年。如果，两个人都不认罪，将都被判刑2年。

就两个犯人的总体利益来说，上策是两个人都拒不认罪。因为此时每个人都将只被判刑2年，而在其他情况下，每人平均判刑都在5年以上。但是，两个犯人往往选择了主动认罪这种行为，因为这样做，可能出现最好的结果：只被判刑6个月；如果不这样做，可能出现最坏的结果：被判刑10年。囚犯肯定希望出现最好的结果，害怕出现最坏的结果。

"囚徒困境"是博弈论的非零和博弈中具有代表性的例子，反映出个人最佳选择并非团体最佳选择。虽然困境本身只属模型性质，但现实中的价格竞争、环境保护、人际关系等方面，也会频繁出现类似情况。

寡头之间也存在类似的相互争夺、相互依存的关系。与囚犯都拒绝认罪一样，寡头之间达成协议、采取一致的行动，对大家都有利。比如，寡头厂商决定同时提高价格，所有厂商的利润都会上升，此为寡头厂商的上策。如果做不到这一点，寡头就要考虑对手的行动。同理，如果一个囚犯知道了另一个囚犯的行动，他会立即采取相应的措施。对方招供了，他也会招供。对方不招供，他也不招供。这样，谁也不会去主动招供，因为这样做不会使自己的处境比对方稍好一点。寡头市场上，厂商的行动是相互影响、相互作用的。因此，寡头厂商不会轻易地提高商品的价格，所有的厂商的利润都将保持不变，此为寡头厂商的中策。

但是，在"囚徒困境"中，囚犯是被隔离起来的，无法预知对方的行动，因此都想采取保护自己的措施，其结果对双方都大为不利。在寡头垄断市场中，同样是所有厂商对其他厂商的意图一无所知。他们对形势做出的最悲观的估计是，其他厂商都将降价竞销。为了不至于被动挨打，他们将不约而同地采取降价措施，使所有厂商的利润都下降，此为寡头厂商的下策。

三、对寡头垄断市场的评价

寡头垄断在经济中是十分重要的。一般认为，它具有两个明显的优点：

第一，可以实现规模经济，从而降低成本，提高经济效益。

第二，有利于技术创新。寡头垄断厂商为了在竞争中取胜，就必须进行技术创新，因此，寡头垄断市场具有技术创新的动力。此外，寡头垄断厂商资金雄厚，也具备技术创新的条件。

寡头垄断市场的缺点是各寡头之间的勾结会抬高价格，损害消费者的利益，损害社会经济福利。

天猫商城和京东谁独占 B2C 鳌头？

从2009年开始，淘宝商城在每年的11月11日推出网购狂欢节，打造一种全民狂欢的氛围。购物狂欢节一方面使越来越多的消费者从淘宝"双十一"狂欢中获得实惠，另外更重要的是使淘宝商城自身得到快速的发展。2011年11月11日，实现33.6亿元支付宝交易额。在"双十一"当天，3个品牌破4000万元销售额，4个品牌破2000万元，38个品牌破1000万元。2012年11月11日，淘宝商城的交易金额更是达到了191亿元这个前所未有的高度；2013年"双十一"当日0点55秒超1亿元，6分07秒超10亿元，2013年天猫"双十一"支付宝成交金额高达350.19亿元，美国媒体感叹中国的"双十一"一天的销售规模已经赶超美国两大网上购物日；2014年天猫"双十一"总成交额高达243亿元；2015年0点上线，8分钟突破1亿元,21分钟突破2亿元,1个小时将近5亿元,10个小时达到10亿元,13个小时达到15亿元,2015天猫"双十一"全天交易额最终达到912.17亿元;2016天猫"双十一"交易额超1000亿元,11日22时12分03秒,天猫"双十一"交易额首次到达1111亿元,相当于每个中国人当天花费了4块钱,这一刻可以看出中国的网购市场到底有多大。如今,每年的11月11日已经成为消费者心中固定的购物狂欢节,网络购物正逐渐改变着国人的消费方式。

京东2015全年交易总额(GMV)达到4627亿元人民币,同比增长78%,2011年净利润为8380万元,2014年其整体毛利率达到11.6%,较2013年上涨了1.8个百分点,2015全年交易总额达人民币4627亿元,同比增长78%,2016年京东全年交易额高达9392亿元。

2016年中国零售百强企业排行榜出炉,天猫高居榜首,2016年天猫销售额达1.41万亿元。排名第二的是京东,2016年销售额为0.93万亿元。排名第三的是大商集团有限公司,2016年其销售额为0.23万亿元。国美、苏宁、华润万家、大润发、沃尔玛分列4~8名。再从网络购物市场份额来看,从2015到2016年的B2C市场份额变化来看,天猫始终位居第一,为48.5%;京东位居第二,为33.8%。天猫的整体规模比京东大50%,而在两年前,天猫规模是京东的2倍以上,差距正在显著缩小。2016年"双十一"网购节,根据星图数据显示,"双十一"当天全网销售额最终为17704亿元,天猫(含淘宝)和京东(含1号店)两家占据了92.2%的市场份额。苏宁易购为2.2%,国美为1.9%,亚马逊为1%,未统计在内的唯品会估计占2%左右,B2C前5名占据了"双十一"网购节98%以上的销售额。

讨论:(1)当前我国电商市场属于哪种市场结构类型?
(2)B2C模式下的电商市场属于哪种市场结构类型?
(3)B2C模式下的电商竞争优势有哪些?

案例点击6.5

高铁与民航寡头之间的竞争与垄断

《长江商报》在2013年1月4日的一篇报道中称:"自京汉高铁开通当天起,武汉至北京、西安等地机票开始'缩水'。2012年12月27日,携程旅行网上北京飞武汉航线的最低票价为300元;12月29日,武汉飞北京的航线上,票价更是低至1.4折,为150元。即便是加上燃油附加费,以上机票的总价格也与高铁二等座票价相差无几。"

从报道中可以看出,客运市场是不完全竞争市场,应该是比较接近寡头垄断的。一方面,高铁占据较大的陆路客运市场份额,另一方面,由于民航管制的原因,一条航线上的航空公司数也是屈指可数。因此它们之间有竞争,由此导致价格下降。但是高铁运输和航空运输有各自不同的特点、各自形成不同的客源结构,这又构成了垄断。因此,在此类竞争中,那些暂时投奔高铁的高端旅客最终还会回归航空市场的。

在高铁没有加入到这场竞争中时,武汉到北京的航线也是寡头垄断:多家航空公司飞同一条航线。但是,因为缺乏高且强有力的竞争,看起来多家航空公司达成了"缄默的串谋",折扣力度小,最低只有5折、6折,而且转瞬即逝。即使有很多空位,到最后24小时内,票价仍然维持全价。当高铁加入竞争时,这一状态得到暂时扭转。武汉飞北京低至1.4折的机票已经比较接近完全竞争的结果。但是这只是它们之间竞争的第一步,还未形成最后的均衡。

那么它们最终能够达成一种什么样的均衡呢?一个合理的预测是,民航的价格将高于1.4折,但是低于高铁未介入时的水平。而且,也可以预测,高铁最终会以某种方式改变一成不变的价格,会像机票一样打折。一方面高铁与航空客运各有自己的核心旅客群,因此可以维持较高的垄断价格;另一方面,随着高铁的加入,航空公司之间以及航空公司和高铁之间"暗中串谋"以维持垄断高价的难度就更大了。

最后看看高铁发展的福利意义:是否有人从中受损呢?是的,低收入者受损失。对中高端乘客而言,高铁的加入降低了航空运输票价,增加了他们的选择,带来了福利改善。但是,对低端客户面言,少了一项适合自己需求的选择,不再有方便的低价普通列车可供选择。铁路运输在长距离地面运输中仍然居垄断地位,它们凭借这种垄断地位,减少普通客运,将所有乘客迁移到高铁运输上去。这虽增加了铁路的利润,但是损害了低收入群体的利益。

讨论:(1) 高铁最终会不会像航空公司一样对不同的车次、不同的季节实行票价浮动?

(2) 高铁加入竞争后,运输市场的效率是否有所改善?

知识归纳

基本概念	市场、完全竞争、完全垄断、垄断竞争、寡头垄断、短期均衡、长期均衡				
基本原理	企业利润最大化原则是边际成本等于边际收益。但是,由于企业所处的市场环境不同,有的市场是完全竞争的,有的是完全垄断的,有的是垄断竞争,有的是寡头垄断;又由于企业的决策有短期和长期之分,企业的利润最大化行为也具有不同的特点。				
基本知识	四种市场类型的比较				
	市场类型	厂商数量及其规模	价格决策	均衡条件($MR=MC$)	评价
				短期均衡 / 长期均衡	
	完全竞争	很多小厂产品同质	由市场决定,个别厂商无法决定	$P=MR=AR$ $MR=MC$ / $MR=AR=MC=AC$	供求平衡成本低、价格低、经济效益最高
	完全垄断	一家	独家控制	$AR>MR$ $MR=SMC$ / $MR=LMC=SMC$	成本与价格高、产量低、效率低
	垄断竞争	厂商较多,产品差别性	由市场决定,但个别厂商略有影响	$MR=MC$ / $MR=MC$, $P=R=AC$	介于完全竞争与完全垄断之间
	寡头垄断	少数几个	有控制能力	按利润最大化原则通过卡特尔、价格领先制、成本加成法等形式决定。	价格高有利规模和科技进步

◆ 复习检测

1. 单项选择题

(1) 下列哪一个不是垄断竞争的特征(　　)。

A. 企业数量很少　　　　　　　　　B. 进出该行业容易
C. 存在产品差别　　　　　　　　　D. 企业忽略其竞争对手的反应

(2) 根据完全竞争市场的条件,下列哪个行业最接近完全竞争(　　)。
A. 自行车行业　　B. 玉米行业　　C. 糖果行业　　D. 服装行业

(3) 如果在厂商的短期均衡产量上,$AVC<AR<SAC$,则厂商(　　)。
A. 亏损,立即停产　　　　　　　　B. 亏损,但继续生产
C. 亏损,生产或不生产都可以　　　D. 获得正常利润,继续生产

(4) 在垄断厂商的短期均衡时,垄断厂商可以(　　)。
A. 亏损　　　B. 利润为 0　　　C. 获得利润　　　D. 上述情况都可能存在

(5) 通常情况下,家电产品面临的市场属于(　　)。
A. 完全竞争市场　　B. 完全垄断市场　　C. 垄断竞争市场　　D. 寡头垄断市场

2. 简答题

(1) 为什么完全竞争厂商的需求曲线、平均收益曲线和边际收益曲线是重叠的?
(2) 用图说明完全竞争厂商短期均衡的形成及其条件。
(3) 简述完全垄断形成的原因。
(4) 简述垄断竞争市场结构的特征。

3. 分析题

(1) 比较垄断竞争市场的条件和完全竞争市场的条件的相近点和区别,并说明产品差别对垄断竞争市场形成的意义。
(2) 试比较不同市场组织的经济效益。

4. 案例分析

分析中国电信市场的寡头垄断市场模式及其在经济效益方面存在的问题。

第七章 分配理论

通过本章的学习,了解生产要素需求与供给的性质、运用供求理论分析生产要素市场的均衡;掌握工资、地租与利息的定义;重点掌握厂商使用生产要素的原则以及各种生产要素供给的特殊性和价格决定。

生产要素 Factors of Production　　工资 Wage
利息 Interest　　地租 Rent
利润 Profit　　准地租 Quasi Rent
基尼系数 Gini Coefficient

第一节　生产要素的需求和供给

中央经济工作会议强调要着力推进供给侧结构性改革,推动经济持续健康高质量发展。供给侧结构性改革是从提高供给质量出发,用改革办法推进结构调整,矫正要素扭曲,扩大有效供给,提高供给结构对需求变化的适应性和灵活性,提高全要素生产效率,更好地满足人民群众的需要,促进经济社会持续健康发展。

思考:(1) 什么是生产要素的需求?

(2) 什么是生产要素的供给?

(3) 生产要素的价格如何决定?

生产离不开生产要素的投入,而生产要素分为劳动、土地、资本和企业家才能,那么,由以上要素组合产生的收入如何分配呢?这就是分配理论所要解决的生产要素价格的决定问题。本章我们将分析生产要素的价格决定问题。

一、生产要素的需求

生产要素的需求

(一) 生产要素需求的特点

1. 生产要素的需求是派生的需求

生产要素是用于满足生产需要的投入,劳动、资本、土地和人才是四种最基本的生产要素。生产要素的需求就是指厂商在一定的时期,在一定的价格水平下,愿意而且能够购买的生产要素的数量。它是购买欲望和支付能力的统一,两者缺一不可。

在产品市场上,需求来自消费者。消费者为了满足自己的某种需要而购买商品,因此,消费者对商品的需求是直接的需求。在生产要素市场上,需求不是来自消费者,而是来自厂商。厂商购买生产要素不是为了自己的直接需要,而是为了生产和出售产品以获得利益。例如,厂商雇用程序员的需求是与消费者对电脑软件的需求密切相关的,他雇用程序员,是为了设计并生产电脑软件。如果消费者不存在对电脑软件的需求,则厂商就无法从生产并销售电脑软件中获得利益,也不会去雇用程序员及其他生产资料和生产电脑软件。由此可见,厂商对生产要素的需求是从消费者对产品的直接需求中间接派生出来的。所以,西方经济学家们认为,对生产要素的需求是派生的需求(Derived Demand)。

2. 对生产要素的需求是联合的需求

对生产要素的需求还有一个特点,即对生产要素的需求是联合的、相互依赖的需求。这个特点是由于技术上的原因,即生产要素往往不是单独发生作用的。如程序员与生产的设备(以及原材料等)相互结合起来才能生产出电脑软件。

> **想一想**
> 生产要素的需求与一般商品需求有何不同?

由于厂商对生产要素的需求取决于人们对产品的需求,而产品的供求与要素的供求又有相互依存和相互制约的关系,即对厂商提供的产品的需求量大小取决于消费者的收入多少,消费者的收入水平取决于提供劳动所得到的报酬,报酬的高低又是由厂商购买劳动所支付的价格决定的,因而厂商购买劳动支付的价格多少又决定人们对产品需求量的大小。所以,对生产要素需求的分析比对产品需求分析更加复杂。

另外,生产要素市场的结构是完全竞争的,还是不完全竞争的,会直接影响厂商对生产要素的需求状况,从而又会影响生产要素的价格。

(二) 生产者使用生产要素的原则

为了分析生产者如何使用生产要素(以下简称要素)的问题,首先要引入以下四个相关概念:

(1) 边际物质产品(MPP)，也称边际产量，表示增加单位要素投入所带来的产量增量。若以 MPP 代表边际物质产品，ΔL 代表要素投入的增加量，ΔQ 代表总产量的增加量。则有

$$MPP = \Delta Q/\Delta L \tag{7.1}$$

(2) 边际收益产品(MRP)，表示增加单位要素使用所带来的总收益的增量。若以 MRP 代表边际收益产品，ΔL 代表要素投入的增加量，ΔTR 代表总收益的增加量，则有

$$MRP = \Delta TR/\Delta L = MPP \cdot MR \tag{7.2}$$

(3) 边际产品价值(VMP)，表示增加一个单位的要素投入所增加的价值。如用 VMP 表示边际产品价值，则有

$$VMP = MPP \cdot P \tag{7.3}$$

(4) 边际要素成本(MFC)，表示增加单位要素投入所带来的成本增量。

接下来，我们来分析生产者使用要素的原则。

生产者的要素需求是引致需求，生产者使用要素的目的是生产出消费者需要的产品，以获取最大利润。因此所谓生产者使用要素的原则，就是在一定时间内，在一定条件下，根据企业内部的生产状况和市场情况，确定要素的使用量，以实现利润最大化，即边际要素成本等于边际收益产品，即

$$MRP = MFC \tag{7.4}$$

如何理解 MRP＝MFC 是生产者利润最大化的条件？我们知道，当边际收益产品大于边际要素成本时，每增加使用一个单位的要素给生产者带来的收益就会大于这个要素给生产者带来的成本。于是，生产者就会使用更多的要素，直到边际收益产品等于边际要素成本时为止。反之，如果边际收益产品小于边际要素成本，每增加使用一个单位的要素给生产者带来的收益就会小于这个要素给生产者带来的成本。于是，生产者就会减少要素的投入，直到边际收益产品等于边际要素成本时为止。上述 MRP＝MFC 的生产者使用要素的原则不涉及生产者所处的产品市场和要素市场的具体市场类型，所以 MRP＝MFC 是所有生产者使用要素的原则。

(三) 完全竞争市场上厂商生产要素的需求

由于生产者使用要素的原则是 MRP＝MFC，所以对于完全竞争生产者而言，在每次给定的市场要素价格下，为了实现利润最大化的要素使用量必须满足 MRP＝MFC，厂商使用最后一个单位可变要素所引起的成本增量必须等于厂商从该要素投入中得到的收益增量。如果厂商使用最后一个单位可变要素得到的收益不足以补偿增加的成本，厂商就会减少该要素的使用量；当厂商使用最后一个单位可变要素得到的收益高于增加的成本时，厂商就会继续增该要素的使用量。

由于完全竞争市场中，厂商是产品价格的接受者，产品价格为常数 P，所以生产者的边际收益产品等于边际产品价值，即 $MRP=VMP=P \cdot MP$，由于 MP 曲线向下倾斜，而 P 为常数，所以 MRP＝VMP 曲线也向下倾斜，如图 7.1 所示。

边际要素成 MFC 是增加单位要素投入所带来的成本增量，等于要素的价格 W，即 $MFC=W$。所以在完全竞争市场中，若 $VMP=W$，则意味着 MRP＝VMP 曲线也是完全竞

争厂商的要素需求曲线,这是一条向右下方倾斜的曲线。

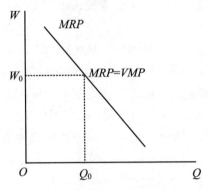

图 7.1 生产要素的需求曲线

边际生产力

边际生产力是指在其他条件不变的情况下,追加的最后一个单位的生产要素所增加的产量或收益。边际生产力的概念是德国经济学家屠能于 1826 年首先提出,并应用于生产和分配理论。19 世纪末 20 世纪初美国经济学家克拉克把它的含义进一步系统化,并首先创立了边际生产力这个术语。

如果使用两种生产要素生产出产品,那么,一种生产要素的数量固定不变,而继续追加另一生产要素。每追加一个单位生产要素的生产力将会递减,这就是边际生产力递减规律,称为边际收益递减规律。

在不断增加的某种生产要素的各个单位中,任何一个生产要素单位提供的生产率都可以说是边际生产力,例如,如果厂商所增加的生产要素是五个,那么第五个要素单位的生产率便是该要素的边际生产力。

如果以实物来表示某要素的边际生产力,则可称为该要素的边际实物产量或边际物质产品(Marginal Physical Product,MPP)。如果以收益来表示某要素的边际生产力,则可称作该要素的边际收益产量或边际收益产品(Marginal Revenue Product,MRP)。边际收益产量考虑了价格因素,是用货币单位来表示的边际实物产量,因此,$MRP=MPP \cdot MR$。式中,MR 表示边际收益。某一要素的边际收益产量就是该生产要素的边际生产力,在其他生产要素不变的条件下,边际收益产量也是递减的。

在完全竞争的产品市场上,厂商可以按既定的价格出售任何数量的产品,边际收益 MR 等于平均收益 AR,所以边际收益产量等于边际产值(Value of Marginal Physical Product,VMP),边际产值就是边际实物产品与产品价格的乘积,即 $VMP=MPP \cdot P$。

(四) 不完全竞争市场上厂商生产要素的需求

不完全竞争市场上厂商生产要素的需求量仍决定于 $MRP=MFC$,即在不完全竞争市场上，$MRP=W$，这意味着 MRP 是完全竞争厂商的要素需求曲线，这是一条向右下方倾斜的曲线。

尽管两条曲线都是向右下方倾斜，但两条曲线下降的原因不同。在完全竞争条件下，要素的边际收益曲线由于要素的边际物质产品曲线下降而下降，即由要素的边际生产力递减而下降；而在不完全竞争条件下，边际收益曲线除了取决于要素的边际生产力，还取决于价格水平。因此，在不完全竞争市场上，厂商的边际收益曲线要比完全竞争厂商的边际收益曲线更加陡峭一些。

二、生产要素的供给

生产要素根据其有无生产成本分为两大类。如果某种生产要素是由厂商生产出来的，如机器、设备、原料、厂房等，其供给价格和供给量主要与生产和再生产该生产要素的成本有关；如果生产要素不是厂商生产的，如土地、劳动、货币资本等，其供给价格和供给量则主要由该生产要素在某一时期的存量、供给者的偏好、该要素的机会成本等因素决定。

（一）土地的供给

经济学上的土地，泛指一切自然资源，其特点被描述为"原始的和不可毁灭的"。说它是原始的，因为它一般不能生产出来；说它不可毁灭，因为它在数量上不会减少。因而，我们一般都认为土地的供给是固定不变的，供给曲线是一条垂直的直线。如图 7.2 所示。图中，横轴表示土地的数量 N，纵轴表示地租 R，垂直的直线 S 是土地的供给曲线。

图 7.2　土地的供给曲线

> 想一想
> 土地的供给曲线为什么是一条垂直线？

（二）资本的供给

资本分为资本品和货币资本。资本品作为生产要素，其本身又是产出，即生产过程的产物，它包括机器、设备、原材料等。资本品的供给曲线与一般最终产品的供给曲线一样，向右上方倾斜，它取决于资本品的生产成本。货币资本不是生产出来的，它的供给主要取决于借贷资本的供给，也就是取决于与一定利息率相关的储蓄的大小。当利息率一定时，收入越高，储蓄就越多；当收入一定时，利息率越高，一定收入中用于储蓄的部分也就越多，储蓄越多就意味着货币资本的供给越多。把借贷资本的供给量看作是利息率的函数，利息率越高，意味着持有货币的机会成本越高，要使用货币资本就要向其所有者支付更高的报酬。因此，货币资本的供给曲线同资本品的供给曲线一样，是向右上方倾斜的。如图 7.3 所示。图中，横轴表示资本的数量 K，纵轴表示利息率

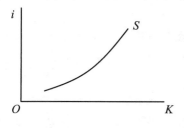

图 7.3　资本的供给曲线

i,向右上方倾斜的曲线 S 就是资本的供给曲线。

（三）劳动的供给

劳动的供给主要取决于劳动的成本,劳动的成本包括:① 实际成本,即维持劳动者及其家属生活必需的生活资料的费用,以及培养教育劳动者的费用;② 心理成本:劳动是以牺牲闲暇的享受为代价的,劳动会给劳动者心理上带来负效用,补偿劳动者这种心理上负效用的费用就是劳动的心理成本。

> **想一想**
> 　　劳动力的供给曲线为什么向后弯曲?

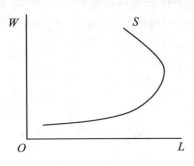

图 7.4　劳动的供给曲线

劳动的供给有自己的特殊规律。一般来说,当工资增加时,劳动会增加,但工资增加到一定程度后,如果再继续增加,劳动不但不会增加,反而会减少。这是因为货币工资增加到一定程度后,货币的边际效用递减,不足以抵消劳动的负效用,劳动就会减少。如图 7.4 所示。图中,横轴表示劳动的供给量 L,纵轴表示工资水平 W,向后弯曲的曲线 S 就是劳动的供给曲线。

但也有一些西方经济学家认为,从短期看,劳动供给曲线会向后弯曲。但从长期看,由于青年人逐渐加入劳动者行列,以及较低工资的工人总是愿意调整职业,用同样的劳动时间得到更高的工资。所以劳动的市场供给曲线是向右上方倾斜的。向后弯曲的劳动供给曲线只适用于高度发达和高度富裕的国家,在低收入工人占多数的国家是不会出现向后弯曲的劳动供给曲线的。

工资提高的替代效应与收入效应

人们会根据收入的高低选择其工作量,实际上是人们在劳动与闲暇之间进行选择。劳动的收入代表一定效用的商品和服务,但劳动牺牲了闲暇,而闲暇则表示牺牲了从事劳动会取得的收入。所以,人们在劳动与闲暇之间的选择实际上包含着两种效应:替代效应和收入效应。

工资提高的替代效应是指由于工资上升,收入增加,劳动者会用劳动替代闲暇,劳动供给增加。工资提高的收入效应是指由于工资上升,收入增加,劳动者相对更加富有,转而去追求闲暇,从而会减少劳动的供给。

一般地,当工资低而收入少时,工资上升,其替代效应大于收入效应,消费者的劳动供给会增加。劳动的供给曲线向上倾斜。当工资提高到一定程度时,劳动者相对比较富有,工资增加的替代效应小于收入效应,劳动供给减少,劳动供给曲线就会向后弯曲。

三、生产要素价格的决定

生产要素的价格与商品价格一样,是由市场供求关系决定的。生产要素的均衡价格,就是生产要素的供给量与需求量相一致的价格。它是由生产要素的供给曲线与需求曲线的交点决定的。根据以上对生产要素供求的分析,一般而言,生产要素的需求曲线向右下方倾斜,供给曲线向右上方倾斜,这样,就可以用图 7.5 说明生产要素价格的决定。

图中,横轴 Q 表示生产要素的供求数量,纵轴 P 表示生产要素的价格,D 是生产要素需求曲线,S 是生产要素供给曲线。当价格为 OP_1 时,生产要素的供给量是 OQ_1,需求量是 OQ_2,Q_1Q_2 之间是生产要素的短缺量,生产要素供不应求。厂商为了得到生产要素,愿意支付更高的价格,生产要素的价格会上升。当价格为 OP_2 时,生产要素的供给量是 OQ_3,需求量是 OQ_4,Q_3Q_4 之间是生产要素的过剩量,生产要素供过于求。生产要素所有者为了提供生产要素,不得不降低价格,生产要素的价格会下降。只有当生产要素供给量与需求量相一致时,即在生产要素供给曲线与需求曲线相交的 E 点,才决定了生产要素的均衡价格是 OP,均衡数量是 OQ。

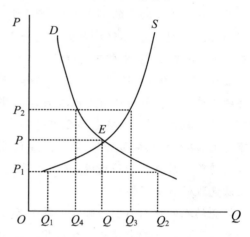

图 7.5 生产要素价格的决定

> **想一想**
> 生产要素价格的价格是如何决定的?

以上阐述的生产要素价格由需求和供给两种力量决定,只是一般的分析,下面具体分析工资、利息、地租和利润是如何决定生产要素价格的。

 **身边的经济学**

漂亮的收益

美国经济学家丹尼尔·哈莫米斯与杰文·比德尔在 1994 年第 4 期《美国经济评论》上发表了一份调查报告。根据这份调查报告,漂亮的人的收入比长相一般的人高 5% 左右,长相一般的人又比丑陋一点的人收入高 5%~10%。为什么漂亮的人收入高呢?

经济学家认为,人的收入差别取决于人的个体差异,即能力、勤奋程度和机遇的不同。漂亮程度正是这种差别的表现。

个人能力包括先天的禀赋和后天培养的能力,长相与人在体育、文艺、科学方面的天才一样,是一种先天的禀赋。漂亮属于天生能力的一个方面,它可以使漂亮的人从事其他人难以从事的职业(如当演员或模特)。漂亮的人少,供给有限,自然市场价格高,收入随之高。漂亮不仅仅是脸蛋和身材,还包括一个人的气质。在调查中,漂亮由调查者打分,实际是包括外形与内在气质的一种综合。这种气质是人内在修养与文化的表现。因此,在漂亮程度上得分高的人实际往往是文化程度高、教养好的人。两个长相接近的人,也会由于受教育不同表现出来的漂亮程度不同。所以,漂亮是反映人受教育水平的标志之一,而受教育是个人能力的来源,受教育多,文化高,收入水平高就是正常的。

漂亮也可以反映人的勤奋和努力程度。一个工作勤奋,勇于上进的人,自然会打扮得体,举止文雅,朝气蓬勃,这些都会提高一个人的漂亮得分。漂亮在某种程度上反映了人的勤奋程度,与收入相关也就不奇怪了。

最后,漂亮的人机遇更多。有些工作,只有漂亮的人才能胜任,漂亮往往是许多高收入工作的条件之一。就是在所有的人都能从事的工作中,漂亮的人也更有利。漂亮的人从事推销更易于被客户接受,当老师会更受到学生喜爱,当医生会使病人觉得可亲。所以,在劳动市场上,漂亮的人机遇更多,雇主总爱优先雇用漂亮的人。有些人把漂亮的人机遇更多、但也更易于受雇称为一种歧视,这也不无道理。但有哪一条法律能禁止这种歧视?这是一种无法克服的社会习俗。

漂亮的人的收入高于一般人。两个各方面条件大致相同的人,由于漂亮程度不同而得到的收入不同。这种由漂亮引起的收入差别,即漂亮的人比长相一般的人多得到的收入称为"漂亮贴水"。

第二节 工资、利息、地租和利润

知识导入

效率工资的妙处

企业有一套自己的方法。20世纪初的美国,企业最大的问题之一是工人怠工现象严重。尽管有工头在监工,而且处罚严重,一旦发现怠工马上开除,但工人多,工头少,工人怠工的手段花样百出,总是防不胜防。为此,福特发明了自动流水装配线。这种新生产工艺无疑可以大大降低成本,提高效率。但如果工人仍然怠工,自动流水装配线不能正常运行,提高效率也是不可能的事。福特绞尽脑汁想找出一种消除工人怠工的方法,监督是难以奏效的,为什么不换一个角度让工人自己不愿怠工呢?于是福特在1914年宣布,把福特汽车公司工人每天的工资由2.34美元提高到5美元。

2.34美元是当时汽车工人的市场工资,即由劳动市场上供求关系自发决定的工资水平。在这种工资水平时,企业可以雇用到自己需要的工人,工人可以找到工作。5 美元高于市场工资,称为效率工资,意思是这种高工资能够带来更高的效率。

思考:(1) 市场工资水平是由什么决定的?

(2) 效率工资为什么能带来高效率呢?

一、工资理论

工资(Wage)是在一定期间内,给予提供劳动的劳动者的报酬,也是劳动这种生产要素的价格。

根据报酬的性质,工资可以分为狭义的工资和广义的工资。狭义的工资,仅指雇佣劳动者的报酬。广义的工资,包括雇佣劳动者和独立劳动者的一切劳心、劳力的报酬,以及除货币工资以外所享受到的一切货币和非货币利益。

根据支付的方法,工资可以分为计时工资(Time Wage)和计件工资(Piece Wage)。计时工资是按照劳动时间计算的,有日薪、周薪、月薪、年薪等;计件工资则是按照完成工作的数量计算的。

根据工资的形式,工资又可以分为货币工资(Money Wage)和实际工资(Real Wage)。货币工资以货币数量表示,又叫名义工资(Nominal Wage);实际工资则是按照工资能够购买的某种实物价值计算的。

在某些发达国家,工资收入占国民收入的 2/3 以上,构成国民收入的主要部分,也是生产成本的主要部分。因此,工资理论是分配理论的首要课题。

(一)完全竞争市场上工资的决定

在完全竞争市场上,劳动的需求取决于劳动的边际生产力,由于劳动的边际生产力是递减的,所以劳动的需求曲线是向右下方倾斜的,表明劳动的需求量与工资水平呈反方向变动;而劳动的供给曲线是向后弯曲的。将劳动的需求曲线和劳动的供给曲线结合起来,即可得到均衡的工资水平及均衡的劳动数量,如图 7.6 所示。

在图 7.6 中,劳动的需求曲线 D 和劳动的供给曲线 S 相交于 E 点,决定了均衡的工资水平为 W_0,均衡的劳动数量为 L_0。劳动的需求或供给任何一个变化都会使均衡工资水平发生变化,工资水平的升降也可以调节劳动市场的供求,使劳动的供求实现平衡。

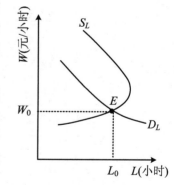

图 7.6 工资的决定

(二)不完全竞争市场上工资的决定

不完全竞争市场有两种不同的情况:一种是买方垄断的市场,劳动的供给是由众多的相互竞争的劳动者提供的劳动所形成,而购买劳动的厂商只有一家,即对劳动的需求是垄断购买的情况;另一种是卖方垄断的市场,对劳动的需求是由众多的相互竞争的厂商购买形成的,而劳动者却由工会组织在一起,成为要素市场的卖方垄断者。在这种不完全竞争的劳动市场上,工会对工资的决定通常起着重大的作用。

工人通过工会组织在一起,集体出售他们的劳动。工会组织会尽量采取措施以提高工人的工资,具体方法有以下三种:

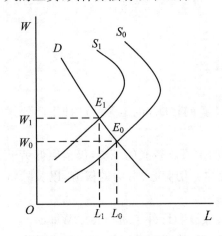

图 7.7 减少劳动供给提高工资

第一,工会可以减少劳动的供给。限制移民、最大工作小时立法、学徒期限延长、种族和性别的限制、拒绝接纳新会员加入工会或不让非工会会员参加工作,这些都是曾经使用过的限制劳动供给的方法。在需求不变的情况下,通过减少劳动的供给,提高工资,减少失业人数。如图 7.7 所示。

在图 7.7 中,劳动的需求曲线 D 和原来的劳动供给曲线 S_0 的交点 E_0 决定的工资水平为 W_0,就业人数为 L_0。由于劳动供给的减少,供给曲线从 S_0 左移到 S_1,它与需求曲线 D 的交点 E_1,决定了若工资水平上涨到 W_1,而就业人数就相应地从 L_0 减少到 L_1。

第二,工会可以使劳动需求增加。通过支持保护关税、广告竞争等办法,增加对厂商产品的需求,以提高对劳动的需求。在供给不变的情况下,通过增加对劳动的需求的方法,提高工资,同时还可以增加就业人数。如图 7.8 所示。

在图 7.8 中,劳动的供给曲线 S 与原来的劳动需求曲线 D_0 相交于 E_0,决定了工资水平为 W_0,就业人数为 L_0。由于劳动需求的增加,使劳动需求曲线从 D_0 右移到 D_1,它与供给曲线相交于 E_1,决定了工资水平上涨到 W_1,同时就业人数也从 L_0 增加到 L_1。

第三,最低工资法。工会迫使政府通过立法规定最低工资,这样一来,在劳动的供给大于需求时,也可以使工资维持在一定的水平上,但这种方法可能会带来一定的失业人口。如图 7.9 所示。

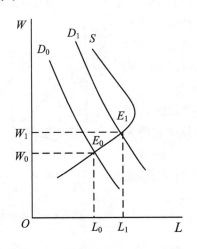

图 7.8 增加劳动供给,提高工资

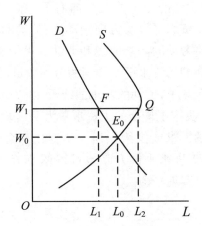

图 7.9 最低工资

在图 7.9 中,劳动的需求曲线 D 与劳动的供给曲线 S 相交于 E_0,决定的工资水平为 W_0,就业人数为 L_0。而规定的最低工资水平为 W_1,高于均衡工资水平,即 $W_1 > W_0$。在最低工资水平上,劳动的需求量为 L_1,而劳动的供给量为 L_2,明显 $L_2 > L_1$,就会出现一定的失业人口。

工会虽然在工资的决定中起了很重要的作用,但它的影响程度同时也受到一些因素的限制。例如,整个经济形势的好坏、劳资双方力量对比、政府干预的程度与倾向性、工会的斗争方式与艺术、社会对工会的同情和支持程度等。工会只有善于利用各方面的条件,才能尽可能多地为工人争取工资。

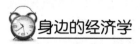 身边的经济学

美国工会的衰落

美国劳工市场的一个主要变动趋势是二战后工会的逐步衰落。尽管在1955年,工会曾组织了全国1/4劳工,但自1980年以来,这一比例急剧下降。在过去的20年中,制造业中工会成员所占比例已经大幅度下降;只有在服务业中,工会力量仍然十分强大。

工会衰落的一个原因是罢工的作用下降。罢工是集体协议过程中最后的威胁手段。20世纪70年代,美国工会经常使用这个工具,每年举行罢工多达300次。但近几年来罢工在美国劳工市场上已经消失。其原因在于,罢工经常给工人带来适得其反的后果。1981年,美国有关机场导航系统的工作人员举行罢工后,统统被里根总统解雇。1987年,职业橄榄球运动员也举行过罢工,但后来不得不回去工作,因为老板使用了替补队员。1992年,一家制造重型设备的大公司卡特比勒公司的工人举行过罢工,6个月后,当公司威胁永远不再雇用他们时,这些工人不得不结束罢工。罢工并不能损害企业的利益,从而使得在过去的20年中工会的整体实力大大削弱。

你或许想了解工会力量的削弱是否降低了劳动的补偿水平。经济学家一般认为,工会力量的削弱会降低工会成员相对工资,但不会降低劳动收入在国民收入中的份额。

二、利息理论

(一) 利息

利息(Interest)是资本的报酬,或者说,是资本的价格,是资本所有者的收入。利息的多少取决于利息率的高低。利息率(Interest Rate)是利息在每一个单位时间内(如一年内)在货币资本中所占的比率。例如,货币资本为30000元,利息为一年3000元,则利息率为10%,或称年息10%。这里10%就是货币资本在一年内的报酬,即货币资本的价格。

经济学家用以下两种理由说明了利息的合理性,或者说为什么资本可以带来利息。

1. 现期消费与未来消费

人们往往有一种时间偏好,即在现期消费和未来消费中,人们偏好于现期消费。由于对未来的难以预测,人们认为,现在多增加一个单位消费所带来的边际效用要大于将来多增加这一个单位消费所带来的边际效用。例如,现在购买一辆汽车和几年以后购买同样一辆汽车给消费者带来的效用是不一样的,你认为几年以后拥有汽车的人会很多,不如现在购买带

来的满足程度大。所以,很多人总是喜爱现期消费,可对于放弃现期消费把货币作为资本的人理应得到利息作为报酬。

2. 迂回生产

我们不直接用手去抓鱼,而是先织网、造船,然后用网和船去捕鱼,这比用手直接抓鱼可以捕捞更多的鱼,这就是迂回生产的方式。所以,我们说迂回生产就是先生产生产资料,然后用这些生产资料去生产消费品。很明显,迂回生产提高生产效率,而且迂回生产的过程越长,生产效率越高。现代生产的特点就在于迂回生产。但迂回生产如何能实现呢?这就必须有资本。资本能使迂回生产成为可能,从而提高生产效率。这种由于资本而提高的生产效率就是资本的净生产力。资本具有净生产力是资本能带来利息的根源。

知识链接

存款保险制度

存款保险制度是一种金融保障制度,是指由符合条件的各类存款性金融机构集中起来建立一个保险机构,各存款机构作为投保人按一定存款比例向其缴纳保险费,建立存款保险准备金,当成员机构发生经营危机或面临破产倒闭时,存款保险机构向其提供财务救助或直接向存款人支付部分或全部存款,从而保护存款人利益,维护银行信用,是稳定金融秩序的一种制度。

存款保险制度可提高金融体系稳定性,保护存款人的利益,促进银行业适度竞争;但其本身也有成本,有可能诱发道德风险,使银行承受更多风险,甚至还产生了逆向选择的问题。截至2011年年底,全球已有111个国家建立了存款保险制度。

2015年5月1日起,存款保险制度在中国正式实施,各家银行向保险机构统一缴纳保险费,一旦银行出现危机,保险机构将对存款人提供最高50万元的赔付额。

(二)利息率的决定

利息率是由资本的需求和供给决定的。厂商对资本的需求,即投资,是由资本的边际生产力决定的。由于资本的边际生产力是递减的,也就决定了厂商对资本的需求曲线是向右下方倾斜的。

我们还可以用利润率和利息率的关系来说明厂商对资本的需求。厂商投资是为了实现利润的最大化,则投资获得的利润率与投资支付的利息率水平就决定了厂商的投资规模。若利润率与利息率的差额越大,即利润率越高于利息率,纯利润就越大,企业就越愿意投资;反之,利润率与利息率的差额越小,即利润率越接近于利息率,纯利润就越小,企业就不愿投资。所以,在利润率既定的条件下,利息率就与投资(资本的需求)成反方向变动,也证明了资本的需求曲线是一条向右下方倾斜的曲线。资本的供给(储蓄)曲线,是一条向右上方倾斜的曲线。我们把资本的需求曲线和供给曲线结合在一起,就可以得出均衡的利息率水平。如图7.10所示。

在图 7.10 中，横轴表示资本量 K，纵轴表示利息率 i，资本的需求曲线 D 与供给曲线 S 的交点 E 决定了利息率为 i_0，资本量为 K_0。这里分析的均衡利率是指资本市场上的纯粹利率，它是一种理论分析的利率水平。在现实经济生活中，不同的情况下，实际利率与纯粹利率并不完全相同，其差别主要由以下原因造成：一是贷款的风险程度，如果货币资本的所有者认为其提供资本的风险大，则要求得到的利率也就高；二是贷款的期限长短，贷款的时间越长，利率也就越高。微观经济学分析的利率，不是实际利率，而是指排除了上述因素的资本市场上的纯粹利率。

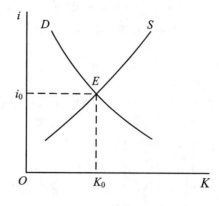

图 7.10 利率的决定

利率由资本的需求和供给共同决定，但同时，利率的变动又会影响资本的供求。如果政府干预或人为地提高、降低利率，资本市场的均衡就会被打破，出现资本供大于求或供小于求的情况。利率与资本供求的这一内在联系，使得利率具有调节投资和就业的功能。当一个社会出现通货膨胀时，提高利率可以抑制对可贷资金的需求，刺激可贷资金的供给，从而抑制通货膨胀；相反，当出现通货紧缩时，降低利率可以刺激对可贷资金的需求，抑制可贷资金的供给，从而抑制通货紧缩。所以，利用利率来调节经济是很重要的。

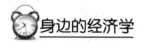身边的经济学

复利——最神奇的财富增值工具

西方人把国际象棋称为"国王的游戏"。相传，国际象棋由一个古波斯的大臣所发明，国王为这个游戏的问世深为喜悦。当时该国正在与邻国交战，当战争进入对峙阶段，谁也无法取胜时，两国决定通过下一盘国际象棋来决定胜负。最后，发明国际象棋的这个国家赢得了战争的胜利。国王因此非常高兴，决定给大臣以奖赏。大臣就指着自己发明的棋盘对国王说："我只想要点微不足道的奖赏，只要陛下能在第一个格子里放一粒麦子，第二个格子增加一倍，第三个再增加一倍，直到所有的格子填满就行了。"国王轻易地就答应了他的要求："你的要求未免也太低了吧？"

但很快国王就发现，即使将自己国库所有的粮食都给他，也不够百分之一。因为从表面上看，大臣的要求起点十分低，从一粒麦子开始，但是经过多次翻倍后，能迅速变成庞大的天文数字。

这就是复利的魔力。虽然起点很低，甚至微不足道，但通过复利可达到人们难以想象的程度。复利不是数字游戏，而是告诉我们有关投资和收益的道理。在人生中，追求财富的过程不是短跑，也不是马拉松式的长跑，而是在更长、甚至数十年的时间跨度上所进行的耐力比赛，只要坚持追求复利的原则，即使起步的资金不大，也能因为足够的耐心加上稳定的小利而很漂亮地赢得这场比赛。据说曾经有人问爱因斯坦："世界上最强大的力量是什么？"他

的回答不是原子弹爆炸的威力,而是复利。著名的罗斯柴尔德金融帝国创立人梅尔更是夸张地称"复利是世界的第八大奇迹"。

(三)利息的作用

利息在现代经济社会中具有十分重要的作用:

第一,利息能诱发人们积极储蓄,增加资本的供给。利息的存在能鼓励人们将手头的闲置资金投入储蓄,加速资本形成,提高就业水平,促进经济发展。

第二,利息能最有效地利用资本。如果社会利息率是既定的,利息率可将社会中的储蓄引导到最有利的投资场所,人们将把资本投向获利最多的部门,而获利最多的部门又是资本最能发挥作用的部门。此外,企业在支付利息的情况下就要更节约、更有效地利用资本。

第三,利息能抑制过度投资,防止通货膨胀。当一个社会出现通货膨胀时,提高利息率可压抑对可贷资本的需求,刺激可贷资本的供给,从而制止通货膨胀。利息还可以限制过度需求,将资本的需求约束在一定的可行性限度内。

三、地租理论

(一)地租与地租的决定

地租(Rent)是土地使用者对使用土地所支付的价格,或者是土地所有者因出让土地使用权而收取的报酬。地租又可分为绝对地租和级差地租。

地租是由土地的需求和供给决定的。土地的需求曲线是向右下方倾斜的。这是因为,地租取决于土地的边际生产力,土地的需求价格决定于它的边际生产力,也就是土地的边际收益。随着土地使用量的增加,在其他要素投入不变的情况下,土地的边际生产力会不断下降,从而土地的边际收益不断递减,故土地的需求曲线是向右下方倾斜的。土地的供给曲线是一条与横轴垂直的直线,把土地的需求曲线和供给曲线结合在一起,就可以得出均衡的地租水平。如图7.11(a)所示。

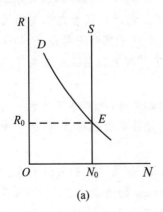
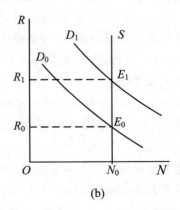

图 7.11 地租决定和变化

在图7.11中,横轴表示土地的数量N,纵轴表示地租R,土地的需求曲线D与供给曲线

S 交点 E 决定了地租水平为 R_0。

由于土地的供给是固定的,而随着经济的发展,对土地的需求量不断增加,这就导致了地租的不断增加。如图 7.11(b)所示。

在图 7.11 中,由于对土地需求的增加,使土地的需求曲线从 D_0 向上移到 D_1,则地租也就随之从 R_0 上涨到 R_1。

(二)地租与地价

与其他资产一样,土地也具有市场价格。地租是使用土地的报酬,租借者仅有使用权,地价则是购买土地的市场价格,购买者具有所有权。一般来说,地价与地租成正比,与市场利率成反比。其关系式为

$$土地的价格 = \frac{地租}{利率}$$

例如,假定利率为 5%,每公顷土地的年地租为 600 元,那么每公顷土地的价格为:600÷5%=12000(元)。

(三)级差地租与绝对地租

土地有肥瘠不同,矿藏有贫富之分,再加上地理位置、气候条件等,可以把它们分为不同等级。一般来说,对土地的利用,会根据产品需求的大小,自优至劣依次进行。产品的价格必须等于最劣土地的平均成本,否则没有人会去开发。由于最劣土地的平均成本等于市场价格,不会发生地租。这种不会发生地租的土地,称为边际土地。由于边际土地以上的土地平均成本较低,便能得到平均成本以外的剩余报酬。市场价格与边际土地以上土地平均成本之间的差额,就叫级差地租。如图 7.12 所示。

在图 7.12 中,LAC_1 表示一级土地的平均成本,当只有一级土地被利用时,$P_1=LAC_1$ 元,没有地租发生。当需求增加,二级土地被利用时,$P_2=LAC_2$ 元,二级土地没有地租,一级土地就产生地租 E_2F。当需求进一步增加,三级土地被利用时,三级土地没有地租,二级土地便有地租 E_3N,而一级土地的地租进一步增加到 E_3S。

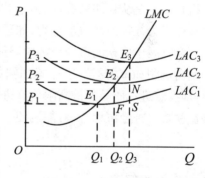

图 7.12 级差地租

由于对产品的需求有增无减,边际土地以下更劣的土地也被迫利用起来。当可耕地全部利用以后,边际土地便脱离边际状态,任何土地都会发生地租。特别是在土地被私人占有以后,任何土地一经利用,土地所有者便会索取地租,这个地租也就会成为产品价格的构成部分。这种地租不是平均成本的差额产生的,叫绝对地租。由此可见,边际土地仅有绝对地租,没有级差地租,而边际土地以上的各级土地,则兼有绝对地租和级差地租。

(四)准地租与经济地租

在短期内,工厂、机器及其他耐久性设备固定性很强,不易从这个产业转往其他产业,类似土地。厂商利用这些较好的固定要素,以较低的平均成本进行生产,取得较大的经济利

润,也类似地租。这种厂商的总收益与其变动成本的差额,就是固定要素的报酬。由于这些要素只是在短期内暂时固定,所以它们的报酬叫准地租(Quasi Rent)。如图7.13所示。

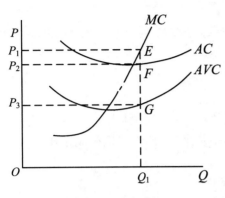

图 7.13 准地租的决定

在图7.13中,如果市场价格为P_1,厂商生产Q_1产量,其总收益为OP_1EQ_1的面积,总可变成本为OP_3GQ_1的面积。总收益与总可变成本的差额P_3P_1EG的面积便是厂商所取得的准地租,它是给固定要素的报酬。这个准地租可分为两部分:固定要素的机会成本P_3P_2FG的面积;固定要素用于现产业而不用于最优替代用途而获得的经济利润P_2P_1EF的面积。

在较长时间内,一切要素都是可变的。因此,要使这些固定要素继续留在这个行业必须使它们的经济利润超过转移到其他产业的最大经济利润。这个经济利润的差额,叫做经济地租(Economic Rent)。显然,当经济地租大于0时,这些固定要素会继续留在这个行业,若经济地租小于0,这些固定要素将转向其他产业。

由此可见,经济地租用于长期分析,而准地租用于短期分析。经济地租是对某些特定要素来说的,而经济利润是对整个厂商来说的。厂商存在经济利润,并不意味着其要素也存在经济地租。一种要素在短期内存在准地租,也不意味着长期存在经济利润。

(五) 寻租行为

寻租行为(Rent Seeking)指人们以各种方式争取获得经济租金和准租金的行为。

在发达的市场经济中,寻租行为的典型表现为垄断企业人为地减产提价,以增加企业的准租金。但是从长期来看,准租金和高价可能会吸引其他企业进入该行业。所以垄断企业的寻租行为往往涉及政治行为,如通过贿赂等手段获取特许权。

在发展中国家的市场经济中,寻租行为比较普遍,这与行政权力较大、法律不够完善、缺乏制衡机制和市场不发达有关。例如,为了保护民族产业,一些发展中国家实行进口配额制,即规定进口商品的最高限价。进口配额造成国内市场价格高于国际市场价格,这种额外收益就是一种经济租金,可能诱使一些商人以贿赂手段获得进口额度。

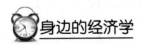 身边的经济学

黑死病的经济学

14世纪的欧洲,鼠疫的流行在短短几年内夺去了大约1/3人口的生命。这个被称为黑死病的事件为要素理论市场提供了一个可怕的自然试验。我们来看看黑死病对那些幸存者的影响。先思考一下工人赚到的工资和地主赚到的租金会有什么变动呢?

为了回答这个问题,我们来考察人口减少对劳动的边际产量和土地的边际产量的影响。当工人供给减少时,劳动的边际产量增加了(这只是边际产量递减在相反方向起作用)。因

此,我们估计黑死病提高了工资。

由于土地和劳动共同作用于生产,工人供给减少,也影响土地市场,而土地市场是中世纪欧洲的另一种主要生产要素。由于可用于耕种土地的工人少了,增加一个单位土地所生产的额外产量少了。换句话说,土地的边际产量减少了。因此,我们可以认为黑死病降低了租金。

实际上,这两种预言都与历史证据相一致。在这一时期,工资将近翻了一番,而租金减少50%,甚至更多。黑死病给农民阶级带来了经济收益,而减少了有土地阶级的收入。

四、利润理论

西方经济学家把利润分为正常利润和经济利润。

(一)正常利润

正常利润(Normal Profit)是企业家才能的报酬,它被包括在成本之中。在长期内,如果企业家得不到正常利润,他就会退出生产。正常利润的决定与工资类似,取决于"企业家才能"的供求关系。由于企业家在生产过程中起着很重要的作用,所以对企业家才能的需求量很大,又由于企业家才能是经过特殊训练和培养才获得的,其成本很高,因此企业家才能的供求曲线的交点所决定的正常利润就会远远高于一般劳动者的工资。可以说,正常利润是一种特殊的工资,其特殊性就在于其数额远远高于一般劳动所得到的工资。

(二)经济利润

经济利润是指超过正常利润的那部分利润,又称超额利润(Excess Profit)或纯粹利润。它主要有以下三个来源:

1. 创新

西方经济学家认为,如果超额利润是创新的结果,就是一种正当的所得。

所谓创新,就是建立一种新的生产函数,即对生产要素和生产条件的一种新的组合。创新共包括五种情况:第一,引入一种新产品;第二,采用一种新的生产方法;第三,开辟一个新市场;第四,获得了一种原料的新来源;第五,实行了一种新的企业组织形式(新的管理方法)。这五种形式的创新都可以产生超额利润。

> **想一想**
> 创新带来的超额利润合理吗?

创新是社会进步的动力。所以,创新所获得的超额利润,是对那些有远见有胆识的人们的奖励,是正当的,是社会进步必须付出的代价。一个社会能否进步,取决于有没有一批敢于创新的企业家。

2. 风险

风险是指投资者面临失败的可能性。企业家进行某种有可能失败的生产活动时,他面临着由于遭到失败而导致经济损失的可能性。在社会经济发展过程中,总需要有人去承担风险。由于承担风险而获得的经济利润,不过是社会为冒险活动所支付的保险费用。

3. 垄断

由垄断而产生的利润又叫垄断利润,它既可以产生于卖方垄断,又可以产生于买方垄断。

卖方垄断也称垄断或专卖(Monopoly),指对某种产品出售权的垄断。垄断者可以抬高销售价格来损害消费者的利益而获得超额利润。

买方垄断也称专买(Monopsony),指对某种产品或生产要素购买权的垄断。在这种情况下,垄断者可以压低收购价格,以损害生产者或生产要素供给者的利益而获得超额利润。

垄断所引起的超额利润是垄断者对消费者、生产者或生产要素供给者的剥削,是不合理的。这种超额利润是市场竞争不完全的结果。

(三)利润在经济中的作用

资本的根本动机是利润,这是一个毋庸置疑的问题。西方经济学家进一步认为,企业家不断地追求利润,在经济生活中是有其客观意义的,可以说利润是社会进步的动力。这是因为:

第一,正常利润作为企业家才能的报酬,是提高厂商经济效益的重要条件。它可以鼓励企业家更好地经营和管理企业,不断提高经济效益。

第二,经济利润是创新的动力,没有经济利润,也就不会有创新,也就没有对创新的模仿和普及。所以,由创新而产生的经济利润鼓励企业家不断大胆创新,这种创新有利于社会技术进步。

第三,经济利润使投资者愿意承担一定的风险,如果没有这种诱惑,具有风险性的产品就不会有人去生产。所以,由风险而产生的经济利润鼓励企业家勇于承担风险,从事有利于社会经济发展的风险事业。

第四,追求利润的目的使企业按社会的需要进行生产,努力降低成本,有效地利用资源,从而在整体上符合社会的利益。

第五,整个社会以利润来引导投资,使投资与资源的配置符合社会的需要。

五、收入分配平等程度的衡量

(一)洛伦茨曲线

洛伦茨曲线(Lorenz Curve)是用来衡量社会收入分配(或财产分配)平均程度的曲线。

如果把整个社会人口按收入的多少从低到高平均分为 5 档,每档人口均占全部人口的 20%,然后,再观察每档人口的收入占总收入的百分比,即可比较出社会收入的差别。表 7.1 分别为收入分配绝对平均和收入分配不平均的举例比较。

表 7.1 收入分配表

收入分组		占人口的百分比		绝对平均的情况		不平均的情况	
		所占比例	累计比例	占总收入的比例	累计比例	占总收入的比例	累计比例
低 ↓ 高	1	20%	20%	20%	20%	4%	4%
	2	20%	40%	20%	40%	10%	14%
	3	20%	60%	20%	60%	20%	34%
	4	20%	80%	20%	80%	26%	60%
	5	20%	100%	20%	100%	40%	100%

由于上述收入分配不平均的情况最先被统计学家洛伦茨发现并以图形表示,因此形成了著名的"洛伦茨曲线"。洛伦茨曲线就是反映收入分配平均程度的曲线。如图 7.14 所示。

在图 7.14 中,OI 表示国民收入百分比,OP 表示人口百分比,连接两对角线的直线是绝对平等曲线,因为该线上的任何一点到纵坐标和横坐标的距离都是相等的,对角线上的任何一点都表示:总人口中每一定比例的人口所拥有的收入在总收入中也占一定相同的百分比。如果社会收入是按这种情况分配,那就说明社会收入分配是绝对平均的。

在图 7.14 中,OPY 线是绝对不平等线。这条线表示,社会的全部收入都有被一人所占有,其余人的收入都是零。

在图 7.14 中,介于上述两个极端之

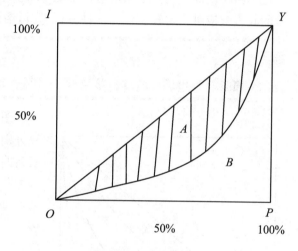

图 7.14 洛伦茨曲线

间的曲线则是实际收入分配线,即洛伦茨曲线。在这条曲线上,除了起点(O 点)与终点(Y 点)以外,任何一点到坐标两轴间的距离都不相等。每一点都表明占总人口的一定比例的人口拥有的收入在总收入中所占的百分比。

从洛伦茨曲线的形状可看出:实际收入分配线越靠近对角线,则表示社会收入分配越接近平均;反之,实际收入分配线越远离对角线,则表示社会收入分配越不平均。

(二)基尼系数

基尼系数(Gini Coefficient)是由 20 世纪意大利经济学家基尼首次采用的。他根据洛伦茨曲线图找出了判断收入分配平均程度的指标,这个指标被称为"基尼系数",也称为"洛伦茨系数"。

在图 7.14 中,A 表示实际收入分配曲线与绝对平均曲线之间的面积;B 表示实际收入分配曲线与绝对不平均曲线之间的面积,则

$$基尼系数 = \frac{A}{A+B}$$

如果 $A=0$,基尼系数$=0$,则表示收入绝对平均;如果 $B=0$,基尼系数$=1$,收入绝对不平均。

可见,事实上基尼系数在 0 和 1 之间。基尼系数数值越小,越接近于收入平均;基尼系数数值越大,则收入越不平均。

基尼系数被西方经济学家公认为一种反映收入分配平等程度的方法,也被现代国际组织(如联合国)作为衡量各国收入分配的一个尺度。按国际上通用的标准,基尼系数小于 0.2,表示绝对平均;基尼系数为 0.2~0.3,表示比较平均;基尼系数为 0.3~0.4,表示基本合理;基尼系数为 0.4~0.5,表示差距较大;基尼系数为 0.5 以上,表示收入差距悬殊。

基尼系数具有广泛的用途,它不仅可以显示国家间、各种社会集团和阶级之间的收入分配平均程度,而且可以反映财产、住房等其他项目的分配平均化程度。

(三)洛伦茨曲线和基尼系数的运用

运用洛伦茨曲线与基尼系数可以对各国收入分配的平均程度进行对比,也可以对各种政策的收入效应进行比较。作为一种分析工具,洛伦茨曲线与基尼系数是很有用的。

> **想一想**
> 如何根据洛伦茨曲线与基尼系数来判断一国收入分配的平均程度?

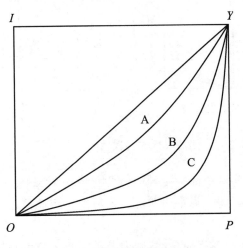

图 7.15 洛伦茨曲线的运用

图 7.15 中,OAY、OBY、OCY 三条洛伦茨曲线分别代表收入分配的不同平均程度。如果这三条曲线分别表示的是 A、B、C 三个国家的收入分配状况,则 A 国的收入分配最平均,C 国最不平均,B 国介于两者之间。如果这三条曲线分别表示一国在不同时期的收入分配状况,例如,OAY 为最近时期的洛伦茨曲线,OCY 为最早时期的洛伦茨曲线,则该国收入分配呈现出愈益均等化的趋势。

如果把这三条曲线中任意两条线看作表示实行某项经济政策前后的收入分配状况,例如,OBY 为实行某项经济政策前的洛伦茨曲线,OAY 为实行该政策后的洛伦茨曲线,则说明该项政策的收入效应是趋向平均化的。

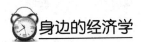身边的经济学

统计局:近年中国的基尼系数总体上呈下降趋势

央视网消息:在 2017 年 1 月 20 日上午举行的国务院新闻办公室新闻发布会上,国家统计局局长宁吉喆在谈到反映贫富差距的基尼系数时提到,近年来,中国的基尼系数总体上呈

下降趋势。

2012~2015年,中国居民收入的基尼系数分别为0.474、0.473、0.469、0.462。2016年为0.465,比2015年提高了0.03个百分点,但是它没有改变中国基尼系数总体下降的趋势。2016年中国的城乡居民收入的相对差距还在缩小,从2.73%下降到2.72%,但基尼系数为何又有所扩大呢?我们根据微观调查,认为主要有两个原因:① 城市一部分低收入者的养老金收入增速略微放缓;② 农村一部分只靠粮食生产收入为主的人口,由于粮价下跌,收入略有减少。但总的趋势没有改变,我国加大脱贫扶贫攻坚的力度,加大城镇化、城乡一体化的步伐,会保持居民收入差距逐步地缩小的这种趋势,这是可以预期的。

案例点击7.1

我国中等收入群体比例偏低的原因及对策

习近平总书记在中央财经领导小组第十三次会议上强调,"扩大中等收入群体,关系全面建成小康社会目标的实现,是转方式调结构的必然要求"。中等收入人群是社会和谐稳定的基石,是构筑可持续发展的"橄榄型"社会结构的基础,我们要充分认识扩大中等收入群体对实现全面建成小康社会目标的重大意义,将扩大中等收入群体作为转方式调结构的重要途径,通过深化改革为扩大中等收入群体提供制度保障。

1. 我国中等收入群体比例偏低的原因

中等收入群体通常是指一个经济体中收入达到中等水平、生活较为宽裕的群体。这个群体具有较为稳定的收入,较强的消费能力,受过良好的教育,多从事专业性较强的工作,是经济社会发展的主要依托力量。国际上对中等收入群体缺乏统一的衡量标准,使用比较多的是世界银行"家庭人均每天支出10~100美元"的标准。按此计算,我国中等收入群体占总人口比例约为1/5,不仅大幅度低于发达国家水平,也明显低于这些国家与我国处在相同发展阶段时的水平。我国中等收入群体比例偏低,有经济所处发展阶段的原因,更主要的是受到发展方式和体制机制的影响。

从发展阶段来看,我国刚迈入工业化中后期,生产活动以低附加值、劳动密集型制造业为主,服务业刚刚超过第二产业,但知识和技术含量高的专业服务业比例较低,导致劳动收入相对于资本报酬偏低。同时,高质量人力资本比例偏低,也影响到中等收入群体的扩大。虽然我国高等教育招生规模逐年扩大,现在每年已超过750万人,但由于人口基数大,总人口中接受过高等教育者的比例仍然很低,2014年我国具有大专及以上学历人口比例仅为11.5%,远低于经济合作与发展组织(OECD)成员国的平均水平。

从发展方式来看,长期以来依靠要素驱动的粗放型增长,重投资轻消费、重物质资本轻人力资本,初次收入分配中劳动者份额和居民最终消费占GDP比例仍然偏低。近年来,随着农村劳动力转移跨过"刘易斯拐点",劳动年龄人口下降,劳动力供求关系发生转折性变化,初次分配中的劳动者份额有所提高,但总体仍处于较低水平,影响了中等收入群体的扩大。

从体制政策来看,我国要素市场发育仍然滞后,要素流动和优化配置受到制约。劳动力在城乡、区域、行业间流动还存在各种显性和隐性障碍,特别是农业转移人口市民化进程缓慢,难以获得与户籍人口均等的公共服务及教育、就业和升迁机会,抑制了这部分人的收入增长。农村土地改革滞后使得土地缺乏流动性,导致农民的土地权益难以有效转化为实际收入。资本市场仍不完善,实际利率水平长期受到压制。

今后一个时期是我国全面建成小康社会的决胜时期,扩大中等收入群体,关系到能否完成全面建成小康社会的任务,顺利实现第一个百年目标;关系到能否转方式调结构,切实提高经济发展质量和效益。我们应站在经济社会发展战略的高度,着力扩大中等收入群体,提高居民收入和消费能力,推动我国市场规模扩大和层次提升,着力提升人力资本水平和劳动生产率。促进结构调整和动力转换,形成经济持续发展新动力。

2. 深化改革,为扩大中等收入群体提供制度保障

扩大中等收入群体,需要解放和发展生产力。最根本的是要深化改革。推动经济发展从要素驱动转向创新驱动,培育发展新动力,提高全要素生产率,为扩大中等收入群体提供制度保障。

加快教育制度改革。加大人力资本投资,继续加大基础教育投入,巩固提高义务教育,加快普及学前教育和高中阶段教育,提升基础教育质量,缩小城乡教育差距。加快现代职业教育建设,增强职业教育的实用性,培养大批技术、技能人才。加大农民工职业技能培训和岗位技能培训,建立健全与受职业教育的劳动人才相适应的专业技术职称评定制度。推进高等教育招生考试制度改革,推行初高中学业水平考试和综合素质评价。扭转应试教育状况,建立健全多元招生录取机制。在各类学校招生和国有企事业单位招聘中,给予弱势群体更多定向名额,使他们获得更多发展机会。

加快户籍制度改革,促进社会流动。对农民工数量占比高的特大城市,建立"积分落户"制度,促进有稳定就业和住所的农民工有序落户。提高劳动力的流动性,促进农业人口转入非农部门。提高劳动生产率。增强劳动力市场的灵活性,促进劳动力在地区、行业、企业之间自由流动。降低就业的隐形门槛,提升选人用人的透明度和公平性,鼓励社会成员通过努力奋斗,实现人生目标。鼓励大众创业、万众创新。激发社会活力,为有志向、有能力的社会青年提供更为广阔的发展空间和更加顺畅的流动渠道。

加快科技体制改革,建立新的激励机制,提高科研人员收入。深化科技成果使用、处置和收益管理改革,实行以增加知识价值为导向的分配政策,加大对创新人才的股权、期权分红力度。鼓励科技人才和科研成果直接进入市场,按科技要素实现价值回报。创新科研经费管理体制、激发科研人员的积极性和创造性,提高技术工人福利待遇和社会地位。

加快土地制度改革,提高农民财产性收益。支持引导进城落户农民依法自愿有偿转让土地承包权。扩大农业适度规模经管,培育新型职业农民。在符合规划和用途管制的前提下,鼓励农村集体经营性建设用地出让、租赁、入股。在具备条件的地方实行地票制,农民宅基地还耕后,集体建设用地指标变为资本,可携带入城投资创业。

讨论:(1)我国中等收入群体比例偏低的原因是什么?

(2)如何扩大我国中等收入群体比例?

我国垄断行业高管薪酬不合理现状及对策

完全垄断行业就是在行业中或市场中只有一家厂商的情况。完全垄断行业可以分为自然垄断行业和行政垄断行业,其中电力行业、电信行业、铁路行业、民航行业、高速公路、水运港口设施、邮政行业、天然气管道运输、城市自来水、城市燃气供应、城市居民供热、城市排污这12个行业属于自然垄断行业,石油与成品油、广播电台、无线与有线电视台、烟草专卖、食盐专卖这5个行业则属于行政垄断行业。

相关资料显示,完全垄断行业高管薪酬在2005~2008年增长快速,2005年完全垄断行业高管薪酬均值仅为649524元,2008年达到1584026元,其中2006~2007年增幅最大,增长了60%。2008年以后增速减缓,2008~2009年完全垄断行业高管薪酬均值几乎没有增长,这是全球金融风暴带来的影响。金融危机使全球经济受损,但是部分完全垄断行业高管薪酬不降反增,这就使他们的高额薪酬收入成为民众关注焦点。

为了社会的和谐稳定,国家出台了"限薪令"等政策,同时加强对完全垄断行业高管薪酬的监管,使完全垄断行业高管"天价薪酬"的现象减少。2009年经济复苏,国有垄断企业高管薪酬出现增长的趋势。2009年完全垄断行业高管年薪均值为1542068元,2010年上升到1828728元。根据2010年年报显示,中海油高管平均年薪为192.5万元,中国移动高管平均年薪为148.08万元,中国中煤高管平均年薪为48.55万元,中国国航高管平均年薪为51.8万元。

完全垄断行业高管领取的高薪是否与其工作的努力程度是否相匹配?他们究竟为企业创造了多少绩效?完全垄断企业的利润有多少是由高管创造的,多少是来自企业垄断地位创造的垄断利润呢?完全垄断行业高收入尤其是高管高薪已成为社会分配不公的典型。

完全垄断行业高管高薪现象的形成原因是多方面的。既有分配制度方面的直接原因,也有市场、资源垄断等体制方面的深层次原因,必须深入分析,对症下药,才能有针对性地解决问题。

一方面,具有自然垄断、行政垄断的企业,尤其是国有企业及国有控股企业,其利润不断攀升,虽然有企业高管们的贡献,但很大程度上靠的是其垄断地位和国家政策倾斜,甚至是对消费者的不合理盘剥,这些企业盈利是否属于高管的业绩值得商榷。随着企业的发展,企业高管获得的利润和收入越来越多,普通员工却不能分享改革和企业发展的成果,导致企业内部的薪酬差距过大,薪酬分配不均问题极为严重。

另一方面,完全垄断行业不合理的薪酬分配机制也是导致高管薪酬畸高的重要因素。在我国完全垄断行业中,对高管薪酬的激励表现为两种倾向:一是继续由国家掌握对垄断行业高管的工资总额和等级标准,这种薪酬制度不能恰当地评估高管的贡献,引发了消极怠工,甚至优秀企业家的流失;二是在年薪制和经理人员持股制执行过程中发现,在所有者缺位的情况下,高管倾向于给自己定更高的薪酬,容易出现自定高额薪酬、浪费性在职消费,甚至侵吞国有资产等损害股东利益的行为。

此外,完全垄断行业高管大多由政府任命,他们身兼企业家和高级别行政官员的双重身份,具有进退自如的"两栖"角色,他们承担的责任、风险及创造的价值都享受着"业务不够靠牌照抢,资金不够靠A股圈"的市场保护。一边享受国家埋单、注资、资金援助的保护,一边却在薪酬上"自肥",进行"驴打滚"式的翻番。垄断行业高管工资涨幅过大并出现"只涨老总不涨员工"的现象,是非市场因素行政权力、体制性因素导致的收入分配关系的不正常。

针对完全垄断行业高管高薪的诸多问题,相关对策的提出将有助于垄断行业高管薪酬的合理化。解决垄断行业高管薪酬问题的相关对策如下:

首先,完全垄断行业高管薪酬制定要参照竞争性行业高管薪酬标准。国资委应在垄断行业高管薪酬制定的过程中发挥有效作用,改变垄断行业高管自定薪酬的情况。确定垄断行业高管薪酬时既要参照竞争性行业高管薪酬的标准,又要考虑与职工工资的差距,以缩小社会收入差距、维护社会公平。

其次,完善垄断行业高管薪酬激励制度,有效提高高管薪酬与企业效益的关联度。管理层激励机制的有效性、合理性在很大程度上取决于企业业绩评价是否恰当,所以要选择合理的企业绩效考核指标,全面、客观地评价垄断企业经营绩效。综合考虑多方面因素,将绝对指标与相对指标、财务指标和非财务指标相结合,使业绩考核能够反映企业绩效的变化,进而体现管理者的才能与努力程度,以完善垄断行业高管薪酬激励制度,实现薪酬与企业业绩挂钩。

再次,完善垄断行业公司治理结构,强化监事会、外部独立董事功能。适度扩大董事会、监事会规模,降低第一大股东持股比例,一定程度上可以提高监管效率,限制垄断行业高管薪酬的膨胀。注意提高独立董事和薪酬委员会的独立性,合理调动独立董事和薪酬委员会的监管积极性。

最后,舆论监督对高管薪酬也具有一定的抑制作用。合理有效地利用舆论监督对垄断行业高管薪酬合理化有着积极的推动作用。在我国,舆论监督与政府的关系为:舆论监督既是政府的喉舌,又是对政府行为进行监督的监督者。在这种情况下,舆论监督对高管薪酬的报道被政府认为是对其及其下属企业的批评,从而加强对高管薪酬的管理。

讨论:(1) 为什么完全垄断行业高管薪酬过高损害了社会公平?
(2) 你认为如何才能从制度上限制垄断行业高管过高薪酬?

知识归纳

基本概念	生产要素需求 生产要素供给 生产要素均衡 工资 地租 利息 基尼系数
基本原理	生产要素也称生产性服务或资源,简称为要素。生产要素的价格与产品的价格一样,是由供求关系决定的,即生产要素的需求与供给决定了生产要素的价格。因此,分配理论是价格理论在分配问题上的应用,分配是由价格决定的。

基本知识点	(1) 生产要素的需求曲线。 生产要素的价格与产品的价格决定一样,也是由生产要素的供给与需求决定的。所不同的是,生产要素的需求是一种联合需求或派生需求,在完全竞争的要素市场上,厂商对生产要素的需求是由要素的边际生产力决定的,边际产品价值曲线就是厂商对生产要素的需求曲线。它是一条向右下方倾斜的曲线。 (2) 生产要素的供给曲线。 生产要素的供给,由于要素市场是完全竞争市场,按照第五章已经学过的理论,在完全竞争市场上,单个厂商所购买的要素量占整个市场的数量是微不足道的,所以要素供给具有完全弹性,即厂商所面临的要素供给曲线是一条水平线(类似于完全竞争市场上个别厂商的产品需求曲线),其高度为要素价格。 (3) 生产要素价格的决定。 生产要素的价格与商品价格一样,是由市场供求关系决定的。生产要素的均衡价格,就是生产要素的供给量与需求量相一致的价格。它是由生产要素的供给曲线与需求曲线的交点决定的。 (4) 工资是在一定期间内给予提供劳动的劳动者的报酬,也是劳动这种生产要素的价格。 (5) 利息是资本的报酬,或者说是资本的价格,是资本所有者的收入。利息的多少取决于利息率的高低。而利息率是由资本的需求和供给决定的。 (6) 地租。 地租是土地使用者对使用土地所支付的价格。由于土地供给量为既定常数,与地租水平的高低无关。因此,土地这一生产要素的价格,即地租只决定于土地需求曲线,与土地需求同方向变化。 (7) 利润。 西方经济学家把利润分为正常利润和经济利润。正常利润是企业家才能的报酬,它被包括在成本之中。经济利润是指超过正常利润的那部分利润,又称超额利润或纯粹利润。它主要有三个来源:创新、风险和垄断。 (8) 洛伦茨曲线。 洛伦茨曲线的弯曲程度反映了分配的不平等程度,洛伦茨曲线弯曲程度越大,收入分配越不平等;反之,洛伦茨曲线弯曲程度越小,收入分配越平等。 (9) 基尼系数。 实际基尼系数总是在 0 和 1 之间,其数值越小,表明收入分配越平均;反之,则越不平均。

◆ 复习思考

1. 单项选择题

(1) 完全竞争的产品市场中某厂商仅用要素 L 去生产产品,则该厂商对要素 L 的需求曲线与下面哪条曲线重合?(   )

  A. VMP_L 曲线   B. MP_L 曲线   C. MFL_L 曲线   D. 以上都不是

(2) 不完全竞争的产品市场中厂商对生产要素的需求曲线向右下方倾斜的原因是(   )。

A. 要素生产的产品的边际收益 MR 递减　　B. 要素的边际收益产量 MP 递减
C. 要素参加生产的规模报酬递减　　D. A 和 B

(3) 单个厂商对生产要素的需求曲线与行业对生产要素的需求曲线相比（　　）。
A. 前者与后者重合　　　　　　　　B. 前者比后者陡峭
C. 前者比后者平坦　　　　　　　　D. 无法确定

(4) 在完全竞争条件下，生产要素的供给曲线是一条与（　　）重合的水平线。
A. MRP 曲线　　　B. MFC 曲线　　　C. MP 曲线　　　D. VMP 曲线

(5) 在厂商是要素市场的买方垄断者时，生产要素的供给曲线与 MFC 曲线相比（　　）。
A. 前者与后者重合　　　　　　　　B. 前者比后者陡峭
C. 前者比后者平坦　　　　　　　　D. 无法确定

2. 名词解释

(1) 边际产品价值　　(2) 边际收益产品　　(3) 边际要素成本
(4) 地租　　　　　　(5) 经济租　　　　　(6) 准租金

3. 简答题

(1) 试述厂商的要素使用原则。
(2) 试述消费者的要素供给原则。
(3) 为什么劳动供给曲线向后弯曲？
(4) 试述地租形成的原因。

4. 案例分析题

过去几十年间，女性在经济中的作用发生了巨大的变化。有工作的女性自 20 世纪 50 年代的 32％增加到 90 年代的 54％。整天从事家务劳动的人已经不常见了，女性的收入成为决定一般家庭总收入的一个更重要的因素。

尽管女权运动使男人与女人之间在得到教育和工作中更加平等，但它也使家庭收入更加不平等。原因是在各个收入集团中，女性劳动力参工率的提高不同。特别是，女权运动对高收入家庭的女性影响最大。甚至在 20 世纪 50 年代，来自低收入家庭女性的参工率早就相当高，而自那时起，她们的就业情况变化并不大。

实际上，女权运动改变了高收入家庭妻子的行为。在 20 世纪 50 年代，男性经理和医生的妻子本身更可能是经理和医生。结果是富有的家庭变得更富了，这是家庭收入不平等加剧的一种形式。

正如这个例子所说明的，决定收入分配的有社会与经济因素。此外，认为"收入不平等"这种简单化观点可能有误导。女性得到的机会日益增加，即使在家庭收入上有较大的不平等的影响，对社会来说也确实是一种好的变化。在评价收入分配的任何一种变动时，决策者在确定是否会引起社会问题之前必须考察这种变动的原因。

问题：

(1) 你认为性别对找工作重要吗？影响收入分配的因素有哪些？
(2) 西方经济学中收入分配的基本原理是什么？你认为和我国目前的收入分配制度相比有什么不同，有哪些借鉴意义？

第八章 市场失灵与微观经济政策

掌握市场失灵的含义；掌握公共物品、外部性、科思定理、非对称信息的内容；理解垄断的低效率及其对策；熟悉逆向选择、道德风险、委托-代理等内容。

市场失灵 Market Failures　　非对称信息 Asymmetric Information
垄断 Monopoly　　　　　　　公共物品 Public Goods
公共选择 Public Choice　　 外部性 External Effects
科斯定理 Coase Theorem

前面各章的微观经济理论，旨在论证一个核心命题：在完全竞争市场条件下，个人的理性行为将导致资源配置的帕累托最优。然而完全竞争市场的假定条件是如此地理想和苛刻，以至于现实中的市场经济无法满足。由于完全竞争市场以及一系列理想化假定条件并不现实，市场机制在很多场合不能正常发挥作用，导致资源配置缺乏效率，不能达到帕累托最优。这种情形被称为市场失灵（Market Failures）。在出现市场失灵的情况下，就需要依靠市场以外的力量，特别是政府的干预以弥补市场的缺陷。

本章将分析市场失灵的四种基本情况，即垄断、外部性、公共物品和不完全信息及相应的微观经济政策。

第一节 垄 断

1. 2010年湖南郴州因为当地的冶炼企业的排污处理不当,导致许多村民血铅中毒,仅仅4日该市共207人进行了体检,其中有111人血铅含量超标,其中有29名儿童因血铅中毒住院。当地政府已经积极地取缔当地的非法排污企业,可是还有村民血铅中毒事件发生。

2. 2016年某药企在全国范围内召回一种治疗重症肌无力的必备药物——溴吡斯的明片,造成该药品供应断货,有些患者在市场上遍寻一月仍无果。类似的状况并不少见。近年来,被媒体报道过的短缺药物有鱼精蛋白、甲巯咪唑、放线菌素D、促皮质素等。这类药品有一个共同点,即价格不高、临床用量少、仅有一两家企业生产。但是少了它,不是找不到替代药物,就是替代药物价格居高不下,令患者难以承受。药品是特殊商品,攸关人的生命,对病人属于刚需,具有准公共物品的性质。世界上任何一个国家,都对药品产销实行管制,我国也一样。低价救命药短缺的问题也并非我国独有,是国际难题,各国大多通过政府出面干预解决——政府的"有形之手"除了管好标准、渠道和价格,还要解决市场失灵的难题,保证救命药的供应,为患者们"托底"。

思考:(1)市场机制是万能的吗?
(2)在市场的神话背后,有哪些领域是市场无能为力的?
(3)政府应该扮演什么角色?

垄断有广义和狭义之分。前面章节关于市场的理论中对垄断的定义是狭义的,西方经济学家在微观经济政策中,给垄断重新下定义,用广义的垄断代替狭义的垄断,认为垄断是一个或几个厂商控制一个行业或市场全部或大部分产品供给的情况。按照这个广义的理解,现实经济生活中普遍存在着垄断组织的行业,比如在美国的汽车工业、钢铁工业、飞机制造业、化学工业、制铝业等都属于垄断市场。这些市场的大部分产品供给都被少数几个厂商所控制。

一、垄断(Monopoly)造成的效率损失

从第六章的分析我们知道,在完全竞争的情况下,社会资源可以实现最佳配置,社会福利可以实现最大化。但在垄断市场上,垄断厂商为追求自身最大利润,并不考虑社会效果,垄断厂商的产量长期小于社会需求量,通过控制产量提高价格的办法获得高额利润,使社会资源的配置和收入分配不合理,损害了消费者的利益,破坏了完全竞争的理想状态,对整个

社会造成损失。

垄断对社会所造成的损失,主要表现为资源浪费和社会福利的损失。如图 8.1 所示,纵轴代表价格 P,横轴表示产量 Q。

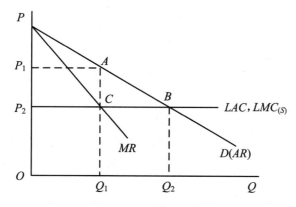

图 8.1 垄断的危害

假定某行业只有一家厂商,它是该行业的垄断者。又假定该垄断厂商的长期平均成本等于长期边际成本,那么长期平均成本(LAC)和长期边际成本(LMC)重合,为一条水平线。如果该产业的需求曲线为 D,相应的边际收益曲线为 MR。若在完全竞争的市场结构下,均衡产量和均衡价格由 B 点来决定,分别为 OP_2 和 OQ_2。而在完全垄断的市场结构下,为了实现利润最大,必须遵循 $MC=MR$ 最大利润原则,这时均衡产量和均衡价格将由 A 点来决定,分别为 OP_1 和 OQ_1,由此可见:

第一,完全垄断情况下的产量 OQ_1 小于完全竞争条件下的产量 OQ_2,而价格 OP_1 反而高于完全竞争条件下的价格 OP_2。这意味着从社会角度看是用比较多的投入生产了比较少的产品,因而存在浪费社会资源的情况。

第二,完全垄断情况下由于产量减少,价格提高,存在垄断利润,因而消费者剩余减少。在完全竞争条件下,消费者剩余为价格线 OP_2 以上部分的大三角形。现在由于产生了垄断,产量减少,因而消费者剩余只剩下价格线 OP_1 以上的小三角形。消费者剩余减少了 P_2P_1AB,其中的 P_2P_1AC 部分为垄断厂商作为超额利润占为己有,另外的 ABC 三角形部分则是社会福利损失。它是社会为垄断所支付的一种代价。

> **想一想**
> 垄断带来哪些危害?

除此以外,垄断给社会还会带来一些其他的弊端。垄断一旦形成,竞争的压力就大大减少,推动厂商进行技术革新的动力可能减弱。此外,由于垄断可以使厂商获得超额利润,垄断厂商会采取各种方法来获得或维持垄断地位,比如向政府官员行贿,或者向政府官员游说,使其制定更为有利于自己的政策。这种为获得和维持垄断地位而付出的代价是一种纯粹的浪费,它不是用于生产,没有创造出任何有益的产出,完全是一种"非生产性的寻利活动"。这种非生产性的寻利活动被概括为所谓的"寻租"活动。寻租活动不仅给社会造成了巨大的损失,而且会滋生政府腐败。

知识链接

寻租性腐败

寻租性腐败是指为获取纯粹转移所花费的稀缺资源跟垄断、管制关税和其他相关制度及实践带来的传统净损失。由著名学者戈登·图洛克（Gordon Tullock）定义。

在经济学领域，腐败被定义为一种寻租活动。经济学意义上的寻租是指维护既得的经济利益或是对既得利益进行再分配的非生产性活动。戈登·图洛克也认为寻租是"利用资源通过政治过程获得特权从而构成对他人利益的损害大于租金获得者收益的行为"。

常见的寻租性腐败主要表现在以下几方面：

（1）政府价格管制所产生的寻租性腐败。经济转型初期政府形成两种广义价格，如商品价格双轨制，资本（利率）价格双轨制，这样同种商品被人为地规定了不同价格，就会产生大量经济租金，就会激励拥有权利的官员和拥有钱财的寻租人共同参与分享这些经济租金。

（2）政府特许权所产生的寻租性腐败。特权泛指政府保护下，某些人群或利益集团获得的法律和制度规定以外的各种权利，这些权利给他们特殊的经济利益和政治利益，最典型的就是行业垄断经营，地方保护经营和生产销售特许权等，这种特权经常会破坏公平竞争，腐败便容易产生。

（3）贸易限制、高关税和进口配额所产生的寻租性腐败。关税和进口配额实际上也相当于一种垄断。某些利益集团可以通过一些不正当的方式，比如行贿政府官员来影响相关政策的制定。

（4）优惠政策所产生的寻租性腐败。由于"优惠政策"带有歧视性且适用范围有一定限制，一些个人和利益集团便试图通过寻租的方式改变适用范围并从中获益。

（5）地下经济及合法经营领域内的非法收入性活动产生的寻租性腐败。走私、贩私、地下工厂生产假冒伪劣产品等非法地下经济活动以及纳税人为逃避税收，往往都要与海关人员、政府官员相互勾结才能维持下去。

（6）公共投资与公共支出活动产生的寻租性腐败。某些不具备特定技术能力要求的经济单位通过寻租、行贿方式获得承包工程的机会，造成公共投资活动的效率损失和资金流失。这些损失在很大程度上属于政府腐败损失。

二、反垄断措施

由于垄断会带来一系列的社会危害，政府为了避免或最大限度地减少这种危害，就需要对其加以管理，这就是有关垄断的微观政策。这里所说的反垄断政策，主要是指对垄断加以限制的政策手段，主要分为立法和政府管制两种。

（一）反垄断法

对于市场垄断，西方国家大都通过制定一系列反垄断法加以限制，其中最为突出的是美国。19世纪末以来,美国制定的反垄断法主要有谢尔曼法、克莱顿法、联邦贸易委员会法、罗宾逊-帕特曼法和塞勒-凯弗维尔反合并法等。这些法案相互补充,从不同侧面对垄断加以限制,形成了一个完整的反垄断的法律体系。

知识链接

美国的反垄断法案

谢尔曼法是美国的第一部反垄断法规,于1890年制定。该法规规定:任何以托拉斯或其他垄断形式所进行的兼并活动,任何限制或企图限制州际或国际贸易的活动,均属非法;任何垄断或企图垄断洲际或国际贸易的活动,均被认为是犯罪。谢尔曼法的核心思想是保护竞争,防止和反对形成大的垄断企业。直到如今该法仍然是美国政府反垄断的重要武器。

克莱顿法是美国1914年制定的反垄断法案,是对谢尔曼法的修正和加强。该法案禁止不公平竞争。法案宣布,凡导致削弱竞争或造成垄断的不正当做法均为非法。这些不正当做法包括以下三种:一是搭配售货,这种做法不利于竞争;二是连锁董事会中多是共同的、可协调活动,可以挤垮别人;三是公司之间相互持有股票。克莱顿法明确规定凡有上述三种做法之一者均为非法经营。

联邦贸易委员会法也是美国1914年制定的一项反垄断法规,其主要内容是建立联邦贸易委员会作为独立的管理机构,授权防止不公平竞争以及商业欺骗行为,包括禁止伪假广告和商标等。联邦贸易委员会的主要职责是执行克莱顿法,但近些年来,其权力范围有所扩大,成为美国执行反垄政策的主要机构。

罗宾逊-帕特曼法产生于1936年,该法宣布卖者为消除竞争而实行的各种形式的不公平的价格歧视为非法,禁止卖者将同样的商品以不同的价格卖给不同的买者;禁止卖者对不同的买者按不同的比率付给广告和推销津贴。该法的目的是要消除不公平的价格竞争,以保护独立的零售商和批发商。

塞勒-凯弗维尔反合并法产生于1950年,是对克莱顿法的修正和补充。克莱顿法限制大公司购买竞争者股票,但大公司却可以通过购买竞争者的资产而达到同一目的。塞勒-凯弗维尔反合并法就是为了填补这个漏洞而制定的。法令规定,不管什么情况,都不允许在大的企业之间进行合并,也不准大公司与同行业中的小公司合并,还不准小企业与中等规模企业合并(如果这种合并会使它的市场份额超过30%)。该法还对克莱顿法作了一个修正,即规定联邦贸易委员会和司法部对企业之间的合并有管制权。企业在合并之前,必须先把合并计划提交给这两个机构,由这两个机构对合并计划进行审核批准。如果企业未经批准擅自合并,司法部就可以对它提起诉讼。

上述反垄断法均由国会制定,其执行机构是联邦贸易委员会和司法部反托拉斯局。前者主要负责反不正当的贸易行为,后者主要负责反垄断活动。对犯法者可以由法院提出警告、罚款、赔偿受权人权失、改组公司直至判刑。

我国的第一部反垄断法《中华人民共和国反垄断法》于 2007 年 8 月 30 日由中华人民共和国第十届全国人民代表大会常务委员会第二十九次会议通过,自 2008 年 8 月 1 日起施行。《中华人民共和国反垄断法》是一部为了预防和制止垄断行为,保护市场公平竞争,提高经济运行效率,维护消费者利益和社会公共利益,促进社会主义市场经济健康发展而制定的法律。

 案例点击

发改委开出的首张垄断罚单

2011 年 11 月 14 日,国家发改委开出 700 万元的巨额罚单,受罚的是国内两家抗高血压药物——复方利血平的原料供应商:山东潍坊顺通医药有限公司(以下简称"山东顺通")和潍坊市华新医药贸易有限公司(以下简称"山东华新")。两家供应商由于控制复方利血平原料,强迫下游生产企业抬高价格,依据《中华人民共和国反垄断法》规定,分别没收违法所得并处罚款总计 687.7 万元和 15.26 万元。据悉,这是《中华人民共和国反垄断法》实施三年来,发改委开出首张垄断罚单。

据介绍,复方利血平的主要原料为盐酸异丙嗪,目前仅有辽宁省东港市宏达制药有限公司和丹东医创药业有限责任公司生产。据发改委调查,今年 6 月 9 日,山东顺通和山东华新分别与两家盐酸异丙嗪生产企业签订《产品代理销售协议书》,垄断了盐酸异丙嗪在国内的销售。协议书内容主要有:一是两公司分别独家代理两家企业生产的盐酸异丙嗪在国内的销售;二是未经过山东顺通、山东华新授权,这两家企业不得向第三方发货。常州制药厂、亚宝药液、中诺药业、新华制药是我国生产复方利血平的最大四家企业,市场份额占全国 75% 以上,原料药货源被控后,这四家企业无法买到盐酸异丙嗪。这期间,山东顺通和山东华新与四家生产企业协商,表示可以先提供原料,但他们必须先将复方利血平的市场价格从 1.3 元/瓶提升到 5~6 元/瓶,然后再分利润。但四家生产企业没有接受两家公司的要求,于是后者便把盐酸异丙嗪的销售价格从 178 元/千克提高到 2600 元/千克,提价幅度达到 14.6 倍。从 2011 年 7 月起,常州制药厂等 4 家制药厂相继停产,仅靠库存向医疗机构维持供货,导致市场出现供应紧张的情况。

国家发改委反垄断局副局长李青表示,山东两家企业为了一己之利,上控制原材料生产企业,下控制药品成品生产企业,破坏基本药物投标制度,最终损害的是低收入的需要吃降压药的人群,所以案情性质特别恶劣。据测算,按照山东两公司的设想,如大幅度提高盐酸异丙嗪供货价格,四家企业直接生产成本将增加 9000 万元。国家发改委表示,山东两公司违法行为情节严重,性质恶劣,依据《中华人民共和国反垄断法》的规定,国家发改委责令山东两公司立即停止违法行为,解除与盐酸异丙嗪生产企业签订的销售协议;对山东顺通没收违法所得并处罚款合计 687.7 万元,对山东华新没收违法所得并处罚款合计 15.26 万元。国家发改委相关负责人强调,"经营者应该严格遵守《中华人民共和国反垄断法》《中华人民共和国价格法》等法律法规,不得滥用垄断地位,实施价格垄断行为,排除、限制竞争,哄抬价

格、谋取暴利,损害者利益。"

讨论:(1) 医药行业的垄断行为与其他行业相比有什么特点?
(2) 你认为应该如何维护医药行业的公平竞争秩序?

(二) 公共管制

政府对垄断的公共管制主要表现为价格管制。

自然垄断行业中,电话、电报、电力、煤气、自来水等企业的规模大,单位成本低,利润高。公用事业管理委员会对这些企业进行管制,规定最高价格。如图8.2所示,垄断厂商面对的需求曲线为 D,MR 是其边际收益曲线,AC 为其平均成本曲线,MC 为其边际成本曲线。

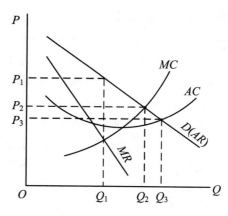

图 8.2 对垄断的管制

(1) 在没有管制的条件下,垄断厂商按 $MC=MR$ 的利润最大化原则确定产量为 Q_1,价格为 P_1。这个价格高于平均成本,厂商获得超额利润。这种垄断均衡一方面缺乏效率,因为在垄断产量 Q_1 上价格 P_1 高于边际成本;另一方面缺乏"公平",因为在 Q_1 上,垄断厂商获得超额垄断利润。

(2) 政府的价格管制。政府应该制定什么样的价格为好呢?如果政府的目标是提高效率,则政府应当将价格定在 P_2 的水平上。当价格为 P_2 时,产量为 Q_2。在该产量水平上,价格 P_2 恰好等于边际成本。显然,当政府将价格定为 P_2 时,平均收益($AR=P_2$)大于平均成本 AC,垄断厂商仍可得到一部分超额利润。

(3) 如果政府希望制定更低的"公平价格"来消除超额利润,则该价格为 P_3。在价格定为 P_3 时,产量为 Q_3。此时,平均收益恰好等于平均成本,超额利润为0,厂商只获取正常利润。

我们看到,在垄断情况下,产量太低,价格太高;而在零超额利润下,正好相反,价格太低,产量太高。价格究竟应该等于边际成本,还是平均成本,这是公共管制中一直有争议的话题。这实际上就是只让企业获得正常利润,还是让企业获得一部分超额利润的问题。

(三) 规定专利时限

专利制度是国际上通行的一种利用法律和经济手段确认发明人对其发明享有专有权,以保护和促进技术发明的制度。专利制度保护了专利权人的合法权益,使发明成本得以补偿并获利,鼓励了发明创造,对推动科学技术进步、促进经济社会发展具有重要意义。但如果不设置保护期限,享有专利的企业可以凭借专利永久性地垄断下去,一直获取经济利益,不需要再创新,这样的技术垄断就违背了科学发展的初衷,因此需要对专利进行一定的规制。

世界知识产权组织规定了专利权的保护年限。许多国家参加了世界产权组织,规定了各自的专利保护年限。规定专利保护年限可以保护中小企业利益,从而使大企业无法依靠一项发明长期占有垄断地位,也促使企业不断发明新技术来迎接市场竞争挑战。

知识链接

专利时限是长好,还是短好呢?

在专利制度中,专利时限是十分重要的。如果专利时限过长,技术垄断会严重削弱竞争机制,不利于全社会生产率的提高;如果专利时限过短,则创新的动力会受到严重削弱。原来美国专利法规定,专利期限是从授权日起17年,1994年关贸总协定乌拉圭回合谈判达成协议后,1999年美国修订了专利法,将专利期限改为:从申请日起20年。

《中华人民共和国专利法》规定的专利共分三类:发明、实用新型和外观设计。其中,发明专利是指针对产品、方法或者产品、方法的改进所提出的新的技术方案,保护期限是20年;实用新型是指对产品的形状、构造或者其结合所提出的适于实用的新的技术方案,保护期限是10年;外观设计是指对产品的形状、图案或者其结合以及色彩与形状、图案的结合所做出的富有美感并适于工业应用的新设计,保护期限是10年。以上期限均从申请日起计算,并且到期不能续展。

第二节 公 共 物 品

知识导入

1968年,一位名叫哈丁的人,在《科学》杂志上发表了一篇有名的文章《公地的悲剧》。他在文中写到:有这样一个乡村,村里有一块公共土地,村民们在这块公地上自由自在地放牧奶牛。现在的问题是:在这块公地上放牧的奶牛数量会不会是最优的?

哈丁的答案是:如果放任村民们自由地、不受任何限制地在公共牧场上免费放牧,则每一个理性的放牧者都会在这块公地上尽可能多地放养奶牛,结果就会是实际的奶牛放牧量就将大大地超过它的最优水平。最后,公地的草场将由于长期的超载放牧而不断地被破坏和损坏,日益凋零和衰落下去。这就是所谓的"公地的悲剧"。

之所以会有这样的结果,是因为每个人在决定增加自己的奶牛数量的时候,他仅仅是把他个人所可能得到的收益与奶牛的成本相比较,但却忽略了这样一个事实,即他所增加的奶牛将使得村子里所有其他人的奶牛的产量和收益下降。也就是说,他忽略了他增加自己奶牛数量的社会代价。由于每个人都忽略自身行为的社会代价,因此,在缺乏限制的自由放牧的情况下,社会成本就远远超过了社会收益。结果就是:公地上的奶牛放牧量变得太多。在这种情况下,市场机制这只"看不见的手"就失灵了。

思考:公地悲剧的原因是什么?

一、公共物品的概念及特征

公共物品是与私人物品相对应的一个概念。公共物品(Public Goods)是指私人不愿意生产或无法生产而由政府提供的产品和劳务,如国防、警察、消防、司法、公共卫生、教育、基础研究、气象预报等。

西方经济学认为,公共物品具有不同于私人物品的两个显著特征,即非排他性和非竞争性。

(一)非排他性

公共物品的非排他性是指人们不管付费与否,都不能排除他人对该物品的消费。例如,国防。一国中所有的民众,人人都能享受国防,不能把谁排除在外。又如,国防可以免费享受,不需要支付价格。如果说公民所承担的赋税算做国防服务的价格,实际上就意味着有些人支付了高价,有些人支付了低价,甚至有人不支付价格,因为每个人的纳税金额是有差别的。但无论你是否纳税,纳税多少,你都可以与其他人一样的享受平等的国防服务。但私人物品不同,私人物品具有排他性。排他性是指消费者在支付一定的价格得到某种商品的消费权之后,就可以把其他的消费者排斥在获得该商品的消费之外。例如,张三购买一个面包,他就获得了消费这个面包的权利,这时他人就无权消费这个面包了,除非获得张三的允许。

公共物品之所以具有消费中的非排他性的特征,是因为多数公共物品具有不可分性。例如,国防、警务、公共卫生、道路、桥梁等,不能像面包、衣服那样可分割为无数细小的单位,只能作为一个整体为全体社会成员使用。

公共物品的非排他性使得通过市场交换获得这些物品消费权利的机制出现失灵。对于追求利润最大化的私人厂商而言,生产者必须能把那些不付钱的人排斥在消费商品的范围之外,否则,他就很难弥补生产成本。正是由于公共物品具有非排他性,公共物品一旦被生产出来,每一个消费者都可以不支付就获得消费的权利,因此,每一个消费者都可以做一个"搭便车者"或者"逃票人",这就导致私人厂商不愿供给此类商品。

知识链接

"搭便车"与市场失灵

由于公共产品具有非排他性,因而难免产生"搭便车"的问题。所谓搭便车(Free Rider),指某些个人虽然参与了公共产品的消费,但是却不愿意支付公共产品的生产成本的现象。搭便车理论首先是在美国经济学家曼柯·奥尔逊于1965年发表的《集体行动的逻辑:公共利益和团体理论》一书中提出的,其基本含义是不支付成本而坐享他人之利。

（二）非竞争性

公共物品的非竞争性是指某人对该物品的消费并不影响他人对该物品的消费。例如，广播、电视、气象服务、公路、桥梁等，它们共有的特点是，在一定范围内消费者人数的增加并不对生产成本产生影响。例如，增加一些人看天气预报，并不会影响到别人看天气预报，气象台也不会因这些人的加入而增加额外的成本。又如，汽车通过一座桥梁，只要不是过于拥挤，那么它们就是非竞争性的，因为每一辆车对桥造成的折旧很小，以至于桥梁为每辆车所提供服务的边际成本几乎等于0。私人物品具有竞争性。例如，一盒巧克力，我吃掉一块，你就少吃一块，如若不减少你的消费，生产者就必须多生产一块，而多生产的这一块巧克力需要花费厂商一定数量的成本，从而减少用于其他商品的资源，这就对其他产品的生产形成竞争。

> **想一想**
>
> 互联网是一种公共物品吗？请说明理由。

对于公共物品，市场机制作用不大。因为，公共物品的特征决定了在公共物品的消费上，必然存在"搭便车者"。即使某些公共物品可以实现排他性，例如，在桥头设立收费站，凡是交过桥费的人才可过桥，这样就排除了那些不付费的人过桥的可能性，但是这样做是缺乏效率的，因为它减少了不付费或付不起过桥费的人们的满足程度，却不会因此而增加别人的满足程度，反而会造成社会福利减少。综上所述，市场机制对公共物品不发生作用。正因为如此，政府对公共物品的生产活动便显得十分重要。

知识链接

准公共物品

经济学家将同时具有非排他性和非竞争性的产品称为纯公共物品，如国防、气象服务、基础研究等，纯公共物品在现实生活中并不多见。有些物品介于私人物品与公共物品之间，经济学家将只具有局部非排他性和非竞争性的产品称为准公共物品。准公共物品具有拥挤性。这种拥挤性表现为，在准公共物品的消费中，当消费者的数目增加到一定程度时就达到了拥挤点。在未超过拥挤点范围内，增加新的消费者，不影响原有消费者的效用，也不增加供给成本，也就是增加新的消费者的边际成本为0；但是当超过拥挤点以后，增加更多的消费者不仅会减少全体消费者的效用，而且会增大供给成本。因此，准公共物品可以通过收取一定的费用来进行供给。

二、公共物品的公共选择

由于公共物品具有非排他性和非竞争性的特点，因而无法通过竞争性市场来确定其适当供给量。在大多数情况下,公共物品只能由政府提供。那么,政府如何确定公共物品的供给量呢?在西方各国,公共物品的供给量被认为是通过投票方式来确定的。就像在市场上人们通过支付价格来表示自己对某种私人物品的偏好一样,在公共物品的场合,人们通过选票来表示自己的偏好,这种根据人们的投票结果来做出决策的行为,称之为公共选择(Public Choice)。在现代西方经济学中,公共选择理论已成为经济理论的一个重要分支,其内容延伸到非经济的政治和社会领域。在此我们只简单地讨论有关公共物品的公共选择这一的主题。

选民投票对某一公共物品进行选择时,首先要确立投票的规则,现代公共选择理论提出了许多可供选择的投票规则。

1. 一致同意规则

一致同意规则(Unanimity Rule)是指候选人或方案要经过全体投票人赞成才能当选或通过的规则。在这个规则下,每一参与者都对集体行动方案具有否决权。

从收益的角度看,这个规则无疑是最优的。按这一规则通过的方案不会使任何一个人的福利遭受损失,也就不会使社会福利受到损失,能满足全体投票人的偏好。但是,这一规则具有两个缺点:一是决策成本过高,提案要一致同意,必然要耗费大量时间和人力、物力;二是为使方案一致通过,一些投票人会招致威胁、恫吓,被迫使投赞成票,不能真实表达偏好与愿望。因此,一致同意规则不具有现实的应用性。

2. 多数规则

多数规则(Majority Rule)是指候选人或方案只需经过半数以上投票人赞成就能当选或通过的规则。多数规则分为简单多数规则和比例多数规则。简单多数规则规定,赞成票过半数,提案就算通过。如美国国会、州和地方的立法经常采用这种办法。比例多数规则要求赞成票占应投票的一个相当大的比例,比如说,必须 2/3 以上,才算有效。

西方经济学家认为,多数规则能增进多数人的福利,但却使少数人福利遭受损失。在一定的限制条件下,例如,在受益者能够补偿受损者的条件下,多数规则可以满足多数人的偏好,但不一定满足全体成员的偏好,存在某些人偏好强加给另一些人的情况。多数规则下做出的决策是投赞成票的多数给投反对票的少数加上的一种负担。即使所有投票人都能从一项法案的实施中获得利益,并为法案的实施付出代价(如纳税),但是,赞成者获得的利益超过付出的代价,净福利增加,反对者获得的利益小于付出的代价,净福利减少。

身边的经济学

共有资源要求政府介入:珠江禁渔

珠江全长 2214 千米,贯穿滇、黔、桂、湘、赣、粤六省,流域面积 44 万平方千米,珠江流域的人口超过一亿。这一流域的水生生物超过 400 多种,鱼类总数占全国淡水鱼类总数的一半以上。珠江资源的公共性引发"公地悲剧",每个个人在获取资源的同时却不必承担资源破坏后的成本,因此每个人都想尽可能多地占用资源,有些渔民甚至不惜电鱼、毒鱼、炸鱼。另外,水体污染和采矿挖沙也对水生生物的生存环境造成严重影响。目前,珠江流域的渔业资源已经出现三大问题:一是种群结构发生大的变化,"土著"品种逐渐减少。以鲥鱼为例,20世纪20年代,鲥鱼产量高达40万吨,而目前鲥鱼已近乎绝迹。二是"入侵"的外来物种已成为珠江流域主要的捕捞品种,比如来自外国的罗非鱼和来自长江流域的太湖银鱼等。三是渔业捕捞量大幅减少,存在渔获小型化和渔民收入低质化的问题。广州到虎门大桥这段20千米的水体已成为"死河",鱼类剧减。这种局面靠市场的力量难以扭转,最好的方法是以政府为主导,对珠江渔业资源进行保护。在国家农业部的推动下,自2011年4月1日起,整个珠江流域统一禁渔,这也是珠江首次禁渔。

珠江首次禁渔效果明显。2012年年初,监测的数据和渔民反映的情况显示,2011年全年珠江主要鱼类产卵群体较2010年增加了24.77%。其中漂流性仔鱼资源更是明显增加,2011年5月鱼苗平均密度较2006年增加46.5%,较2010年增加23.2%。从鱼苗总量看,2011年5月较2006年增加67.5%,其中四大家鱼增加86.7%,广东鲂增加50.9%。而据开捕后的生产监测调查,西江肇庆江段虾笼作业船的单船日产量达到3千克,与2010年度同期相比增长69%,大规格虾(体长大于8厘米)在总重量中所占比例也大大增加,比2010年同期增长了51%。赤眼鳟、广东鲂、黄鱼等经济鱼类捕捞量也明显增多。有专家指出,在2011年西南早灾影响下两江流量较2010年下降了28.63%,原本必将下降的渔业资源却通过禁渔反呈现增长态势,这说明政府主导的禁渔行动对资源涵养起了很大作用。

思考:(1) 生活中还有哪些"公地悲剧"的例子?
（2）有哪些对策可以解决"公地悲剧"?

第三节 外 部 性

知识导入

当"广场舞"变成了噪音危害

"请遵守《中华人民共和国环境噪声污染防治法》,立即停止违法行为!"2014年3月29日下午,在一阵急促的警报声后,温州市区松台广场上空不断地回荡着这句话。声音是从松台广场对面新国光商住广场C幢4楼平台发出的。平台上架了6个大喇叭,正对着松台广场,目的就是对抗不堪其扰的广场舞。从当天下午2点开始,"警告声"一直播放到傍晚5点多。广场舞大妈们实在受不了了,陆续打道回府。

扯着大喇叭,对着居民区大放"民族风"的广场舞,已经成为不少城市居民的心头之患。跳舞的也不是没道理,这是强身健体、陶情冶性的娱乐方式,还能锻炼社交能力;而且舞迷们也不是坏人,多是大妈,就这么点爱好,还不让跳,好像有点说不过去。但是广场舞苦了附近的居民,喇叭震天响,睡也睡不着,弄得小区的房子转手都困难;去说理吧,还架不住跳舞的人多势众,急火攻心,难免就有了过激行为。

仅以2013年为例,4月,成都一小区几家临街住户由于长期受广场舞音乐困扰,一气之下向跳舞人群扔水弹;8月,北京昌平区,由于邻居跳广场舞放音响过大影响了自己休息,56岁的施某拿出家中藏匿的双筒猎枪朝天鸣枪,还放出饲养的3只藏獒冲散跳舞人群;10月,武汉一小区内正在跳广场舞的人群遭楼上业主泼粪……眼下,温州的高音炮,虽属于"功能型武器",实在也是不得已之举。据说2013年10月,在业委会的牵头下,温州新国光商住广场600余位住户一起出钱,凑了26万元,买了一套扩音设备"还击"广场舞音乐。这份"齐心协力",比交物业费要爽快许多,也足以窥见两者之间的纠葛之深,"广场舞"的扰民之烦。

地方部门也没"闲"着,2014年年初,温州鹿城区还发布了《广场舞公约》,并由公安环保、城管等部联合执法。只是,这就像猫抓老鼠的游戏,执法人员来了,大妈们就调低音量,走了又调高了。跳舞也是合理的民生需求,噪音则是明显的污染,地方部门也管了、问了,但这样的症结还是悬而未解,究竟谁该对此担责?

禁止与对抗都不是办法,舞还得跳,但又不能影响居民的正常生活,公共服务部门有责任和义务去协调好两者间的矛盾。

思考:(1)为何广场舞会处于尴尬的境地?
(2)广场舞噪音反映的经济学中的什么问题?

一、外部性的含义及其分类

外部性(External Effects)又称外部效应,是指某一经济主体的经济行为对他人造成的影响而未将这些影响计入市场交易的成本与价格之中,外部性又称为外部效应。

从外部性带来的结果来看,可以分为正的外部性和负的外部性。

1. 正的外部性

正的外部性是指某一经济主体的经济行为对他人带来了利益,但没有得到相应的报酬。正的外部性又称为外部经济。例如,养蜂人通过养蜂生产蜂蜜追求自己的利益时,附近果农种植的水果会因蜂蜜传授花粉而大量增产,降低了种植水果的成本,增加了果农的收益,但果农并没有付给养蜂人报酬。又比如,你居住的环境因邻居在他的花园里种满了鲜花而得到改善,增加了你的福利,而你并没有给邻居报酬。

外部性的含义与分类

> **想一想**
> "前人栽树,后人乘凉"反映了什么经济学概念?

2. 负的外部性

负的外部性是指某一经济主体的经济行为对他人造成了损失,但没有给他人以补偿。负的外部性又称为外部不经济。比如,造纸厂向河流排放大量废水污染河流,造成鱼类减少,提高了渔民的成本,但造纸厂没有给渔民补偿。又比如,有人办生日聚会时高声喧哗,打扰了邻居们的安宁,也没有给邻居补偿。

> **想一想**
> 你还能举出哪些负外部性的例子?

从外部性产生的领域来看,可以分为生产的外部性和消费的外部性。

1. 生产的外部性

生产的外部性是指经济主体的生产活动是对他人造成的影响而未将这些影响计入市场交易的成本与价格之中,如上述的养蜂和造纸的生产活动便如此,前者是正的生产外部性,后者是负的生产外部性。

2. 消费的外部性

消费外部性是指经济主体的消费行为对他人造成的影响而未将这些影响计入市场交易的成本与价格之中,如上述的种花和过生日的行为,前者为正的消费外部性,后者为负的消费外部性。

二、外部性与资源配置

为什么外部性影响会导致资源配置失当?原因非常简单,由于存在着外部经济,故私人的利益就小于社会的利益。在这种情况下,如果一个人采取某项行动的私人成本大于私人利益而小于社会利益,则这个人显然不会采取这项行动,尽管从社会的角度来看,采取该项行动是有利的。一般而言,在存在外部经济的情况下,私人活动的水平常常要低于社会所要求的最优水平,简单理解就是好的东西生产少了。

> **想一想**
> 外部性对资源配置会产生什么影响?

三、政府解决外部性问题的措施

(一)政府的直接管制

政府可以采取行政措施对外部性问题进行直接干预,其中包括强制性的行为管制、推行强制性的标准、强制性的企业合并、指导和劝告,等等。例如,为了保护环境,对一些地方的林木实行强制性的禁采禁伐,对汽车实行强制性的报废标准,对学校和居民区周围实行强制性的噪音限制、公共场所禁止吸烟,等等。政府还常常运用限制措施,对资源配置进行直接的安排和处置。例如,对一些高污染企业强行实施关停并转。政府还可以通过合并相关企业的方法,使外部性问题得以内部化。例如,甲企业是具有负外部性的企业,而乙企业则是其负外部效应的受害者。如果把甲乙两个企业合并,负的外部性问题就会因此而消失。因为合并后的单个企业,为了使自己的整体利润最大化,将把原来的"外部影响"计算在成本与收益之中,从而使资源配置达到最优状态。

(二) 税收和补贴

对造成外部不经济的企业,国家可以征税,其税收的数量应该等于该企业给社会其他成员造成的损失,从而使该企业的私人成本恰好等于社会成本。例如,在生产污染的情况下,政府对污染者征税,税额等于治理污染所需要的费用。这样,企业就会在进行生产决策时把污染的成本也考虑进来。反之,对造成外部经济的企业,国家则可以采取补贴的办法,使企业的私人利益与社会利益相等。无论是何种情况,只要政府采取的措施使私人成本和私人利益与相应的社会成本和社会利益相等,则资源的配置便可以达到最优。

外部性的影响及解决措施

知识链接

庇 古 税

"根据污染所造成的危害程度对排污者征税,用税收来弥补排污者生产的私人成本和社会成本之间的差距,使两者相等。"这是由英国经济学家庇古在《福利经济学》中最先提出的,这种税被称为"庇古税"。庇古税是解决环境问题的古典教科书的方式,属于直接环境税。它按照污染物的排放量或经济活动的危害来确定纳税义务,所以是一种从量税。庇古税的单位税额,应该根据一项经济活动的边际社会成本等于边际效益的均衡点来确定,这时对污染排放的税率就处于最佳水平。

按照庇古的观点,导致市场配置资源失效的原因是经济当事人的私人成本与社会成本不相一致,从而私人的最优导致社会的非最优。因此,纠正外部性的方案是政府通过征税或者补贴来矫正经济当事人的私人成本。只要政府采取措施使得私人成本和私人利益与相应的社会成本和社会利益相等,则资源配置就可以达到帕累托最优状态。这种纠正外在性的方法也称为"庇古税"方案。

(三) 明确财产权

在许多情况下,外部影响的存在之所以导致资源配置失当,是因为财产权不明确。产权明确以后,就可以通过市场交易来解决外部性问题。

四、科斯定理

在20世纪60年代以前,几乎所有的经济学家都认为,如果存在外部性问题,必须由政府来解决。一直到20世纪60年代,美国经济学家科斯从产权和交易成本的角度,对外部性问题提出了新的思路。科斯认为,在交易费用为0的前提下,外部性问题,从根本上说是因为产品产权界定不够明晰或者说界定不当而造成的。所以政府不一定要用税收、补贴、管制等干预方法来解决外部性问题,政府只需界定并保护产权而随后产生的市场交易就能达到资源的最佳配置。人们将科斯的观点归纳为科斯定理,其核心内容是:当市场交易费用为0时,无论产权如何界定,只要产权界定清晰,都可以通过市场的交易活动及当事人的契约行为实现资源的最佳配置。

科　斯

科斯(Coase,1910~2013)是出生于英国的美国经济学家,先后在美国布法罗大学、弗吉尼亚大学和芝加哥大学任教。其代表作主要有:《企业的性质》(1937年)和《社会成本问题》(1960年)等。1991年,据称由于发现并解释了财产权和商业经营管理成本如何影响经济这一重要问题,科斯获得了该年度的诺贝尔经济学奖。事实上,科斯在没有获得此项殊荣之前,其影响已经十分广泛了,其中"科斯定理"被写进西方国家许多大学的教科书里,并且科斯还被西方经济学家认为是产权理论的创始人。科斯的产权理论主要是关于产权界定及交易成本对议定契约的影响的理论。

交　易　成　本

交易成本(Transaction Costs)又称交易费用,是由诺贝尔经济学奖得主科斯提出,指所有为促成交易发生而形成的成本,主要包括:搜寻商品信息与交易对象信息的信息成本、针对契约、价格、品质讨价还价的议价成本、进行相关决策的决策成本、签订契约所需的内部成本、监督交易对象是否依照契约内容进行交易的监督成本及违约时所需付出的事后成本等。

下面用一个例子来说明"科斯定理"。

假设一工厂,其烟囱冒出的烟尘使附近5户居民洗晒的衣物受污染,每户损失75元,总计损失375元。又假设在市场经济条件下,如果不存在政府干预,就只有两种解决办法:(1)在烟囱上安装除尘器,费用为150元;(2)每户装一台烘干机,总费用50元×5=250元。显然,上述两种治理办法中前一种较为经济(150元),因而代表了最有效率的解决办法。在该例中,不论财产所有权的分配界定给哪一方,即不论给予工厂烟囱冒烟的权利,还是给予居民衣物不受污染的权利,只要工厂与居民协商时其费用为0,则市场机制自发调节的结果总会使得经济达到最有效率,即最终或是工厂自动安装除尘器,或是居民共同出钱为工厂安除尘器。因为当工厂有排放烟尘权时，居民们会联合起来共同为工厂义务安除尘器（只花 150 元而不花 250 元，并免受了 375 元的损失）；当居民们有衣物不受污染的权利时，则工厂会自动为自己安装除尘器，而不必花 250 元给每户居民买一台烘干机，更不必赔偿居民的损失 375 元。

科斯定理表达的一个重要信息是，只要产权界定是明晰和受到保护的，不论什么情况发生，受外部性影响的双方通过谈判和交易总会达到一个最优结果，而不需要政府的干预。在这里，我们再一次看到市场"看不见的手"的神秘力量。

科斯定理

> **想一想**
> 为什么私人主体有时不能解决外部性问题？

需要指出，尽管科斯定理的结论是非常诱人的，但是其隐含的条件却限制了科斯定理在实践中的应用。首先，科斯定理的有效性需要一个重要前提：交易成本为 0。事实上，只要发生交易和谈判，或多或少都会产生成本。此外，产权的明确有时也有困难，例如空气，你很难将产权界定给谁。因此，依靠市场机制矫正外部性问题是有一定困难的。但是，科斯定理毕竟提供了一种通过市场机制解决外部性问题的一种新的思路和方法。在这种理论的影响下，很多国家先后实现了污染物排放权或排放指标的交易。

新泽西的选择

许多年来，从纽约港水上垃圾收集处溢出的垃圾对新泽西海岸的水质产生了不利的影响，并且还污染了海滩。最糟糕的事件之一发生在 1987 年 8 月，当时，200 多吨垃圾在新泽西海岸形成了一条长达 50 英里的漂浮带。

新泽西拥有清洁海滩的权利，它能够起诉纽约市，要求补偿由于垃圾溢出而受到的损害。新泽西还能要求法庭发出禁令，让纽约市停止使用水上垃圾收集处，直到问题解决为止。但是，新泽西想要更清洁的海滩，而不仅仅是对损害的赔偿，而纽约想要能够操作其水上垃圾收集处。结果，双方就有互利交换的余地。经过两个星期的谈判，纽约和新泽西达成了一个协议。新泽西同意不对纽约起诉；纽约同意使用一只特殊的船只和其他浮动装置来装载可能来自斯太顿岛和布鲁克林的溢出物。它还同意成立一支监察队来观察所有水上垃圾收集处，并关闭那些不服从管理的水上垃圾收集处。同时，新泽西的官员可以无限制地进入纽约的水上垃圾收集处，监督计划的有效性。

在本例中，纽约和新泽西通过协商，成功地解决了环境污染问题。这从一个侧面证明了科斯定理：如果交易成本为 0 或很小，只要产权明确界定，通过市场就可以达到资源的最优配置，而不存在什么外部性。当然，如果双方间的交易成本很高，或两者的权利没有清楚的界定，那么上述结果是不可能达到的。

讨论：(1) 新泽西是如何解决环境污染问题的？
(2) 能成功解决的前提是什么？

第四节 信息不对称

知识导入

购物时，不知道你有没有这种感觉，现在的商家服务质量越来越好，而真正给消费者的实惠却越来越少？有时候去路边的小店购物，商家的那份热情真是无法拒绝：进店门，就有售货员微笑地迎上前来，美女帅哥招呼着你，不厌其烦地介绍各种产品，无微不至地回答你的问题。这个时候你还真有点当上帝的感觉，有些飘飘然了。

不过当付完钱回到家中，我们往往会发现买回来的东西并没有商家推销的时候说得那么好：说是搞促销让利，其实是快过保质期才便宜；说是国外某名牌的出口外贸尾单，其实只是一般的小厂货。没办法，谁让我们买的时候并不知道呢。

思考：为什么"买的不如卖的精呢"？

前面各章对各种经济活动的分析及上一节对市场失灵的剖析中，都假设所有的消费者和所有的生产者都拥有完全信息。这意味着经济活动的参与者不仅了解交易双方的偏好、成本，而且对商品的价格、特性以及市场供求等因素具有完全的知识。然而，在现实经济活动中信息不完全是随处可见的，其中尤其表现为信息不对称。例如，在劳动力市场上，雇员比雇主更了解自身的技术和生产能力；商品市场上，卖方比买方更了解商品的质量和性能等，非对称信息（Asymmetric Information）也是市场失灵的一个重要原因。下面就非对称信息导致的逆向选择、道德风险和委托-代理问题等市场失灵现象进行分析。

一、逆向选择

逆向选择是指由于市场交易双方信息不对称，导致差的商品总是将好的商品驱逐出市场，进而出现市场交易产品平均质量下降的现象。

在旧车市场中，总是次品充斥市场，美国经济学家阿克洛夫对这一情况作了理论分析。下面我们对这一模型作简要说明。在生活中我们会发现旧车的价格要比新车的价格低得多，假定某人以 10 万元买了一辆新车，使用 1 个月后，在车辆运行良好时，出于与这辆车性能无关的原因想卖掉。这时，在旧车市场发现，这辆车最多只能卖到 7 万元。车主感到很痛心，不愿出售。这种情况的出现主要是由于在旧车市场上对旧车的质量存在非对称信息，即旧车的卖主对车的了解比旧车未来的买主多得多。假定旧车市场上有两种旧车，一种是高质量的,一种是低质量的。如果高质量车的市场价格是9万元,低质量车的市场价格是5万元,两种车的销售数量相同。在旧车市场上我们假设质量是不可观察的,即卖主知道车的质量,而买主不知道车的质量。起初,买主可能会想到他们买到高质量车的概率是50%,那么买主由于无法得知旧车质量,认为都是中等质量的。在这种情况下,每位买主对购车所愿意支付的价格为7万元。这时我们来看一下,哪些卖主愿意以7万元出售他的旧车呢?当然是那些拥有低质量旧车的人。当消费者开始明白,在7万元的价格水平下,绝大多数都是低质量旧车时,他们所愿意支付的价格就会又降低,价格的降低使旧车组合进一步向低质量转移,最终造成次品充斥市场,低质量车全部卖完。显然,因非对称信息而导致的旧车市场最终均衡从社会角度看是无效率的,因为市场这只"看不见的手"并没有实现将好车从卖主手里转移到需要的买主手里,因为在上述模型中,有买主愿出高价购买好车,市场调节下供给和需求是总能在一定价位上满足买卖双方的意愿的传统经济学的理论失灵了。

> 想一想
>
> 劣币为什么会驱逐良币?

身边的经济学

信息传递与大学生的求职成本

每当毕业临近,学生们为谋求一份满意的工作而奔波于各地的人才市场招聘会、就业指导中心。学生求职本应该是学生与用人单位之间以最低的成本利用某种方式传递信息而同时实现雇工和就业的目的。但是,在用人单位与求职者之间的信息是不对称的,以下是媒体报道的有关毕业生求职现象。

(1) 自我包装:除添置相应的服装之外,大学生还要精心制作毕业推荐表、个人简历、有的学生甚至花大价钱拍摄写真集或在简历中贴上自己的"明星照"。

(2) 饥不择食:由于毕业生数量增加了很多,大家总担心期望值太高错失了良机,于是有些学生四处打听用人单位,见到一个用人单位,不管地方好不好,福利待遇高不高,只要人家愿意,就匆忙和用人单位签了协议。

(3) 性别歧视:对于女大学毕业生来说,不但面临着就业的压力,而且还面临着性别的歧视,就连重点大学的毕业生也不能幸免。女生要获得同样的工作要比男生付出更多的努力。对于许多女大学毕业生来说,就业压力的大小,往往还和自己的长相和身材有关。

(4) 高校间互设信息"壁垒":无论是在互联网还是在招聘会上,经常出现"外校学生不得进入",或其他"不平等"待遇。

(5) "造假风""投机风"盛行:就业压力使学生求职中的"造假风"日益严重,在制作求职材料时改学习成绩、编造实习经历、虚报获奖证书等。

另据国内专业校招平台梧桐果发布的《2018届毕业求职成本调查报告》显示,面对严峻的就业压力,大多数的毕业生依旧采取"普遍撒网"的方式,超过一半的毕业生采取"海投"策略;从毕业生求职期间投递简历的数量方面来看,21.81%的毕业生投递简历数量在10份以下;34.73%的毕业生投递简历数量在10~20份;35.41%的毕业生投递简历数量在20~40份;投递简历数量50份以上的为8.05%,6成以上毕业生求职成本超5000元。

思考:(1) 劳动力市场为什么会出现信息不对称的现象?
(2) 如何解决学生和用人单位之间的现象不对称?

二、道德风险

道德风险(Moral Hazard),也称为败德行为、道德公害,是指个人在获得保险公司的保险后,降低防范意识而采用更冒险的行为,使发生风险的概率增大的动机。其产生的原因是非对称信息。道德风险会破坏市场的运作,严重的情况下会使某些市场难以建立起来。

> **想一想**
> 保险公司如何控制道德风险?

以汽车失窃险为例,在车主没有购买汽车失窃保险的情况下,车主通常会采取多种防范措施来防止汽车失窃。比如给汽车加防盗锁、安装警报器、停放在配有保安措施的停车场,等等,因此汽车失窃的概率较小。如果车主一旦向保险公司购买了汽车失窃保险,由于汽车失窃后由保险公司负责赔偿,个人完全有可能不再采取防范措施,从而导致汽车失窃的概率增大。

三、委托-代理问题

所谓委托-代理问题是指由于委托人不能确切了解代理人的行为,代理人可能为了追求他们自身目标,而以牺牲委托人的利益为代价。

> **想一想**
> 你还能列举出哪些委托-代理关系?

代理人是行为人,而委托人是受行为影响的一方。比如企业内部就存在委托-代理问题,企业所有者是委托人,企业雇员,包括经理和工人都是代理人。委托人利润最大化的目标并非就是代理人的目标,代理人都有自己的目标。比如经理可能追求企业规模的扩大和自身收入的提高,工人有可能追求工资收入的最大化,或者在收入水平一定情况下,追求闲暇最大化。如果经理和工人的努力程度是可以观察和监督的,那么企业所有者可以采取一些措施制裁工人或经理的不努力行为,但是实际上,不管是工人,还是经理,其努力程度都是难以观察和计算的,而且如果想要加以监督,其成本很高,企业所有者不可能时时刻刻监督经理或工人的行为,也不可能知道他们是否百分之百地努力工作,只有经理和工人他们知道自己工作的努力程度,这也就说企业所有者与经理、工人所拥有的信息是不对称的,这样由于企业所有者、经理、工人的目标不同,并且所掌握的信息又不对称,就会产生委托-代理问题。在完全自由竞争市场条件下,厂商生产是以获取最大利润为目标,在这里厂商是单一的抽象体,即我们前面所说的企业。根据上述分析,我们知道厂商中存在委托人和代理人,他们的目标不同,必然使厂商生产偏离这一目标,其后果是社会资源达不到有效配置,从而出现市场失灵。

市场上只要有就业存在,并且一个人的利益取决于另一个人的行为,就必然有委托-代理关系存在。由于委托人和代理人的目标不同,所掌握的信息又不对称,其结果必然是社会资源配置效率受损。可见委托-代理问题引起的市场失灵广泛存在于社会经济生活中。

解决委托-代理问题的关键之一是激励,委托人需要设计某种适当的激励,促使代理人努力工作,就像是为自己工作,如建立业绩评定薪水体制、订立利润分享合约、实行股权激励等。

知识链接

股票期权模式

股权激励(Equity Incentive)是一种通过经营者获得公司股权形式给予企业经营者一定的经济权利,使他们能够以股东的身份参与企业决策、分享利润、承担风险,从而勤勉尽责地为公司的长期发展服务。

股票期权模式是国际上一种最为经典、使用最为广泛的股权激励模式,所谓股票期权模式,就是公司给予它的经营者在一定的时间期限内按照某个既定的价格购买一定数量的本公司股票的权利。例如,某个公司于2005年1月1日推出的股票期权计划是:允许本公司的高级经理人员在以后10年中的任何时候均可按2005年1月1日时的市场价格购买不超过10000股的本公司股票。假定在开始推出股票期权计划的2005年1月1日,该公司股票的市场价格为5元;再假定由于经营有方,经过5年之后,即在2010年1月1日,股票价格上涨到25元,此时,拥有股票期权的公司高级经理人员就可以按2005年1月1日的每股5元的价格购进,并按2010年1月1日的每股25元的价格卖出总共10000股的本公司股票,在这种情况下,每买卖一股股票可以赚取20元钱,买卖10000股股票则可以赚取总共20万。当然,如果预计公司的股票还会进一步升值,这些高级经理人员也可以决定暂时不卖,而等到股票价格上升到更高水平以后再卖,从而获得更大的收益。由此可见,只要公司的股票能够不断地升值,股票期权计划就可以给公司的高级经理人员带来丰厚的报酬。另一方面,如果公司经营状况不佳,股票价格不断下跌,比如跌到每股3元,则每购买一股股票就要损失2元钱。在这种情况下,公司高级管理人员显然将放弃他们所拥有的股票期权。

从以上例子可以看到,股票期权计划给予企业经营者的实际上只是获利的可能性。要使这种可能性变为现实性,就需要这些经营者积极地工作起来,通过不断地改善经营管理来实现公司资产的不断增值,实现股票价格的不断升值。这样一来,股票期权计划就通过"报酬激励"机制把经营者的行为引导到与公司所有者的利益相一致的轨道上来了。

四、政府解决信息不对称问题的方法

1. 质量标准

各国政府对各类产品的生产都制定了质量标准体系,其中有行业标准、国家标准、国际标准等。这种质量标准制度一方面对厂商的生产行为是个规范,厂商不得以不规范生产的伪劣产品欺骗消费者;另一方面也是对社会和消费者就产品质量做出的保证和承诺。厂商执行的标准越高,比如国际标准,那么给消费者的质量保证程度也越高,越能得到消费者信任。

2. 消费者权益保护法规

消费者权益保护法规是规范市场交易行为的法规。各国的法规大同小异,但基本原则都是:厂商不得隐瞒应该向消费者提供的有关产品信息,不得向消费者提供虚假的产品信息以误导消费者。消费者由于虚假信息的误导而造成的损失,厂商负有赔偿责任等。

3. 完善政府市场信息发布制度

政府应及时、公开地向全社会提供经济信息和市场信息,例如,政府建立覆盖城乡和各行业的人力资源市场供求信息系统,为求职、招聘提供服务。

案例点击8.3

有了政府租售平台 市场信息来源多元化

2018年随着广州市两大租售平台——阳光租房、公积金租售中心接连上线,市民获取房地产租售信息的途径不单单靠中介公司发布。记者近日体验了一下,真切感觉到数据来源的多样性的确有助于个人对楼市的分析与判断。

一位朋友刚好向记者咨询琶洲某楼盘的价格,以往记者会到中介公司的APP或网站搜一下该楼盘的放盘价,不过这次记者除了参考中介公司的数据外,还参考了公积金租售中心的数据。琶洲该楼盘价格在公积金租售中心给出的交易估价是5.5万元/平方米,而中介公司放盘价则是6万元/平方米起,数据较为参差不齐,最高甚至都过"7字头"。虽然公积金租售中心给出的价格最低,但恰好与朋友看中的一个毛坯房单位价格相当,从中介公司代理的盘源图片来看,全部是精装修,因此公积金租售中心给出的价格可作为市场价格的下限来参考。

在投资区域的选择上,阳光租房网每月公布的租赁成交宗数可以给投资最实在的数据参考。广州以区域算,天河楼价最贵,但从阳光租房网每月租赁成交情况来看,天河楼价贵的确有其道理。阳光租房网最近刚公布了7月全市租赁备案宗数,番禺区以1575宗排第一,天河区以1255宗排第二,白云、花都、越秀、黄埔和荔湾分列三至七名。番禺区租价低且盘源供应较多,多条地铁连通CBD,租赁成交宗数夺冠是情理之中。租价贵,但租赁宗数依然超千宗,由此可见天河的租赁需求有着强劲的支撑力。

外围区域的租赁成交分布,还可为尚有"房票"未用的投资者提供一个有用的信息。在外围区域中,已通九号线的花都区因当地产业蓬勃发展,本地需求已非常强劲,租赁成交是外围区域中成交最多的,7月份有842套租赁交易备案,超过黄埔、越秀、荔湾和海珠。开通地铁多年的南沙区则以482套租赁成交排第二,从化和增城则包尾。需注意的是阳光租房网披露的租赁成交只是备案的交易数量,如果租房双方不到所在区域的出租屋管理中心进行备案,相关的租赁成交将不会在数据中显现。据粗略测算,"漏网之鱼"比例也不算低,但市场总体分布应该与租赁备案宗数差不多。虽然每一宗二手房的租售交易看起来都是偶然的,无规律可言,但成千上万的交易数据汇总起来,就成了时下最潮流的大数据。楼市数据越来越丰富,市民看到的楼市更全面和立体。

讨论:(1) 二手房市场信息不对称的原因是什么?
(2) 二手房市场信息不对称会造成哪些后果?
(3) 广州市政府的做法有何意义?

案例点击8.4

2017年车辆保险费新规

某市银行保险公司等金融机构设立咨询台,以解答市民在金融消费时遇到的问题。2017年该市实施车险新规,许多市民感到疑惑和不解,这成为现场咨询的热门话题。接下来,我们一同来看看2017汽车保险新规的内容。

理赔不足千元,续保费用竟然翻番。"我刚刚续保了今年的车险,商业险费用竟然比去年翻了一番,价格接近4000元。但我的车去年总共理赔了不到1000元,有两次还是划痕险,这合理吗?"昨日,市民张先生专程来到活动现场。咨询自己购买车险时遇到的问题,对于市民的疑问,市保险行业协会财险部副主任陈玫霖表示:"由于车险政策在今年刚刚调整,协会接到了不少市民关于保费上涨的咨询和投诉。""整体来看,主要是市民对于政策调整的细节还不是很清楚,以为是保险公司出现乱收费的现象。"

陈玫霖说:"根据今年实施的车险新规,如果车辆上一年出现多次理赔将按次数相应上浮费率,出险1次保费不打折,出险2次、3次、4次保费分别上浮25%、50%、75%,出险5次及以上保费将翻倍。反之,1年不出险的话,保费可享受8.5折优惠,2年享受7折优惠,连续3年则可享受6折优惠。一些车主出现一些小剐小蹭就立即报案,一次理赔不过几百元,但由于报案次数过多最终导致保费大幅上涨,确实有些得不偿失。"

陈玫霖介绍说:"新规的出发点是规范车主的驾驶习惯,不要因为有保险就可以随意开车。只要谨慎小心驾驶,出现小剐小蹭自己掏钱维修,来年优惠的保费就能省下不少钱。"

"因为过去即使一年出个两三次险,续保时依然能享受固定折扣,但如今只要出险一次,来年的保费就不会再打折了。"陈玫霖说,"所以今后几百元的小事故,建议市民还是不要报案出险,遇上较大的事故时才有必要让保险公司出险理赔。"

新规的实施对市民选择商业车险品种也产生一定影响。业内人士建议,一些保额较少的险种已经不必要购买,如划痕险、玻璃险等。这些险种即使全额赔付也不过几百上千元,但却要占用出险次数。"市民可以花几十元购买一款'找不到第三方险'。"陈玫霖说,"如果车辆受损又找不到肇事方,同时又遭受较大的损失,可以报案理赔。"

改革实施后,2017汽车保险出险次数和保费关费关系是:保费是涨是降,因车而异,主要取决于上一年度出险情况;出险越多,保费越高;出险越少,保费越低。改革后,车险费率的浮动范围将进一步扩大。原来连续3年不出险的车主最多只能享受到7.5折的优惠,而经常出事故的车主,其费率最多上浮到基准水平的1.3倍。而在新的制度里,最低系数到0.6,最高到2倍,在价格上充分体现了奖优惩劣的定价趋势。以后车险会出现两极分化,可谓有人欢喜有人愁,因此,要安全开车、文明驾驶。

讨论:(1) 汽车保险市场为什么会出现逆向选择的现象?
(2) 2017年车辆保险费新规中保费与出险次数挂钩,车险市场会发生什么变动呢?

知识归纳

基本概念	市场失灵　非对称信息　垄断　公共物品　外部性　科斯定理
基本原理	市场机制有很大的作用。通过传递信息和提供刺激,引导资源的配置达到最有效率的状态。但是,在许多的情况下,市场也会失灵。当市场失灵的时候,政府的干预就可能是必要的。
基本知识点	(1) 市场失灵是由市场缺陷造成的市场运作失误、出现偏差,使社会资源配置出现低效率。 (2) 从市场本身看,造成市场失灵的原因,主要表现为市场的局限性、不完全性、不完善性。 (3) 非对称信息导致了逆向选择、道德风险和委托-代理问题,它也是市场失灵的一个重要原因。 (4) 政府的职能主要有:政府确定法律体制,进行直接管制;政府通过各项政策,保持经济稳定增长;影响资源配置,提高经济效益;政府调整收入再分配,促进社会公平。微观经济政策的目标主要有:收入均等化、资源有效配置。 (5) 垄断的存在产生了一系列弊病,给社会带来了损失。垄断对社会所造成的损失,主要表现为资源浪费和社会福利的损失。反垄断措施有对垄断的公共管制和反垄断法。 (6) 公共物品是指私人不愿意生产或无法生产而由政府提供的产品和劳务,包括国防、警察、消防、司法、公共卫生、教育、空间研究、气象预报等。具有非排他性和非竞争性。 (7) 在公共物品的场合,人们通过选票来表示自己的偏好,这种根据人们的投票结果来做出决策的行为,称之为公共选择。公共选择的原则主要有一致同意的原则和多数原则。 (8) 外部性又称外部效应,是指人们的经济活动对他人造成的影响而未将这些影响计入市场交易的成本与价格之中。从外部性带来的结果来看,可以分为外部不经济和外部经济;从外部性产生的领域来看,可以分为生产的外部性和消费的外部性。 (9) 政府解决外部性的有关措施有:使用税收和补贴、通过企业合并、明确财产权等。明确财产权的依据是"科斯定理":只要财产权是明确的,并且交易成本很小,则无论把财产权赋予谁,市场总是有效率的。

◆ 复习检测

1. 单项选择题

(1) 政府提供的物品(　　)公共物品。

A. 一定是　　　　B. 不都是　　　　C. 大部分是　　　　D. 少部分是

(2) 科斯定理强调市场化解决外部问题的有效条件是(　　)。

A. 产权界定清晰且交易费用较高　　　　B. 不需界定产权且交易费用为0

C. 产权界定清晰且交易费用为0　　　　D. 以上均不是

2. 简答题

(1) 什么叫市场失灵？引起市场失灵的原因有哪些？

(2) 微观经济政策关于垄断是如何定义的？如何理解垄断会降低效率、减少社会福利？

(3) 公共物品具有哪些特征？

(4) 解决外部性问题有何政策？

第九章 国民收入核算理论

本章是宏观经济学的开篇,通过本章的学习,重点掌握国民经济基本总量指标及其相互关系,了解国民收入的核算方法。

国内生产总值 Gross Domestic Product　　国民生产总值 Gross National Product
国民收入 National Income　　　　　　　　国内生产净值 Net Domestic Product
个人收入 Personal Income　　　　　　　　个人可支配收入 Disposable Personal Income

第一节　国内生产总值

中国 GDP 跃居世界第二

经过30年的快速增长,中国终于超过日本,成为仅次于美国的世界第二大经济体。日本内阁府发布的数据显示,日本2010年名义GDP为54742亿美元,比中国少4044亿美元。这也是1968年以来日本经济首次退居世界第三。事实上,中国经济规模从2010年第二季度起就超过日本。当时的数据显示,日本第二季度的GDP为1.28万亿美元,而中国第二季度GDP为1.33万亿美元。

美国《华尔街日报》用"一个时代的结束"来形容这一历史性时刻。中国社会科学院经济研究所研究员、日本东京大学社会科学研究所客座教授袁钢明再次强调,国际上衡量国富国穷的指标是人均GDP,"目前,中国人均GDP只是日本的1/10,国内媒体应该淡化这一变化,避免国际舆论借机再度炒作中国经济威胁论。"时任日本内阁官房长官的枝野幸男也表示:"以国家为单位来说,中日两国的 GDP 出现了逆转,但是按每一个人的平均值来说,两国还相差近 10 倍,日本的人均 GDP 还是很高。"

思考:(1) 什么是 GDP?

(2) 什么是人均 GDP?

(3) GDP 是怎么核算出来的?

一、国内生产总值

国民收入核算中的基本总量指标主要包括国内生产总值、国民生产总值、国民生产净值、国民收入、个人收入、个人可支配收入。

国内生产总值(Gross Domestic Product,GDP)是指一个国家或地区在一定时期内(通常为一年),在本国领土上所生产的最终产品和劳务的市场价值的总和。

GDP 是一个市场价值的概念。各种最终产品的价值都是用货币单位加以衡量的。产品市场价值就是用这些最终产品的单位价格乘以产量得出。

什么是 GDP

根据产品和劳务的使用目的不同,可以分为最终产品和中间产品。最终产品是指最后供人们使用、消费的产品。最终产品包括最终能满足个人、集体和出口需要的产品和劳务,以及最终能满足投资需要的投资品(或称资本品,包括工厂建筑物和机器设备)。中间产品是指完成了某一阶段生产过程,但生产出来以后还要作为生产要素继续投入下一生产过程的产品和劳务。因此,为了避免重复计算,在 GDP 核算中只包括最终产品的价值,不包括中间产品的价值。下面以服装的生产为例加以说明,如表 9.1 所示。

表 9.1 服装增值计算表

单位:万元

生产阶段	产品价值	中间产品成本	增值
棉花	10	—	10
棉纱	15	10	5
棉布	25	15	10
服装	45	25	20
合计	95	50	45

在服装生产的四个阶段中,棉花、棉纱、棉布都是中间产品,只有服装才是最终产品。因此,只有服装的价值才能计入 GDP,而棉花、棉纱、棉布的价值都不能计入。在此,GDP 为 45 万元,而不是 95 万元。在现实经济中有些产品既可以作为最终产品,也可以作为中间产品,关键是看其最终用途。例如,居民用水是最终产品,而工业用水则是中间产品。为了准确进行核算,在计算最终产品的价值时可以采用增值法,即只计算在生产各阶段上所增加的价值。先把各阶段所生产的产品价值减去所用的中间产品的价值即为该阶段的增值,然后将

各阶段的增值相加就是应计入 GDP 的价值。从表 9.1 中可以看到,服装生产的四个阶段的增值为 45 万元,与最终产品服装的价值相等。

关于 GDP 的内涵有以下五点需要注意:

(1) GDP 核算中的最终产品既包括有形的产品,也包括无形的服务。如金融、保险、旅游、教育、卫生等行业提供的服务的价值应计入一国的 GDP 中。随着经济的发展,服务在 GDP 中所占的比重越来越大。

(2) GDP 是流量而非存量。

(3) 流量是指一定时期内所发生的变量,而存量是指一定时间点上存在的变量。GDP 统计数据的有效期限通常是指一个会计核算年度,如我国国民经济核算的有效时间是从 1 月 1 日到当年的 12 月 31 日,而美国则是从 10 月 1 日到次年的 9 月 30 日。因此,在计算 GDP 时不应该包括以前所生产的产品的价值。例如,以前所生产而在该年所出售的存货,或以前所建成而在该年转手出售的房屋等,都不能计入该年的 GDP。

> **想一想**
>
> 二手货应计入 GDP 中吗?

GDP 的构成

(4) GDP 是在一国领土上生产的最终产品的市场价值,因而是一个地域概念。它既包括本国企业所生产的产品与劳务,也包括外国企业或合资企业在本国生产的产品与劳务。而与此相联系的国民生产总值(GNP)则是一个国民概念,是指某国国民所拥有的全部生产要素所生产的最终产品的市场价值。

(5) GDP 一般仅指合法的市场活动导致的价值。家务劳动、自给自足生产等非市场活动不得计入 GDP 中。GDP 也不包括非法生产与销售的东西,如毒品等。

二、与国内生产总值相关的几个概念

(一) 名义 GDP 与实际 GDP

名义 GDP、实际 GDP 与 GDP 平减指数

GDP 是一个国家和地区在一定时期内所生产的最终产品和劳务的市场价值总和。因为 GDP 的计算是用商品的价格乘以商品的数量,这就导致 GDP 的变动受以下两个因素影响:一是所生产的商品和劳务的数量的变动,二是商品和劳务的价格的变动。为了弄清 GDP 变动究竟是由产量引起的,还是由价格变化引起的,经济学家提出了名义 GDP 和实际 GDP 这两个概念。

名义 GDP(Nominal GDP)是指按当年价格计算的全部最终产品和劳务的市场价值;实际 GDP(Real GDP)是指用不变的基年价格计算的最终产品和劳务的市场价值。表 9.2 反映的是一个只生产两种物品——面包和汉堡的经济体的一些数据。该表说明了名义 GDP 与实际 GDP 的计算方法。

表 9.2　面包和汉堡的名义 GDP 与实际 GDP 计算方法

年份	面包		汉堡		名义 GDP(美元)	实际 GDP(美元)
	价格(美元)	数量(个)	价格(美元)	数量(个)		
2010	1	100	2	50	1×100+2×50=200	1×100+2×50=200
2011	2	150	3	100	2×150+3×10=600	1×150+2×100=350
2012	3	200	4	150	3×200+4×150=1200	1×200+2×150=500

通过上面分析,我们知道由于实际 GDP 不受价格变动的影响,所以实际 GDP 的变动只反映生产的产量的变动;而名义 GDP 既反映产量的变动,又反映价格的变动。从这两个统计数字中我们又可以得出 GDP 平减指数的统计量。

GDP 平减指数是对总体价格水平的衡量,它等于名义 GDP 除以实际 GDP,再乘以 100。由于基年的名义 GDP 与实际 GDP 肯定是相同的,所以基年的 GDP 平减指数总是等于 100。可以根据 GDP 平减指数来计算通货膨胀率。公式如下:

$$\text{GDP 平减指数} = \frac{\text{名义 GDP}}{\text{实际 GDP}} \times 100$$

$$\text{第二年的通货膨胀率} = \frac{\text{第二年的 GDP 平减指数} - \text{第一年的 GDP 平减指数}}{\text{第一年的 GDP 平减指数}} \times 100\%$$

(二)人均 GDP

GDP 这一指标有助于人们了解一国的经济实力和市场规模;而人均 GDP 则有助于人们了解一国的富裕程度和生活水平。

人均 GDP 是指用某一年的国民生产总值除以当年的人口数量而得到的国民生产总值。这里的"人口数量"是当年年初与年底人口数的平均值,或者是年中(一般为当年 7 月 1 日 0 时)的人口数量。

$$\text{某年人均 GDP} = \frac{\text{某年 GDP}}{\text{当年人口数的平均值}}$$

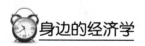
身边的经济学

中国人均 GDP 接近 1 万美元 这在全球处于什么水平?

2018 年 1 月 15 日,发改委主任何立峰发表文章指出,我国人口数量超过全球发达经济体的总和,预计 2018 年人均 GDP 可接近 1 万美元。

这一数据与国际货币基金组织(IMF)预测的相差无几,IMF 于 2017 年 10 月在《世界经济展望》报告中的预测:2018 年中国 GDP 总量约为 13.46 万亿美元,人均 GDP 约为 9630 美元。

那么,人均 GDP 接近 1 万美元,在全球范围内处于什么水平呢?世界银行把全球经济体分为四个收入组别:高收入、中等偏上收入、中等偏下收入以及低收入。每年7月1日,世界银行都会对上述分类进行更新。

截至2017年7月1日,世界银行公布的高收入国家门槛是人均GDP为12235美元以上;中高收入国家标准在3956~12235美元;中低收入国家标准则为1006~3955美元。根据世界银行的数据,2017年中国人均GDP为8827美元,位列全球第72位;人均国民收入(GNI)为8690美元,依旧处于中高收入国家行列。

(三) 绿色GDP

绿色GDP是指一个国家或地区在考虑了自然资源(主要包括土地、森林、矿产、水和海洋)与环境因素(包括生态环境、自然环境、人文环境等)影响之后经济活动的最终成果,即现行GDP总量扣除环境资源成本和对环境资源的保护服务费用所剩下的部分。

绿色GDP=GDP总量-(环境资源成本+环境资源保护服务费用)

绿色GDP能够反映经济增长水平,体现经济增长与自然环境和谐统一的程度,实质上代表了国民经济增长的净正效应。绿色GDP占GDP比重越高,表明国民经济增长对自然的负面效应越低,经济增长与自然环境和谐度越高。实施绿色GDP核算,将经济增长导致的环境污染损失和资源耗减价值从GDP中扣除,是统筹"人与自然和谐发展"的直接体现。

知识链接

绿色GDP

自1981年世界自然保护联盟的报告《保护地球》(Caring for the Earth)、1987年联合国环境与发展委员会的研究报告《我们共同的未来》(Our Common Future)中提出"可持续发展"思想以来,人们关注的焦点从整体福利中转移到环境资源问题上,随之由世界银行在20世纪80年代初提出的"绿色核算"(green accounting),以及随后提出的"绿色GNP/可持续收入"概念迅速为人们所接受,并逐步成为衡量发展进程、替代传统宏观核算指标的首选指标。

按可持续发展的概念,可持续收入或绿色GNP可在传统GNP的基础上,通过以下的环境调整而得到:

(1) 当年环境退化货币价值的估计,即环境资本折旧。由于这种折旧通常可划分为两部分,其一为传统GNP中一部分计入的环境损害,如由于空气污染造成的农作物产量下降等,其二则为完全计入传统GDP中的环境损害,如野生生物物种的消失以及自然景观的破坏等。因此,这一项目的调整主要指传统GDP中未计入的环境退化部分。

(2) 环境损害预防费用支出(预防支出),如为预防风沙侵害而投资建立防护林带等。

(3) 资源环境恢复费用支出(恢复支出),如净化湖泊与河流、土地复耕等。

(4) 由于非优化利用资源而引起超额计算的部分。

根据以上基本思想可以推出计算可持续收入(绿色GDP)的公式为:

绿色 GDP＝传统 GDP－（生产过程资源耗竭全部＋生产过程环境污染全部＋资源恢复过程资源耗竭全部＋资源恢复过程环境污染全部＋污染治理过程资源耗竭全部＋污染治理过程环境污染全部＋最终使用资源耗竭全部＋最终使用环境污染全部＋资源恢复部门新创造价值全部＋环境保护部门新创造价值全部）

三、国内生产总值的核算方法

在国民经济核算体系中有不同的计算国内生产总值的方法，其中主要有支出法、收入法以及部门法。

（一）支出法

支出法（Expenditure Method），又称最终产品法。这种计算方法是从产品的使用出发，把一年内购买的各项最终产品的支出加总，计算出该年内生产出的最终产品的市场价值。

按支出法计算国内生产总值，包括以下几项支出：个人消费支出（C）、国内私人总投资（I）、政府购买商品和劳务支出（G）和净出口（$X-M$）。

（1）个人消费支出（C）包括所有居民户对国内和国外生产的产品和劳务的消费。它又可细分为耐用品、非耐用品和劳务三种支出。

（2）国内私人总投资（I）是指用于购买新生产的资本货物（固定投资）和用于变动存货的总支出。居民户用于购买新的房屋被视为投资，包括在私人国内总投资之中，而它所提供的居住服务则估算其租金计入个人消费支出之中。

（3）政府购买商品和服务支出（G）包括中央和地方各级政府购买产品和劳务的支出，对政府雇员薪金的支出也包括在这个项目之中。

> **想一想**
> 政府购买和政府支出有什么区别？

（4）净出口（$X-M$）是出口减进口的净值。

把上述四项加总就得出一国的国内生产总值，即

$$GDP=C+I+G(X-M)$$

（二）收入法

收入法（Income Method），又称生产要素法。这种方法是从收入的角度出发，把生产要素在生产中所得到的各种收入相加，即把劳动所得工资、土地所得租金、资本所得利息以及企业家才能所得利润汇总相加而成。收入法包括以下统计项目：

（1）工资和其他补助。包括工资、福利补助和应缴所得税和社会保险费。

（2）净利息。这是指用于生产目的的资本报酬，它等于总利息扣除公债利息和消费信贷利息之后所剩余额。

（3）租金。包括出租土地、房屋等租赁收入及专利、版权等收入。

(4) 公司利润。包括股东得到的股息、公司未分配利润和公司所得税。它是企业家进行管理的报酬。

(5) 非公司企业收入。是指非公司企业,如单一业主、合伙制企业的收入,包括应缴所得税。它是非公司企业提供自身拥有的生产要素,如劳动、土地、资本或企业家才能时应得的报酬。

(6) 企业间接税。是指产品在流通过程中被征收的消费税、营业税、关税等,它被加在产品价格之中。运用支出法统计国内生产总值时已将企业间接税包括在内。为使两种方法得到的统计结果保持一致,这里应该加上企业间接税。

(7) 折旧费。按照国民生产总值的定义,它统计的是最终产品和劳务的价值,故补偿资本存量损耗的折旧费应该记入国民生产总值。

把上述各项加总得出一国的国内生产总值,即

GDP＝工资和其他补助＋净利息＋租金＋公司利润＋非公司企业收入
　　　＋企业间接税＋折旧费

(三) 部门法

部门法是指按照提供物质产品与提供劳务的所有部门的产值来计算国内生产总值。这种方法是从生产角度来衡量国内生产总值的,它反映了国内生产总值的来源。

根据这种方法计算 GDP,各生产部门要把所使用的中间产品的产值扣除,仅计算本部门的增值。商业、服务等部门也按增值法来计算。卫生、行政、居民户服务等部门则按工资收入来计算其服务的价值。

以上三种方法计算的国民收入,从理论上讲应该是完全一致的。但在实际运用时,这三种方法所得出的结果往往并不一致。国民经济核算是以支出法为基本方法,如果其他两种方法得到的结果与支出法不一致,就要使用误差调整项来进行调整,使之与支出法得到的结果达到一致。

知识链接

国民经济部门分类

国民经济部门分类,又称产业分类。按照一定的原则对经济活动进行分解和组合而形成的多层次的产业概念。由于研究问题的角度不同,产业分类也不一样,目前常见的分类如下:

(1) 联合国产业分类。该种分类又称联合国标准产业分类法,是联合国为了统一世界各国产业分类而制定的标准产业分类法,它把国民经济分为 10 个部门:① 农林渔猎;② 矿业;③ 制造业;④ 电力、煤气、供水;⑤ 建筑业;⑥ 批发、零售、旅馆、饭店;⑦ 运输、储运、通信;⑧ 金融、保险、不动产;⑨ 政府、社会与个人服务;⑩ 其他经济活动。每个部门下面分成若干小项,再将小项分解为若干细项,大、中、小、细共 4 级,并对各项都规定了统计编码。这种产业分类将全部经济活动不遗漏地给予分割,并使之规范化。基于这种分类法所作的

统计有很高的可比性。联合国产业分类法的显著特点是和三次产业分类法保持着稳定的联系,其分类的大项,可以很容易地组合为三部分,从而同三次分类法相一致。

(2)中国的分类方法。在我国第一产业是指农业、林业、牧业、渔业等;第二产业是指工业(含矿业、制造业、自来水、电力、建筑业等);第三产业则是指商业、服务业、邮电通信业、金融保险业及科研、文教、卫生等行业。

另外,现已出现第四产业的说法。所谓第四产业,即对传统产业通常分为第一产业、第二产业、第三产业基础上产生的某些新兴产业的概括称谓。第四产业主要包括:设计和生产电子、计算机软件的部门,应用微电脑、光导纤维、激光、遗传工程等新技术部门以及高度电子化和自动化的产业部门等。

第二节 国民收入核算中的其他总量

知识导入

关于两大国民经济核算体系——MPS 体系与 SNA 体系

国际上曾经同时存在过两大国民经济核算体系,一个是产生于苏联、东欧高度集中的计划经济体制国家的物质产品平衡表体系,简称 MPS。这一体系只对物质资料生产部门计算产值,主要以社会总产值指标计算增长速度,这个体系的总量指标有社会总产值(TPS)、国民收入(NI)等;另一个是产生于西方发达市场经济体制国家的国民账户体系,简称 SNA。这一体系采用 GDP 指标计算增长速度,这个体系的总量指标有国民生产总值(GNP)、国内生产总值(GDP)、国民生产净值(NNP)、国民收入(NI)等。这两种核算体系所依据的理论基础不一样,并且各自适应于不同的经济条件,核算的范围、内容、方法也不相同。不仅名称不同的指标,而且名称相同的指标(如两大体系的国民收入),反映的经济内容也不同,不能直接互相对比。

中国国民经济核算的历史实际上是从前者向后者过渡的历史。具体说来,中国国民经济核算历史经历了三个阶段:从 1952~1984 年采用的是 MPS 体系;1985~1992 年为 MPS 和 SNA 两种核算体系并存;1992 年我国确立了社会主义市场经济体制,在国民经济核算上也开始逐渐与国际接轨,从 1993 年开始正式取消 MPS,采用 SNA 体系,实现了与国际通用核算体系的接轨。

思考:国民收入核算体系中除了 GDP,还包括哪些总量?

在国民收入核算体系当中,除了国内生产总值以外,还包括国内生产净值、国民收入、个人收入和个人可支配收入等。

一、国内生产净值

国内生产净值(Net Domestic Product, NDP)是指一个国家一年内新增加的产值,它等于国内生产总值减去折旧,即

$$NDP = GDP - 折旧$$

二、国民收入

国民收入(National Income, NI)有广义和狭义之分,广义的国民收入泛指国内生产总值、国内生产净值、国民收入、个人收入、个人可支配收入5个总量及其相关指标;狭义的国民收入是指一个国家在一定时期内(通常为一年),用于生产产品和提供劳务的各种生产要素所获得的报酬总和。

从国内生产净值中扣除间接税和企业转移支付再加上政府补助金,就得到国内生产要素在一定时期内所得报酬,即狭义的国民收入。

$$国民收入 = 国内生产净值 - 企业间接税 - 企业转移支付 + 政府补贴$$

> **想一想**
> 如何根据GDP算出NI?

(1) 企业间接税是指在企业经营过程中的税收支出,企业可以通过提高商品和劳务的售价把税负转嫁给最终消费者,这类税收一般在生产和流通环节征收,间接税构成政府的收入。企业转移支付,通常是指企业对非营利组织的赠款或捐款,以及非企业雇员的人身伤害赔偿,等等。

(2) 企业间接税和企业转移支付虽然构成产品价格,但不成为要素收入;相反,政府给企业的补助金虽不列入产品价格,但却构成要素收入。故在国民收入中应扣除间接税和企业转移支付,再加上政府补贴。

三、个人收入

个人收入(Personal Income, PI)是指一个国家或地区在一定时期内(通常为一年)所有个人得到的收入的总和。个人收入这个概念是用来表示个人实际得到的收入,它有别于国民收入。生产要素报酬意义上的国民收入并不会全部成为个人收入,必须对国民收入做出相应调整,才能得到个人收入。因为企业要将一部分利润收入作为企业所得税,向政府缴纳,还要留下一部分利润作为积累,只有一部分利润以红利和股息的形式分配给个人,分配给个人的收入中还有一部分要以社会保险费的形式上交给相关机构。同时,人们也会以失业救济金、职工养老金、职工困难补助、退伍军人津贴等形式从政府那里得到转移支付。因此,从国民收入中减去企业所得税、企业未分配利润、社会保险税(费),再加上政府和企业对个人的转移支付即为个人收入,即

$$PI = NI - 企业未分配利润 - 公司所得税 - 社会保险税费 + 转移支付$$

四、个人可支配收入

个人可支配收入(Disposable Personal Income,DPI)是指一个国家的所有个人在一定时期内(通常为一年)可以支配的全部收入。个人可支配收入一方面是用于个人消费,包括食品衣物、居住、交通、文娱和其他杂项;另一方面是用于个人储蓄,包括个人存款、个人购买债券等。

> **想一想**
> 如何计算个人可支配收入?

个人可支配收入是通过个人收入计算得来的。个人收入中包括个人所得税、公积金、养老基金、医疗基金、失业基金等,这些属于国家先发后征或居民家庭成员必须缴纳的刚性支出,因此这部分名义收入(居民不可自由支配的)必须予以扣除,余下的即为居民可以用来自由支配的收入。

$$个人可支配收入 = 个人收入 - (个人所得税 + 非税支付)$$
$$= 个人消费支出 + 个人储蓄$$

中国首发各省绿色发展指数

参考消息网 2017 年 12 月 27 日报道,境外媒体称中国 2017 年 12 月 26 日首次发布了各省份绿色发展指数,该指数列举了推动环境友好发展的地方政府,北京排名首位。据路透社 12 月 26 日报道,中国国家统计局发布的数据显示,2016 年在 31 个省份的绿色发展指数排名中,北京位列第一,随后是福建和浙江。

报道称中国政府已承诺 2017 年冬季减少北方 28 座城市的空气污染。据路透社报道,中国国家统计局局长宁吉喆就 2016 年生态文明建设年度评价工作有关问题答记者问时说:"年度评价通过衡量过去一年各地区生态文明建设的年度进展总体情况,引导各地区加快推动绿色发展,落实生态文明建设相关工作,同时也为 5 年考核打下好的基础。"报道称,中国国家发改委、环保部、中组部与国家统计局联合发布了《2016 年生态文明建设年度评价结果公报》。宁吉喆说,绿色发展指数包括 6 个方面 55 项指标,涉及生态文明建设领域的各个方面,而公众对反映当地空气、水居住周边环境等环境质量状况相关指标的主观感受相对更加深刻,在年度评价结果中也体现出"公众满意程度"与"环境质量指数"排名具有较为显著的相关性。宁吉喆还说:"年度评价也是今后长期开展的一项常规工作。"

讨论:(1) 为什么 GDP 不是万能的?
(2) 中国发布各省绿色发展指数的意义是什么?

为什么要实施研发支出核算方法改革

国家统计局日前发布《关于改革研发支出核算方法,修订国内生产总值核算数据的公告》,改革研发支出核算方法,将能够为所有者带来经济利益的研发支出不再作为中间消耗,而是作为固定资本形成处理。

这次改革的意义有多大?为什么要实施研发支出核算方法改革?实施改革后,GDP和相关数据有何变化?记者采访了国家统计局有关负责人。

"我国实施这一改革,具有重要意义,它会更好地反映创新对经济增长的贡献。"国家局新闻发言人盛来运在接受记者采访时说。

据国家统计局核算司司长程子林介绍,近年来,我国大力推动科技技进步和创新发展,研发支出快速增长,研发活动对经济增长发挥了越来越重要的推动作用。但是,传统的核算方法对研发在促进经济增长中的作用反映不够充分。新的核算方法将能够为所有者带来经济利益的研发支出由原来作为中间消耗修订成为固定资本形成,体现了研发成果所具有的固定资产的本质属性,即在未来一段时间的生产活动中不断得到使用,持续发挥作用。

2009 年,联合国等五大国际组织联合颁布了新的国民经济核算国际标准——《2008 国民账户体系》。其中,研发支出资本化是新国际标准的重要修订内容之一。目前,绝大多数经合组织国家都已实施了此项改革,有的发展中国家也进行了此项改革。

2015 年 3 月,中共中央、国务院印发《关于深化体制机制改革加快实施创新驱动发展战略的若干意见》,要求"改进和完善国内生产总值核算方法,体现创断的经济价值"。盛来运指出,国家统计局积极实施研发支出核算方法改革,以更好地反映创新对经济增长的贡献,体现"大众创业、万众创新"的实施效果,体现科技进步在经济发展中的作用,从而激励研发投入,推动创新发展。

那么,改革后对 GDP 增速影响如何呢?改革后,由于历年的 GDP 总量均有所增加,所以对 GDP 增速的影响较小。从近十年的数据来看,改革后,GDP 增速年均提高 0.06 个百分点。其中,2015 年 GDP 增速提高 0.04 个百分点。

据介绍,实施研发支出核算方法改革,对我国 GDP 总量、速度、结构等指标均有一定影响。实施研发支出核算方法改革后,我国各年 GDP 总量相应增加。从近十年的数据来看,改革后各年 GDP 总量的增加幅度呈上升趋势,年平均增加幅度为 1.06%。如 2015 年 GDP 总量增加 8798 亿元,增加幅度为 1.30%。从增长速度来看,由于近年来研发支出增速比 GDP 增速相对快一些,实施研发支出核算方法改革后,理论上 GDP 增长速度将有所上调。但是,由于研发支出占 GDP 比例很小,研发支出与 GDP 的增速差异并不大,因此其对 GDP 增速的影响十分有限。从 2016 年 1 季度 GDP 增速变化情况来看,因核算方法改革增速变化幅度只有 0.04%左右。

GDP 核算改革后,我国产业结构有所变化。例如,2015 年,我国三大产业比例由原来的

9.0∶40.5∶50.5 修订为 8.9∶40.9∶50.2,第二产业增加值占 GDP 的比例略有提高,第一、第三产业占比略有下降。其中,工业增加值占 GDP 的比例提高 0.5 个百分点,由原来的 33.8% 修订为 34.3%。

实施研发支出核算方法改革有非常重要的意义。首先,它顺应国际大趋势。中国作为全球第二大经济体,也需要纳入这样一个全球体系,以便与国际比较,与国际接轨。其次,它与我国经济进入新常态,经济发展方式转变的这个特殊阶段相适应。这样一项改革对经济发展方式转变有重要促进意义。简单来说,GDP 是一个国家或者一个地区一段时间内新增加的产出的总和,它是一个增量,它的非常重要的特点是只计算新增的产出,扣除中间消耗,不计算由于产出 GDP 造成的自然资源的消耗、环境的破坏及其他相关方面的总耗。这样的模式与可持续发展相违背,所以需要转变这个模式,而转变的重要点就是提高全要素生产率,即提高创新对经济增长的贡献,尤其是技术创新。这次改革,将能够带来经济利益的研发支出直接作为 GDP,而不是作为消耗,也表明国家鼓励更多的研发。这样的改革对于我国强调的"双创"、新经济的增长动力都是一件具有指标性、标志性,同时又具有导向性意义的事情。

当然,这样一个调整,从技术上来看,它对 GDP 数据的改变是温和的。可以看到,2015 年改革研发支出核算办法带来的 GDP 的增量接近 9000 亿元,这对于每年总量的提高还是比较显著的,但因为 GDP 总量每年都有提高,所以从增长的速度上来讲,GDP 的变化没有那么大。比如 2015 年改革研发支出核算办法后,影响 GDP 的增速是 0.04 个百分点,实际上按照四舍五入,它并没有影响 2015 年 6.9% 的年度增长速度。因此,改革研发支出核算办法后还是能够保持 GDP 增速大体上的连续性,同时这项改革对企业研发和创新具有明确的导向意义。所以这确实是一个具有非常重要意义的统计核算的改革。

总之,实施新的 GDP 核算国际标准,对于整个经济走势会产生一定的影响。相关产业,如研发比例较大的产业对经济增长的贡献就会加大。

讨论:(1) 实施 GDP 核算方法改革的经济意义是什么?
(2) 实施 GDP 核算方法改革后 GDP 构成将发生怎样的变化?

知识归纳

基本概念	国内生产总值 名义国内生产总值 实际国内生产总值 国内生产净值 国民生产总值 国内生产净值 国民收入 个人收入 个人可支配收入
基本原理	国民收入核算是宏观经济学的基础,它有一个完整的指标体系,其中,最基本的核算指标是国内生产总值。计算国内生产总值既可采取收入法,亦可采取支出法或是生产法。
基本知识点	(1) 国民收入核算中的基本总量指标是指:国内生产总值、国民生产总值、国民生产净值、国民收入、个人收入、个人可支配收入。 (2) 国民收入的三种核算方法:收入法、支出法、部门法(生产法)。

◆ **复习检测**

1. 名词解释

(1) 国民生产总值　　(2) 国内生产总值　　(3) 国民收入　　(4) 名义 GDP

(5) 实际 GDP　　(6) 个人收入　　(7) 个人可支配收入

2. 单项选择题

(1) 2000 年的名义 GDP 大于 1999 年的名义 GDP，这说明（　　）。

A. 2000 年的价格水平高于 1999 年

B. 2000 年的最终产品和劳务总量高于 1999 年

C. 2000 年的物价水平和实际产量都高于 1999 年

D. 以上三种说法都可能存在

(2) 下列项目哪一项目不属于政府购买支出（　　）。

A. 政府投资修建一座水库　　　　　　B. 政府订购一批小轿车

C. 政府给低收入阶层提供一笔补贴　　D. 政府给公务员加薪

(3) 下列四种产品中应该记入当年国内生产总值的是（　　）。

A. 当年生产的一辆汽车

B. 去年生产而今年销售出去的汽车

C. 某人去年收购而在今年专售给他人的汽车

D. 一台报废的汽车

(4) 在下列四种情况中应该记入当年国内生产总值的是（　　）。

A. 用来生产面包的面粉　　　　　　B. 农民生产的小麦

C. 粮店为居民加工的面条　　　　　D. 粮店为居民加工的面条消耗的电

(5) 政府购买支出是指（　　）。

A. 政府购买各种产品和劳务的支出　　B. 政府购买各种产品的支出

C. 政府购买各种劳务的支出　　　　　D. 政府的转移支付

(6) 国内生产总值中的最终产品是指（　　）。

A. 有形的产品　　　　　　　　　　　B. 无形的产品

C. 既包括有形的产品，也包括无形的产品　D. 自产的可用的农产品

(7) 按支出法，应计入私人国内总投资的项目是（　　）。

A. 个人购买的小汽车　　　　　　　　B. 个人购买的游艇

C. 个人购买的服装　　　　　　　　　D. 个人购买的住房

(8) 国民收入核算中，最重要的是核算（　　）。

A. 国民收入　　　　　　　　　　　　B. 国内生产总值

C. 国民生产净值　　　　　　　　　　D. 个人可支配收入

3. 简答题

(1) 简述 GNP 与 GDP 的区别与联系。

(2) 简述国民收入的核算方法有哪些？

第十章　失业与通货膨胀

明确失业的含义、衡量与分类;理解充分就业的含义;理解通货膨胀的含义;熟悉通货膨胀的类别。

失业 Unemployment　　　　　　充分就业 Full Employment
通货膨胀 Inflation　　　　　　需求拉动的通货膨胀 Demand-pull Inflation
成本推进的通货膨胀 Cost-push Inflation
供求混合推进的通货膨胀 Supply-demand Push Inflation
结构性通货膨胀 Structural Rigidity Inflation
菲利普斯曲线 The Phillips Curve

失业与通货膨胀是当代经济中的一个世界性问题,无论是发达国家,还是发展中国家,都不同程度地存在着失业和通货膨胀问题。因此,失业和通货膨胀就成为宏观经济学研究的主要问题。本章就是运用国民收入决定理论对失业和通货膨胀问题进行研究。

第一节　失　业　理　论

青年失业率居高不下

国际劳工组织 2016 年 8 月 24 日发布《2016 全球世界就业与社会形势展望报告:青年就

业趋势》，根据该报告预测，2016年全球青年失业率将达到13.1%，并且将持续至2017年，高于2015年的12.9%，2016年全球青年失业人数将达7100万，比去年上涨50万，这是3年来的最大涨幅。更让人担忧的是，很多年轻人虽然有工作，但是仍然生活在极端或者中等贫困中，这在很多新兴经济体和发展中国家尤为常见。事实上，有1.56亿(37.7%)的青年就业人群正生活在极端或中等贫困中，占成年就业人群的26%。

国际劳工组织负责政策事务的副总干事黛博拉·格林菲尔德说："青年失业人数大幅上涨令人震惊，而贫困就业的青年人数之多同样令人担忧，这表明要实现到2030年消除贫困的目标何其艰难，唯有加倍努力，实现可持续经济发展与体面劳动，才能达到这目标。这份研究同时表明了劳动力市场上年轻女性与男性的比例严重失衡，急需国际劳工组织成员国与社会合作伙伴去解决。"

思考：(1) 什么是失业？
(2) 失业率是怎么计算的？

一、失业与充分就业

(一) 失业及其界定

按照国际劳工组织(ILO)的界定，失业(Unemployment)是指在一定的劳动年龄内，有劳动能力并愿意就业的劳动者找不到工作的一种社会现象。

按照国际劳工组织的统计标准，凡是在规定年龄内一定期间内(如一周或一天)属于下列情况的均归类于失业人口：

(1) 没有工作，即在调查期间内没有从事有报酬的劳动或自我雇佣。

(2) 当前可以工作，就是当前如果有就业机会，就可以工作。

(3) 正在寻找工作，就是在最近期间采取了具体的寻找工作的步骤，例如，到公共的或私人的就业服务机构登记、到企业求职或刊登求职广告等方式寻找工作。

参照国际劳工组织及世界上大多数市场经济国家衡量失业的标准，我国将失业人员定义为：在16岁以上有劳动能力且在调查期内未从事有收入劳动，当前有就业可能并以某种方式正在寻找职业的人员。

(二) 失业的衡量

衡量失业的指标有两个：失业人数和失业率。失业人数是指在规定的年龄范围内，有工作能力且愿意工作并积极寻找工作却还没有工作的人的总数。它从绝对数的角度来衡量失业。

失业率一般是指失业人数占劳动力总人数的比重。其中，劳动力人数是指在法定年龄范围内，有劳动能力或有工作或正在积极寻找工作的人的总数，是就业人数与失业人数之和。

因此，计算失业率的公式为

$$u = \frac{U}{L} \times 100\%$$

式中，u 表示失业率，U 表示失业人数；L 表示劳动力总数。

国际上测量失业率的方法主要有两种，即基于行政记录的失业登记制度和基于劳动力调查的调查制度。据统计，目前全世界有 180 多个国家开展劳动力调查，其中，大部分发达市场经济国家都发布了基于劳动力调查的失业率。

在 2018 年之前，中国官方定期发布的失业率为"城镇登记失业率"。它是指城镇登记失业人员与城镇单位就业人员（扣除使用的农村劳动力、聘用的离退休人员、港澳台及外方人员）、城镇单位中的不在岗职工、城镇私营业主、个体户主、城镇私营企业和个体就业人员、城镇登记失业人员之和的比。城镇失业登记制度作为失业测量的一个有效途径和方法，过去很长一段时间以来，在反映我国失业状况，为就业政策制定提供参考方面发挥了极其重要的作用。但由于其统计的是符合一定条件，且自愿主动前往就业服务机构进行登记的失业者，因此在我国快速发展变化的经济社会环境下，越来越难以全面反映失业状况。

自 2018 年 4 月起，国家统计局将调查失业率纳入主要统计信息发布计划中，按月定期发布全国城镇调查失业率和 31 个大城市城镇调查失业率。

调查失业率是指通过劳动力调查或相关抽样调查推算得到的失业人口占劳动力总数（就业人口和失业人口之和）的百分比。

其中，就业人口是指 16 周岁及以上在调查参考期内（通常指调查时间前一周）为了取得劳动报酬或经营收入而工作了至少 1 小时的人，也包括休假、临时停工等在职但未工作的人口。失业人口是指 16 周岁及以上没有工作，但近 3 个月在积极寻找工作，如果有合适的工作能够在 2 周内开始工作的人。劳动力的年龄下限为 16 周岁，没有上限。与劳动力相对应，16 周岁及以上人口中，既不属于就业人口，也不属于失业人口的人被称为非劳动力，如没有工作意愿的家庭妇女、在校学生和失去劳动能力的人口等。我国的就业人口和失业人口定义与国际劳工组织标准相一致，调查失业率具有国际可比性。

> **想一想**
>
> 为什么说调查失业率具有国际可比性？

知识链接

城镇调查失业率

2018 年 4 月 7 日国家统计局首次正式公布调查失业率数据，引起了各方关注。数据显示，2018 年 1～3 月，全国城镇调查失业率分别为 5.0%、5.0% 和 5.1%，分别比上一年同月下降 0.2、0.4 和 0.1 个百分点；31 个大城市城镇调查失业率分别为 4.9%、4.8% 和 4.9%，分别比上年同月下降 0.1、0.2 和 0.1 个百分点。

国家发展改革委副主任、国家统计局局长宁吉喆介绍，调查失业率作为与经济增长率、物价指数和国际收支平衡状况并行的四大宏观经济指标之一，对监测宏观经济运行和反映就业失业状况具有重要作用。自 2018 年 4 月起，国家统计局将调查失业率纳入主要统计信息发布计划中,按月定期发布全国城镇调查失业率和31个大城市城镇调查失业率。

宁吉喆说,国际劳工组织最新数据显示,发达国家和地区平均失业率为6.6%,发展中国家和地区平均失业率为5.5%,全球平均失业率为5.7%。与世界其他国家和地区相比,我国城镇地区失业率既低于全球平均水平,也低于发展中国家和地区的平均水平,就业形势持续稳定。

那么,到底什么是调查失业率?什么是城镇调查失业率?与登记失业率有何不同?

调查失业率是指通过劳动力调查或相关抽样调查推算得到的失业人口占劳动力总数(就业人口和失业人口之和)的百分比。它与城镇登记失业率的区别主要在于:

一是统计范围不同,城镇调查失业率统计范围是城镇常住人口,既包括城镇本地人口,也包括外来的常住人口,如从农村转移至城镇的人口,它不要求失业登记,也不限定户籍、工作经历等条件。城镇登记失业率的统计范围仅包括城镇本地非农户口的失业人员,未包括下岗失业人口、高校毕业生中的失业人口、城镇外来人口中的失业人员,也不包括那些没有去登记的失业人员。

二是数据来源不同,前者的失业人口数据来自于劳动力调查,而后者的失业人口数据来自于政府就业管理部门的行政记录。

思考:(1)登记失业率与调查失业率的区别有哪些?
　　　(2)公布调查失业率对服务国家发展有哪些重要意义?

(三) 充分就业

在实际的经济生活中,一个社会的充分就业,并不是指人人都有工作,即不是指就业率100%。在通常情况下,失业可以分为由于需求不足而造成的周期性失业、由于经济中某些难以克服的原因而造成的自然失业两种情况。消灭了周期性失业时的就业状态就是充分就业(Full Employment)。充分就业与自然失业的存在并不矛盾。实现了充分就业时的失业率称为自然失业率、充分就业的失业率或长期均衡的失业率。

充分就业率的高低,取决于劳动市场的完善程度、经济状况等各种因素。充分就业率由各国政府根据实际情况确定。各国在各个时期所定的充分就业率都不同。从"二战"后的美国来看,充分就业率为:20世纪五六十年代为95.5%~96.5%;70年代为94.5%~95.5%;80年代为93.5%~94.5%。

二、失业的种类

失业基本上可以分为自然失业与周期性失业两大类。当代西方经济学家还提出在现实经济生活中还存在着另一种失业——隐蔽性失业。

(一) 自然失业

自然失业(Natural Unemployment)是指由于经济中某些难以避免的原因所引起的失业。在市场经济中这种失业存在是必然的。凯恩斯将这类失业称为自愿性失业。依据失业现象的不同成因,自然失业可以划分为以下六种:

1. 摩擦性失业

摩擦性失业(Frictional Unemployment)是经济中由于正常的劳动力流动而引起的失业。摩擦性失业由以下三方面原因产生：

(1) 劳动市场的动态属性。即使劳动力规模不变，每个时期都有人进入劳动市场寻求就业，而另一些就业者或失业者退出劳动力市场，辞职寻找其他工作。

(2) 信息不完善。劳动需求的随机波动，引起一些企业解雇工人，而另一些企业增雇工人，由于用人单位不可能迅速获悉或评价求职者的特征和职位空缺性质的信息，导致求职者需要花费一定的时间寻求工作。

(3) 失业者和拥有职位空缺的雇主之间的相互寻找的时间，以及洽谈所需时间。

经济中劳动力的流动是正常的，所以，摩擦性失业的存在也是正常的，它的存在与充分就业并不矛盾。

摩擦性失业水平的高低取决于流入和流出劳动力市场的人数，以及失业者找到新工作的速度。这个速度由现行经济制度决定，而失业津贴提高往往会延长失业者的求职时间。

2. 结构性失业

结构性失业(Structural Unemployment)是指由于不能适应经济结构和劳动市场变动所引起的失业。

经济结构的变动，要求劳动力的流动能迅速适应其变动。但是，若工人所受的训练和技术水平不符合劳动力市场的需求，就会出现失业。在这种情况下，"失业与空位"并存，即一方面存在着有岗无人的"空位"，另一方面又存在着有人无岗的"失业"。这种失业的根源在于劳动力市场的结构特点。此外，由于雇主歧视某类工人，如肤色、性别、年龄等，或者由于地区差别，如边远地区、艰苦地区等，都有可能引起结构性失业。

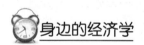
身边的经济学

大学生结构性就业难的成因有哪些？

现如今，大学正处于广泛扩招学生的加速时期，从而导致大量大学毕业生出现。在现今社会激烈就业竞争的模式之下，大学生就业出现结构性困难。究其原因主要有以下几个方面：

1. 社会方面

我国经济发展存在严重的区域不平衡，东部与西北部经济的巨大落差是造成毕业生择业热衷东部的主要原因。劳动力市场的需求变化阻碍了毕业生求职的脚步。在国际金融环境中，一般的公司会通过裁员来缓解企业面临的入不敷出的压力，使得就业空间相对缩小，就业岗位亦随之减少。由于社会中的就业市场环境比较现实，大学毕业生的户籍问题也影响着他们找工作的进程，大学生的档案问题也给他们的就业造成影响。

2. 大学生自身的问题

第一，就业观念不合时宜，就业市场化意识薄弱。大学生作为社会的高知阶层，大多希望去大城市的好单位。很多大学毕业生会倾向寻找薪资较高而且比较轻松的工作，对于薪资较低的工作不看好，有机会也不会选择，这样就导致一毕业就落得尚未就业已经失业的境地。

第二，自身综合素质不高，适应社会的能力差，缺乏对自己的清晰定位，择业缺乏目的性。目前，大学毕业生在选择就业的过程中对社会职务的认知度不清晰，在求职时普遍没有正确地评估自己，在面试时处于劣势。

第三，面试技巧不足，许多没有经过求职技巧的训练。大学毕业生不能掌握自我营销的技巧就免不了被淘汰。

第四，不够重视对职业生涯的规划。很多大学生对规划职业生涯不重视，也一直认为计划永远赶不上变化。其实，规划好职业生涯可以使个人得到更好的发展，但是这一点很多大学生都未意识到。有些人即使意识到，但缺乏规划职业生涯的方式与技巧，对于如何一步步地去规划自己的职业生涯并不清楚。因此，很多大学生盲目地进行职业选择，没有仔细地分析就业环境以及对个人的正确定位，常常凭借个人对社会的感性认识进行判断，规划目标缺少合理性和长远性。

3. 高校的问题

第一，高校在专业设置上不能跟随时代的发展需求而有所改善，在面对社会的真实需求时就会出现严重不符的现象。首先，大多数高校在专业设置上目光过于短浅，导致培养的毕业生的就业方向少，不能适应社会的需求。其次，高校在设置课程时会出现模式问题，对人才的培养没有找到正确的模式，不能随着社会的发展而做出相应地调整。学校的教学计划没有改变，教材也不更新，毕业生的知识结构和思维模式等方面与社会需求存在较大差距，这样就会直接影响大学毕业生的就业。

第二，高校的就业指导力度不够。高校缺乏对大学生职业生涯设计与规划等方面科学合理的指导。

第三，高校就业信息的相应机制不完善。不少高校由于信息量太小，信息发布的时间太晚，再加上地域的限制等原因不能满足大学毕业生对就业信息选择的要求。如今的招聘形式有多种，但是大多仍旧采取用人单位的现场招聘会和供需见面会。

当前的大学生就业问题是一个牵一发而动全身的问题，解决大学生就业问题不是一朝一夕就能完成的事情，而是一项长期的"系统工程"。针对当前严峻的就业形势、大学生结构性就业困难存在诸多原因，需要在政府宏观调控下，大学生、市场、高校、用人单位以及社会各方面的协调和合作、共同行动。

3. 季节性失业

季节性失业是指由于某些行业生产的季节性变动所引起的失业。

某些行业的生产季节性很强，在生产繁忙季节对劳动力的需求超过劳动力的供给，失业减少；在生产淡季对劳动力的需求低于劳动力的供给，就会有一部分劳动力找不到工作。这种由于季节性变动特点所引起的失业就是季节性失业。存在季节性失业是因自然条件的因素决定的，很难由人来改变，因此，这种失业是正常的。季节性失业是每年都会出现的情况，在农业、建筑业、旅游业中，季节性失业最为突出。

4. 等待性失业

等待性失业是指劳动者不满意现有的工作，离职去寻找更理想的工作所造成的失业，又称为寻职性失业。

这种失业的存在主要是因为劳动力市场不同质造成的,即使是相同的工作也存在着工资与其他条件的差异,而且,劳动力市场信息又是不充分的,并不是每一个劳动者都可以得到完全的信息,劳动者在劳动市场上得到的信息越充分,找到理想工作的收益大于寻找工作的成本,劳动者就宁愿失去工作。劳动者在寻找理想工作期间的失业就是等待性失业。

> **想一想**
> 解决自然失业的措施有哪些?

等待性失业是劳动力正常流动的结果,属于自愿性失业。在现代经济社会中,失业补助的扩大(尤其是在一些福利国家)在一定程度上助长了这种失业。在等待性失业中,青年人所占的比例较大,因为他们往往不满足于现状,希望能找到更适合自己的工作。

5. 古典失业

古典失业是指由于工资刚性所引起的失业。

按照古典经济学家的设想,如果工资具有完全的伸缩性,则通过工资的调节能实现人人都有工作。这也就是说,如果劳动的需求小于供给,会导致工资下降。这时如果劳动力能够接受工资下降,直至全体工人都能被雇用,就不会有失业存在。但由于工会的存在与最低工资法限制了工资下降,这就形成了工资易升不易降的工资刚性。正是这种工资刚性的存在,使一部分劳动力无法受雇,从而形成失业。这种失业是古典经济学家提出来的,所以被称为古典失业,它与凯恩斯的自愿性失业(Voluntary Unemployment)有些相似。

以上几类失业都属于自然失业,意思是即使在经济繁荣时期,社会上也是存在着一定的失业率,即自然失业。自然失业率的高低,取决于劳动力市场的完善程度、经济状况等各种因素。自然失业率由各国政府根据实际情况确定,各国在各个不同的经济时期所确定的自然失业率都是不同的。

(二)周期性失业

周期性失业(Cyclical Unemployment)指经济周期中的衰退或萧条时,因对劳动力需求下降而造成的失业,又称为总需求不足的失业。

这是一种最严重、最常见的失业类型。在经济繁荣时期,劳动需求量大,众多的失业者被迅速吸收,社会的失业率趋于充分就业状态;当经济衰退时,劳动力需求量急剧减少,失业率迅速上升。所以,随经济的周期循环产生周期波动,从而出现周期性失业。1982年美国经济衰退时期,全美50个州中,有48个州的失业率上升。

> **想一想**
> 周期性失业与季节性失业区别何在?

由于人们对经济周期到来的时间、持续时间、影响的深度和广度缺乏足够的认识,因此,这种失业难以预测和防范。

(三) 隐蔽性失业

隐蔽性失业不同于以上两类失业,它是指劳动力在表面上有工作,但实际上对工作并没有做出贡献,即有"职"无"工"的人。当企业减少就业人员但产量没有下降时,就存在着隐蔽性失业。例如,一个企业中有 8000 名劳动者,如果减少 2000 名劳动者,总产值并没有降低,则该企业存在着 25% 的隐蔽性失业。发展中国家的农业部门一般都存在着严重的隐蔽性失业。

案例点击10.1

延迟退休对青年就业的影响

近年来,社会对延迟退休议论颇多,担心会影响年轻人就业。"老年人不退,不腾出岗位,年轻人怎么就业呢?"然而,只要认真分析研究延迟退休的制度设计,就能发现它对就业的影响没人们想象中那么大。

从节奏上看,延迟退休将实行"小步慢走"而非"一步到位"。每年只延迟几个月,影响人数有限,不会对劳动力需求产生大的冲击,因此,对就业的总体影响小且缓和。更何况,延迟退休并非所有群体同步推行,而是从目前退休年龄相对偏低的群体开始逐步实施。这一政策的推出时机,实际上充分考虑了我国人口老龄化和劳动力变化的状况。从 2012 年开始,我国劳动年龄人口逐步减少,预计 2030 年之后,减少幅度还将进一步加大。从 2011 年高峰期的 9 亿多,减少到 2050 年的 7 亿左右,劳动年龄人口减少的趋势,显然会和延迟退休对就业的影响产生对冲效应。

实际上,劳动力市场的新陈代谢,绝不是"老的不退休,年轻的别想进"的机制。即使不实行延迟退休,有些行业、一些单位因为缺少员工,本来就有相当部分劳动者退而不休。根据 2010 年第六次全国人口普查数据,60～64 岁的城镇男性劳动者还在工作的有近 1/3,且从第五次人口普查以来呈现增长趋势。因此,从总量上来看,即使延迟退休导致老年劳动力留在市场中,并不一定就会减少年轻人进入。

老年劳动力和青年劳动力并非完全的替代关系,还存在互补关系。一些旧有的工作,年轻人未必"看得上",同时也可能是"做不了"。这些领域的老年人退休了,不但他们所从事的工作没人做,甚至会导致劳动力市场上的结构性短缺,使得一些工作没有足够的人能做。比如,我国健康医疗产业发展迅速,却严重缺少医生,缺少护理人员;还有一些工作没有足够的人愿意去做,比如养老服务业。可见,延迟退休占用的就业岗位和年轻人的就业愿景重合度不一定很高。随着技术进步、劳动生产率提高和产业结构调整,产生了许多适合年轻人进入的新行业或职业。在这个意义上讲,年轻人的就业机会,主要还是决定于经济发展和转型升级,以及年轻人的就业方向与能力。

随着受教育年限的延长,劳动者的工作年限实际上被隐性地缩短了,这将导致社会总体劳动力资源减少更多。而渐进式的延迟退休,是维持"人口红利"的一种方式。在产业结构提升、劳动条件改善的情况下,老年劳动者可胜任的工作岗位其实变多了,如果未老先退、能干先休,这是对社会人力资源的巨大浪费。对于劳动者而言,按照养老保险多缴多得的机制,退休金收入也不会有大的影响。

我们也应该看到,延迟退休对大龄劳动者特别是技能单一的大龄女性劳动者就业有一定影响。为此,我们需要开发更多的合适岗位,采取有针对性的就业扶持政策支持这些劳动者就业,同时加强对大龄劳动者的权益保障。只有配套政策措施更完备,实施延迟退休政策的积极效益才能更好地释放出来。

讨论:(1) 你认为我国延迟退休的原因有哪些?

(2) 你认为延迟退休对我国劳动力市场会产生怎样的影响?

三、失业的影响与奥肯定理

(一)失业的影响

失业对个人来说是痛苦的,对社会经济整体而言也有代价。当实际失业率超过充分就业的失业率或自然失业率时,GDP 水平会下降。如果实际失业率过高,就是社会不安定因素。

1. 失业对经济社会的影响

(1) 失业带来社会经济巨大的产出损失。

当失业率上升时,经济中本可由失业工人生产出来的商品及劳务被白白浪费掉了,经济损失,就好像是将无数的汽车、房屋、衣物和其他商品倒进了大海。表 10.1 反映了美国在高失业时期的经济代价。

表 10.1　美国在高失业时期的经济代价[①]

时间	平均失业率	GDP 损失(万亿美元)	占该时期 GDP 的比重
大萧条时期 (1930~1939 年)	18.2%	4.4	38.5%
石油危机和通货膨胀时期 (1975~1984 年)	7.7%	1.25	2.5%
稳定增长时期 (1985~1996 年)	6.3%	0.5	0.6%

从表 10.1 中,我们可知,大萧条时期,失业所带来的损失高达 4.4 万亿美元,20 世纪七八十年代的石油危机和通货膨胀,也造成了 1.25 万亿美元的产出损失。高失业率所带来的经济损失是现代经济中有据可查的最大损失,它比微观经济中由于垄断所引起的效率损失或关税配额所引起的效率损失都要大许多倍。

---

① 保罗·萨缪尔森,威廉·诺德豪斯. 宏观经济学[M]. 16 版. 肖深,等译. 北京:华夏出版社,1999.

(2) 失业造成人力资源的浪费。

人力资源是社会发展和进步的真正动力和源泉,人力资源在经济活动中发挥着主导作用,离开人的作用,任何土地资源和资本资源都是僵死的物。一切社会的任何生产过程都需要人的力量来引发、调整和控制。一切经济活动首先是人的活动,都是由人来带动其他资源的活动,人的活动总是处于中心位置上。人力资源是唯一起创造性作用的因素。经济活动的生命是发展、进取和创新,而只有人力资源才能担负起这个发展、进取和创新的任务,其他任何生产要素都不具有这种能力。

失业使人力资源闲置,不能与生产资料相结合,不能创造物资财富,无疑是对人力资源的极大浪费。

(3) 失业加大社会经济运行的成本。

首先,为了维持失业者最基本的生活,政府和社会为他们提供失业救济和最低生活保障,这些转移支付最终会内化为社会经济的运行成本。如果失业率过高,社会经济将不堪重负。

其次,国家和社会对失业人员的保险和救济只能维持他们最基本的生活水平。如果社会成员面临着困难以致不能正常生活时,他们就有可能违反正常的社会秩序使自己得以生存。社会经济秩序不稳定,社会经济的发展就会遇到巨大的外部负效应,给企业带来巨大的外部成本。

最后,为了稳定社会经济,消除或减少社会经济发展的外部成本,国家可能会增加警力和公务员。官员的工资收入只能靠税收,税越高,企业越困难,从而使失业的人更多,形成恶性循环。

过高的失业率,给社会带来极其严重的经济后果。正因为如此,不少市场经济国家把失业问题作为社会发展的头号敌人,把降低过高的失业率作为政府工作的重要内容。

(二) 奥肯定律

用来说明失业率与实际国民生产总值增长率关系的规律称为奥肯定律(Okun's Law),也叫奥肯定理。这一规律表明:失业率每增加 1%,实际国民生产总值降低 2.5%;反之,失业率每降低 1%,实际国民生产总值增加 2.5%。

在理解这一规律时应该注意以下三点:

(1) 它表明了失业率与实际国民收入增长率之间是反方向变动的关系。

(2) 失业率与实际国民收入增长率之间 1∶2.5 的关系只是一个平均数,是根据经验统计资料得出来的。在不同的时期并不是完全相同。在 20 世纪 60 年代,这一比例是 1∶3;在 70 年代,这一比例是 1∶2.5~2.7;在 80 年代,这一比例是 1∶2.5~2.9。

(3) 奥肯定律主要适用于没有实现充分就业情况,即是周期性失业率。在实现了充分就业的情况下,自然失业率与实际国民收入增长率的比例是大约为 1∶0.76。

阿瑟·奥肯

阿瑟·奥肯(Arthun. M. Okun,1928~1980)。美国著名凯恩斯主义经济学家,1964~1968年任总统经济顾问委员会委员。他论述国内生产总值增长率与失业率之间关系的奥肯定理已成为经典之论。他的名著《平等与效率》是有关这一问题最权威的论著,至今仍受重视。

如何看待我国经济下行,但就业不降反升①

就业,乃民生之本。近年中国城镇新增就业人口持续走高,即便在经济下行的情况下也保持增加,2010年为1168万人,2013年为1310万人,2014年为1322万人。2015年1至7月,全国城镇新增就业841万人,超过全年1000万人目标的八成。

记者:经济增速下降,城镇新增就业不降反升,其原因是什么?

莫荣:这其中有很多因素,包括经济总量的扩大、结构的优化、改革效应和就业促进工作本身等。从GDP增速与城镇新增就业关系来看,2004~2011年,GDP每增长一个百分点,对应的城镇新增就业为104万人;2012年和2013年,GDP每增长一个百分点,对应的城镇新增就业为168万人。但这并不说明经济增速减缓对就业没有产生影响。城镇新增就业规模虽持续增长,但同比增幅从2010年的5.99%下降到2013年的3.48%;同期净增就业指标也是一直走低,2010年达到峰值1365万人,此后逐年下降到2013年的1138万人。此外,监测企业岗位持续流失、劳动力市场需求减弱、登记失业人数增加等也显示经济增速对就业的影响逐步显现。未来经济增速如果保持持续下滑,一旦超过一定底线,对就业的影响就会比较明显。

记者:根据第三次经济普查核算结果,2014年上海地区生产总值为23560.94亿元,第一、二、三产业结构比例为0.5∶34.7∶64.8,第三产业已在GDP占比中优势明显;北京2014年第一、二、三产业结构比例为0.7∶21.4∶77.9,第三产业对GDP贡献率已接近80%。产业结构的变化是否是就业数据逆势上扬的原因?

莫荣:的确,第三产业就业人数近年呈现上涨,成为吸纳就业的主力。这也是经济下行,就业却不降反升的重要原因。此外,"双创"政策也为激发创业动力、扩大就业提供了重要保障。产业转型升级过程中,资本密集、技术和管理创新及节能减排等因素使得第二产业吸纳就业的能力减弱,对劳动者技能素质要求却进一步提高。以往,低端制造业吸纳大量低教育

---

① 冯蕾.经济下行:就业缘何不降反升:访人社部国际劳动保障研究所所长莫荣[N].[2015-09-17].

水平和低技能素质农村转移劳动力就业。将来,制造业吸纳就业的能力可能将持续减弱。但要看到,目前第三产业中传统的低端生活性服务业所占比例大,以后应大力发展现代生产性服务业、商贸服务业和生活服务业,形成可持续吸纳就业能力,这对从业人员掌握现代技术和知识的要求也进一步提高。

讨论:案例中反映的现实符合奥肯定理吗?

四、失业的治理

1. 财政政策

治理失业的财政政策手段主要是:提高政府购买水平、增加政府转移支付水平和降低税率。

(1) 提高政府的购买水平。

在总支出不足、失业持续增加时,政府要扩大对商品和劳务的需求,提高购买水平,如修高速公路、修铁路、建码头、建机场等,刺激需求、繁荣经济、增加就业、减少失业。

(2) 提高政府转移支付水平。

在总支出不足、失业持续增加时,政府要增加社会福利费用,提高转移支付水平;除失业救济金、养老金等福利费用外,退伍军人额外补贴、为维护农产品价格和扶助农民的支付也要增加。

政府购买和政府转移支付都属于政府支出。政府支出是总支出的一个重要组成部分。增加政府支出就会增加总支出,扩大总需求,因而是反衰退和减少失业的有效措施。

(3) 降低税率。

税收是国家政府收入的主要来源,而所得税在西方国家税收中占比重最大。降低税率主要是降低所得税的税率。在总支出不足、失业持续增加时,政府采取减税措施,给公众多留一些可支配收入,能够增加消费,扩大投资,刺激需求,从而减少失业。减税可以增大总支出,因而是反衰退、降低失业率的重要措施。

1962年,美国肯尼迪政府实行全面减税政策,即个人所得税减少20%,最高税率从91%减至65%,公司所得税从52%降至47%,还采取投资减税和加速折旧等政策,对经济起到强烈的刺激作用,促进了美国20世纪60年代的繁荣,降低了失业率。

2. 货币政策

当总支出不足、失业持续增加时候,中央银行就要增加货币供给,刺激总支出,以解决衰退和失业问题。

货币政策的主要手段是:① 降低法定准备金率;② 公开市场业务,中央银行在公开市场上买进政府债券;③ 降低贴现率和再贴现率。

在出现总需求缩小、经济衰退而高失业率的情况下,中央银行可以单独采取降低法定准备金率政策、降低贴现率的政策或在市场上买进债券的政策,每一项政策都会产生增加市场中的货币、扩大需求、促进经济繁荣、增加就业、降低失业率的作用。当然,也可以几项政策联合使用,以增强扩大需求的效果。

3. 人力政策

人力政策又称就业政策,是改善劳动市场结构,以减少失业的政策。其中主要有:

(1) 人力资本投资。

政府或有关机构向劳动者投资,以提高劳动者的文化技术水平与身体素质,适应劳动力市场的需求。从长期来看,人力资本投资的主要内容是增加教育投资、普及教育水平和实行终身教育。从短期来看,是对劳动者进行在职培训,或者对由于不适应技术而失业的劳动者进行技术能力和业务水平培训,提高他们的就业能力,以解决有人无岗和有岗无人的结构性失业。

(2) 完善劳动市场。

失业产生的一个重要原因是劳动市场的不完善,如劳动供求的信息不畅通,就业介绍机构的缺乏等。

因此,政府应该不断完善和增加各类就业中介机构,如健全居民之间的就业信息沟通系统,鼓励社会团体和法人企业主办职业中介组织,举办政府职能部门主办的职业中介机构等,为劳动供求双方提供迅速、准确而完全的信息,使劳动者找到满意的工作,厂商也能得到他们所需要的劳动者。这无疑会有效地减少失业,降低自然失业率。

(3) 协助劳动者进行流动。

劳动者在地区、行业和部门之间的流动,有利于劳动的合理配置与劳动者人尽其才,也能减少由于劳动力的地区、行业结构和劳动力的流动困难等原因而造成的失业。对劳动者流动的协助包括提供充分的信息,以及必要的物质帮助和技术支持。

案例点击10.3

抢 人 大 战

统计数据显示,近一年多来,全国已有超 50 个城市发布了多次人才吸引政策,2017 年开始至今,以杭州、西安、武汉、成都、南京为代表的 15 个"新一线"城市陆续出台了人才吸引政策。

2017 年年初,时任武汉市委书记的陈一新发出"5 年留下百万大学生"的豪言,开出三副"猛药":一是零门槛落户(40 岁以下大专、本科全要,硕博不限年龄都收);二是年薪给保底(专科 4 万、本科 5 万、硕士 6 万、博士 8 万);三是住房加保障(大学生买房、租房全 8 折,全国首创)。为抓落实,武汉专门成立"招才局","抢人"被列入"一把手工程"。大招一出,谁与争锋。2017 年,武汉人潮汹涌,落户大学生暴增 30 万,立刻成为大学生最青睐的二线城市。

这一下,全国的市长们都不淡定了。紧接着,成都一口气儿推出"人才新政 12 条",条件非常优厚:面试给补贴(1000 块),求职免费住(7 天),本科就落户;租住公寓满 5 年,还能以低于入住当年的市场价买下,简直无风险锁定买房收益。这让成都受欢迎程度爆棚,2017 年户籍数暴增 36 万,竟然超过了武汉。

这下所有城市都急了:再不动手,人要被抢光。

从 2018 年开年至今,已有超 35 个城市发布了 40 多次人才吸引政策。"抢人大战"愈演愈烈,进入了疯狂模式。

3月21日,一直高高在上的北京和上海也被迫出手,推出各自新政,开始争夺目标人才。

5月8日,香港加入"抢人大战",香港特区政府宣布,将推出一项为期3年的"科技人才入境计划",旨在通过快速处理入境安排,为香港特区科技公司(机构)输入海外和内地科技人才。该计划将于6月开始接受申请,首年度配额为1000个,每家公司(机构)每年最多可获配额100个。据了解,引进人才申请的时间可缩短至两星期,相比其他计划处理时间将缩短至一半。

讨论:(1) 造成抢人大战的原因是什么?

(2) 抢人大战带来的影响有哪些?

第二节 通货膨胀

知识导入

人人都是亿万富翁的委内瑞拉

委内瑞拉位于加勒比海的南岸,南美洲大陆的最北端,国土面积约为91万平方公里,相当于9个浙江省的面积大小。委内瑞拉无疑正在经历世界历史上最大的经济灾难之一,每天委内瑞拉的物价都在飞涨。根据国际货币基金组织(IMF)的最新报告显示,委内瑞拉通货膨胀率将在2018年年底前飙升至1370000%。到2019年,委内瑞拉的通胀率预计再上涨至10000000%。现在委内瑞拉有一句话是:我们人人都是亿万富翁,但是我们每一个人都是穷光蛋。

43岁的护士Maigualida Oronoz说:"我们都是百万富翁,但我们都很穷。"她表示,她的最低工资勉强只够给孩子买1千克肉。"我们只能维持温饱,如果有什么健康问题的话,我们会死的。因为,药品的价格高出天际,而且每天都在上升。"

小摊摊主Pacheco说:"如果现在还收100、500或1000的玻利瓦尔,那可真是疯了。"他现在只接受新印刷的10万面值的钞票,"否则,我们就要带一箱钞票去银行。"

由于通货膨胀太过严重,如今,以物易物在委内瑞拉很普遍,比如富人会用一袋麦片来付停车费;理发则需要支付5根香蕉和2个鸡蛋。

经济学家警告说,由于无法承受最低工资上涨,一些企业将陷入困境。这可能会增加失业率,进一步加剧大规模移民,使邻近的南美国家不堪重负。

思考:(1) 什么是通货膨胀?

(2) 通货膨胀对经济有什么影响?

一、通货膨胀及其类型

（一）通货膨胀的含义

经济学界对通货膨胀（Inflation）的解释并不完全一致，比较普遍接受的定义是：通货膨胀是指物价水平在一定时期内持续普遍的上升过程。这个定义，包括两层含义：

通货膨胀的概念及分类

第一，通货膨胀的物价上升，是就整个社会范围而言的，而不是某几种商品的价格上升，如果只是某几种商品价格上升，不能算作是通货膨胀。

第二，通货膨胀的发生，说明物价水平上升持续了一定时期，而不是在个别时间点或个别时间段内发生，如果只是个别时间范围内发生的价格上升，不能算作是通货膨胀。

> 想一想
> 季节性的物价上涨是通货膨胀吗？

（二）通货膨胀的衡量

经济学上常用物价指数（Price Index）来衡量一个国家是否发生了通货膨胀。物价指数是衡量商品价格报告期与基期相比综合变动程度的指标。常用物价指数主要有三个：国内生产总值折算数、消费价格指数和批发物价指数。

（1）国内生产总值折算数。

国内生产总值折算数，是衡量各个时期一切商品与劳务价格变动的指标。用国内生产总值折算数衡量通货膨胀的计算方法是：

$$\text{GDP 折算指数} = \frac{\text{名义 GDP}}{\text{实际 GDP}} \times 100\%$$

上式的计算结果减 1 所得就是通货膨胀率，也可以看作是剔除了物价上涨因素的价格指数。

（2）消费价格指数（Consumption Price Index，CPI）。

消费价格指数（CPI），又称为零售物价指数或生活费用指数，它是用来衡量各个时期居民个人消费的商品和劳务零售价格变化的指标。它既可作为通货膨胀的测定指标，又可作为工资、津贴调整的依据。

知识链接

CPI 是怎么算出来的？

居民消费价格指数（CPI）成了热门词，每次数据发布必成关注的焦点。国家统计局日前全程公布了 CPI 调查的细节。

(1) 调查员暗访价格。

国家统计局北京调查总队消费价格调查处处长赵超美介绍,北京一共有 40 名兼职市场调查员。他们每个月要对全市 626 个调查点的 1493 种商品和服务项目进行物价调查,共涉及食品、烟酒及用品、衣着、家庭设备用品及维修服务、医疗保健和个人用品、交通和通信、娱乐教育文化用品及服务、居住 8 个大类。鲜肉、鲜蛋等鲜活产品每 5 天要调查一次,其他商品则每 10 天调查一次。调查员采集价格时采用不暴露身份的暗访形式。选取的商品价格必须是成交价。对于鲜活产品,不能选取早晨的高价和晚上的低价,必须选择中间价。

(2) 后期计算。

采集完成后,整理价格资料过程包括审核录入价格、计算月平均价格、计算规格品价格指数、计算基本分类价格指数、计算类指数和总指数。国家统计局有一个专门的软件,只要把调查员采集到的原始数据经严格的审核后录入电脑,就可以很快生成 CPI 数据。每月 3 日,北京调查总队向国家统计局报送审核后的 CPI 数据。

(3) 房价不计入 CPI。

按照国际统计惯例,房价不能纳入居民消费价格调查范畴,而是属于投资,因为房屋属于一次性购买、多年使用,购买和消费在时间上是脱节的。居民消费价格调查中的居住类价格主要包括房租、水电燃料、房屋装修等。

(3) 批发物价指数(Wholesale Price Index,WPI)

批发物价指数是衡量各个时期生产资料(资本品)与消费资料(即消费品)批发价格变化的指标。它是指批发厂商购买各种商品的价格的平均变动幅度,反映了批发商品所支付的价格变动情况。

以上三种价格指数从不同的角度反映出通货膨胀率,其计算出的变动的趋势也是基本相同。但由于各种指数所包括的范围不同,所以计算出的数值并不相同。在三种指数中,消费价格指数与人们的生活水平关系最密切,因此,一般都用消费价格指数来衡量通货膨胀率。

(三) 通货膨胀的分类

通常,人们根据通货膨胀的严重程度与特征,将其分为三种类型:

1. 温和的通货膨胀

温和的通货膨胀(Creeping Inflation),亦称爬行通货膨胀,是指持续但较低的物价水平上升。其特点是:通货膨胀率一般在两位数以下,年通货膨胀率不超过 10%。这种通货膨胀是完全可以预期的。

一些经济学家认为,在经济发展过程中,这种缓慢而逐步上升的价格对经济和收入的增长有积极的刺激作用。

2. 加速的通货膨胀

加速的通货膨胀(Trotting or Galloping Inflation),亦称为奔腾的通货膨胀、急剧的通货膨胀。其特点是:通货膨胀率较高,高达两位数到三位数,年通货膨胀率为 10%~100%,在发生这种通货膨胀时,人们对货币的信心产生动摇,经济社会产生动荡,所以这是一种较危险的通货膨胀。

3. 恶性通货膨胀

恶性通货膨胀（Hyperinflation）也称为超速的通货膨胀。其特点是：通货膨胀率非常高，一般达到三位数以上，而且完全失去控制。这种通货膨胀会引起金融体系完全崩溃，经济亦达到崩溃的边缘，以至于可能会出现政权的更迭。这种通货膨胀在经济发展史上是很少见的，通常发生于战争或社会大动乱之后。

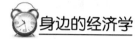 身边的经济学

国民党政府统治时期的通货膨胀

1935年国民党政府实行法币制度。1939年以前，通货膨胀速度较为缓慢。物价上升指数还未超过法币增发指数。假设1937年6月的法币发行指数为1，到1939年12月，法币发行指数为3.04，而重庆物价指数为1.77。

1940年起进入恶性通货膨胀阶段，物价上升指数超过通货膨胀指数。到抗日战争结束的1945年8月，法币发行指数为394.84，同期重庆物价指数为1795.00。

1947年起法币进入崩溃阶段。当年7月，国民党政府在美帝国主义的支持下，发动了全国规模的反共、反人民内战，军费支出浩繁，大量消耗黄金外汇，法币发行如脱缰野马。

1948年8月19日，法币发行额累计为663694.6亿元，发行指数为470705.39，而同期上海物价指数为5714270.30。法币崩溃，改发金圆券。每300万元法币兑换金圆券1元。新发行的金圆券很快就告崩溃，1948年8月到1949年5月上海解放，短短10个月中，金圆券发行额为679459亿元，发行指数为307124.3，同期上海物价指数达6441361.5。如果把法币和金圆券合计，则自1937年6月到1949年5月，货币发行指数为144565531914.9（即1400多亿倍），同期上海物价指数为36807692307691.3（即36万多亿倍）。

二、通货膨胀的成因

关于通货膨胀的原因，西方经济学家提出了种种解释，主要有需求拉动通货膨胀理论、成本推动通货膨胀理论和结构性通货膨胀理论等。

（一）需求拉动的通货膨胀

需求拉动型通货膨胀（Demand-pull Inflation）是指总需求超过总供给所引起的一般价格水平的持续显著的上涨。它侧重从总需求的变化方面来解释通货膨胀的主要原因，是一种比较老的通货膨胀理论，这种理论把通货膨胀解释为"过多的货币追求过少的商品"。图10.1常被用来说明需求拉动通货膨胀。

通货膨胀的成因

图10.1中，横轴 y 表示总产量（国民收入），纵轴 P 表示一般价格水平。AD 为总需求曲线，AS 为总供给曲线。总需求是全社会对产品和劳务的需求总量，由消费需求、投资需

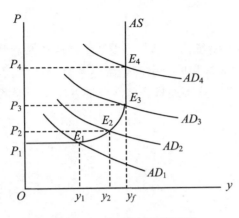

图 10.1 需求拉动通货膨胀

求、政府需求和国外需求构成。总需求必须要有货币供给来支持。总需求曲线表示全社会的需求总量与一般价格水平之间的关系。总供给是全社会的供给总量,总供给曲线表示全社会的供给总量与一般价格水平之间的关系。

总供给曲线 AS 起初呈水平状,表示总产量较低时,总需求的增加不会引起价格水平的上涨。从图 10.1 中可以看出,产量从零增加到 y_1,价格水平始终稳定。总需求曲线 AD_1 与总供给曲线 AS 的交点 E_1 决定了价格水平为 P_1,总产量水平为 y_1。当总产量达到 y_1 以后,继续增加总供给,就会遇到生产过程中所谓瓶颈现象,即由于劳动、原料、生产设备等的不足而使成本提高,从而引起价格水平的上涨。总需求曲线 AD 继续提高时,总供给曲线 AS 便开始逐渐向右上方倾斜,价格水平逐渐上涨。总需求曲线 AD_2 与总供给曲线 AS 的交点 E_2 与定了价格水平为 P_2,总产量为 y_2。当总产量达到最大,即为充分就业的产量 y_f 时,整个社会的经济资源全部得到利用。图 10.1 中,总需求线 AD_3 与总供给曲线 AS 的交点 E_3 决定了价格水平为 P_3,总产量水平为 y_f。价格水平从 P_1 上涨到 P_2 和 P_3 的现象被叫作瓶颈式的通货膨胀。在达到充分就业的产量 y_f 以后,如果总需求继续增加,总供给就不再增加,因而总供给曲线 AS 呈垂直状。这时总需求的增加只会引起价格水平的上涨。例如,当总需求曲线从 AD_3 提高到 AD_4 时,它与总供给曲线的交点 E_4 所决定的总产量并没有增加,仍然为 y_f,但是价格水平已经从 P_3 上涨到 P_4。这就是需求拉动通货膨胀。西方经济学家认为,不论总需求的过度增长是来自消费需求、投资需求,或是来自政府需求、国外需求,都会导致需求拉动通货膨胀。

> **想一想**
>
> 需求拉动型通货膨胀会导致产出水平的不断增长吗?

(二)成本推动通货膨胀

成本推动通货膨胀(Cost-push Inflation),又称成本通货膨胀或供给通货膨胀,是指在没有超额需求的情况下由于供给方面的提高所引起的一般价格水平持续和显著的上涨。它侧重是从总供给的变化方面来解释通货膨胀的主要原因。图 10.2 常被用来说明成本推动通货膨胀。

图 10.2 中,总需求是既定的,不发生变动,变动只出现在供给方面。当总供给曲线为 AS_1 时,并与总需求曲线 AD 相交于 E_1,此时,总产

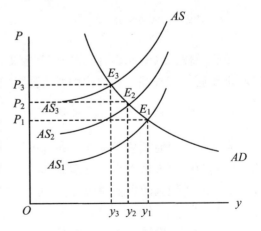

图 10.2 成本推动通货膨胀

量为 y_1,价格水平为 P_1。当总供给曲线由于成本提高而移到 AS_2 时,其与总需求曲线 AD 相交于 E_2,此时,总产量为 y_2,价格水平为 P_2。此时,总产量比以前下降,而价格水平比以前上涨。当总供给曲线由于成本进一步提高而移到 AS_3 时,其与总需求曲线 AD 相交于 E_3,此时,产量为 y_3,价格水平为 P_3。这时的总产量进一步下降,而价格水平进一步上涨。

根据引起成本增加的具体原因,通货膨胀可以分为工资成本推动的通货膨胀、利润成本推动的通货膨胀及进口成本推动的通货膨胀。

1. 工资成本推动的通货膨胀

这种理论认为,由于工资提高,便引起成本增加,从而导致物价上涨;物价上涨后,工人又要求提高工资,从而再度引起物价上涨;如此循环往复,形成所谓工资—物价的螺旋上升。这种理论还认为,工人之所以能迫使工资提高,是由于工会组织的垄断作用。这样,这种理论便把通货膨胀的责任推到了工人和工会身上。

2. 利润成本推动的通货膨胀

这种理论认为,正如工会垄断了劳动市场而能迫使资本家提高工资一样,垄断企业为了追求更大利润,也可通过"操纵价格"使商品价格上升的幅度快于成本增加的幅度。在西方经济学中,利润也是成本的一个组成部分,因此,这种因追求更大利润而使商品价格上升,也属于成本推进型的通货膨胀论。这种理论还认为,垄断企业之所以提高商品价格,赚取更多利润,是由于工会要求提高工资引起的,当工会要求提高工资时,有"操纵价格"的企业自然就会立即与工资提高的形势相应,要求提高利润,从而商品价格提高到工资提高的水平上。

此外,还有一种是进口成本推动的通货膨胀。这种理论认为,由于进口的原材料、燃料等价格的上涨,也会推进通货膨胀的发生,并且,在此情况下一国的通货膨胀还会通过国际贸易渠道和国际货币体系而传导到其他国家。

例如,A 国由于出现了需求拉动的通货膨胀,引起物价上涨,同时表现在它的出口商品之中,B 国如果从 A 国进口商品或原料,那么,A 国需求拉动的通货膨胀就会传递到 B 国,促使 B 国产生进口成本推进的通货膨胀。

(三) 供求混合推进通货膨胀

供求混合推进的通货膨胀(Supply-demand Push Inflation)是将总需求与总供给结合起来分析通货膨胀的原因。许多西方经济学家认为,通货膨胀既不是单纯由"需求"方面起的,也不是单纯由"供给"方面引起的,而是双方共同起作用的结果。这是因为:

(1) 工资的提高,既提高了成本,也提高了需求。因为,工资的上升马上对物价增加了成本的压力,同时产生了较高的收入,使需求上升。正是这种双重作用的影响说明了收入政策的合理性,即对货币工资率按劳动生产率的提高进行调整,就可以避免收入膨胀和利润膨胀。

(2) 如果单纯是"成本推进",而没有"需求拉动",也不可能使物价上升长期维持下去,因为在没有需求和货币收入水平增加的情况下,工资上升引起物价上涨,就势必使大量的商品卖不出去,从而会迫使生产紧缩,工人解雇,最后将使成本推进的通货膨胀终止。

(四) 结构性通货膨胀

西方经济学家认为,在经济活动中,即使不存在需求拉动和成本推进的情况,仅由于经济结构因素的变化,也能导致一般物价持续和显著上涨,这就是结构性通货膨胀(Structural Rigidity Inflation)。

国民经济各部门千差万别以及经济结构本身具有的特点,可有下面三种情况:

第一,国民经济各部门劳动生产率提高的速度不同。一些部门劳动生产率提高速度较快,而另一些部门劳动生产率提高速度较慢。

第二,国民经济各部门兴衰进程和发展状况不同。有一些部门正在迅速发展,兴旺发达,而有些部门却发展缓慢,渐趋衰落。

第三,国民经济各部门与世界市场关系密切程度不同。虽然随着商品经济发展,世界各国经济关系越来越密切,但是,在一个国家的各种经济部门中,有的部门(开放部门)同世界市场联系十分密切,有的部门(非开放部门)几乎完全封闭。

现代社会的经济结构很难使生产要素从生产率低的部门转到生产率高的部门,从渐趋衰落的部门转移到正在迅速发展的部门、从非开放部门转移到开放部门。但是,生产率提高缓慢的部门、正在渐趋衰落的部门和非开放部门,在工资和价格方面都要求"公平",要求向生产率提高快的部门、正在迅速发展的部门以及开放部门"看齐",要求"赶上去",最终导致一般物价水平持续地和显著地上涨。

三、通货膨胀的影响和治理

(一) 通货膨胀的影响

1. 通货膨胀的经济影响

(1) 通货膨胀对收入分配的影响。

西方经济学家认为,如果社会的通货膨胀率是稳定的,且人们可以完全预期,那么通货膨胀率对收入和分配的影响很小。因为,在这种可预期的通货膨胀之下,各种名义变量(如名义工资、名义利息率等)都可以根据通货膨胀率进行调整,从而使实际变量(如实际工资、实际利息率等)保持不变。这时通货膨胀对社会经济生活的唯一影响,是人们将减少他们所持有的现金量。

> **想一想**
> 通货膨胀降低了人们的实际购买力吗?

但是,在通货膨胀率不能完全预期的情况下,通货膨胀将会影响社会收入分配。因为,这时人们无法准确地根据通货膨胀率来调整各种名义变量,以及他们应采取的经济行为。一般地说,通货膨胀对收入分配的影响表现在:会使货币收入和财富从固定收入者手中转移到非固定收入者手中,从消费者手中转移到生产者手中,从债权人手中转移到债务人手中。

在通货膨胀时期,工资和薪金的增长幅度慢于并小于物价水平的上升幅度。实际工资下降,利润增加,工资收入者受损失,利润收入者得益处。通货膨胀对领取租金、利息、退休金等固定收入的人们来说,其固定的货币收入落后于物价水平,故其实际收入降低,收入和财富都减少。通货膨胀使债权人和债务人之间发生收入再分配,借贷的债务契约通常都是根据签约时的通货膨胀率来确定名义利息率,所以当发生了未预期的通货膨胀之后,债务契约却无法更改,从而使实际利息率下降,债权人受损,债务人受益。随着价格上涨,存款的实际价值或购买力会降低,因此,通货膨胀对储蓄者不利而对股票持有者比较有利。

 知识链接

通货膨胀税

当政府通过印刷货币筹集收入时,可以说是在征收一种通货膨胀税(Inflation Lax);但是通货膨胀税和其他税并不完全一样,因为没有一个人收到过政府这种税的税单,它是较为隐蔽的。当政府印发货币时,物价水平上升,名义工资总会有所增长,于是,达到纳税起征点的人增加了,还有更多的人进入更高的税率等级,这样,政府的税收增加了。公众的纳税数额虽然增加了,但实际工资收入却减少了。因此,通货膨胀税就像一种向每个持有货币的人征收的税。

(2)通货膨胀对产出与就业的影响。

一般认为,如果发生比较温和的、爬行的、不被人们预期的通货膨胀,对产出和就业具有刺激作用;如果发生成本推进的通货膨胀,则原来总需求所能购买的实际产品的数量将减少,就会使产出和就业下降;如果发生了猛烈的、奔腾的、被人们预期的通货膨胀,就会导致生产萎缩,经济增长率下降,经济崩溃。

(3)通货膨胀对宏观经济的影响。

对于通货膨胀对宏观经济有什么影响,西方经济学家有不同的观点。一些西方经济学家认为通货膨胀有利于经济增长,这是因为社会的储蓄主要来自于利润收入者,通货膨胀使这部分人的收入比重上升,则全社会储蓄就会增大。储蓄是投资的来源,有投资,经济才有增长的潜力。另一些经济学家则认为通货膨胀会使人们增加消费,减少储蓄,进而减少投资,因而不利于经济增长。也有西方经济学家认为通货膨胀与经济增长的关系不大。从20世纪70年代的联邦德国来看,它的经济是高增长、低通货膨胀;而英国却是低增长、高通货膨胀,同时期的日本呈现的却是高增长、高通货膨胀的情况。所以说,通货膨胀与经济增长之间的关系很难简单地用一个"是"或"否"来回答。

2. 通货膨胀的社会影响

一个国家出现通货膨胀,除了严重影响经济活动外,对社会的政治、文化、思想等方面也会带来严重影响。

通货膨胀会严重危害与污染社会心理。生活在通货膨胀里的公众在心理上滋生不安全的恐惧感,担心受到损失,总感到物价上涨太快,而自己收入增加太慢,相当一部分人实际生活水平下降,不安心工作,对社会和政府蕴藏着不满的情绪。

在通货膨胀环境里,公众会形成一种心理错觉,认为由于通货膨胀而多获得的各种收入是理所当然的,而由于物价普遍上涨,购买商品和劳务而多支付的货币是没有道理的,虽然

收入多了，也总觉得物价太贵了。因此，在通货膨胀中得到好处的人也会埋怨价格太高，遭受损失的人则倍加痛苦，从而引起各阶层都对社会现实不满。

通货膨胀的出现对各个部门的影响程度不同，有一些部门生产下降，失业增加。失业增加造成更多的个人悲剧，给社会带来了巨大的浪费。失业增加，人员流动，使犯罪率上升，社会不安定。

通货膨胀对整个社会各领域各层次都有不同的影响，甚至对教育、文化、科学、艺术等有很大的冲击和伤害。

总之，西方经济学家认为，通货膨胀给经济造成的影响本身并不严重，真正的严重性在于收入再分配所导致的政治后果。特别是在恶性通货膨胀条件下，利益再分配可以引起社会各阶层的冲突和对立，生产和就业会出现停滞和混乱局面，造成社会不安和动乱，甚至会带来灾难性的后果。

（二）通货膨胀的治理

西方经济学家对通货膨胀影响的看法，虽然有所不同，但也有一些共同之处，即都认为，严重通货膨胀对经济发展和社会稳定是有害的，各国政府也把通货膨胀当作"头号公敌"来小心就对。

由于通货膨胀产生原因的不同，政府所采取的反通货膨胀政策也就不完全一致，主要有财政政策、货币政策、收入政策和供给政策。

1. 紧缩的财政政策

在反通货膨胀时，政府一般会采取紧缩性的财政政策，主要包括减少财政支出和增加财政收入。减少财政支出主要是压缩公共开支、减少转移支付等；增加财政收入主要是通过开征新税种、提高税率等方式来实现，共同控制和减少社会总需求。这种政策对抑制需求拉上的通货膨胀效果尤其明显。

2. 紧缩的货币政策

通货膨胀的发生或恶化，往往是由于货币供给量过多造成的，因此，采取紧缩的货币政策，即抽紧银根的措施，可有效减少社会总需求，促使总需求与总供给保持一致。其基本做法是：① 提高存款准备金率，降低货币乘数效应，降低商业银行创造货币的能力，从而达到抽紧银根、减少投资、减少货币供给量的目的。② 提高再贴现率，以提高信贷资金成本。再贴现率的提高，引起商业银行存贷款利率的相应提高，它一方面可降低企业的贷款需求，另一方面增加居民储蓄，减少消费需求，将消费资金转化为生产资金，增加供给，减少通货膨胀压力。③ 中央银行在公开市场上出售有价证券，减少基础货币供应，从而通过货币创造乘数的作用，减少货币供给量。

货币政策由中央银行确定，较为迅速，但不是直接的作用，而是间接地影响总需求。三种方式中，前两种作用比较猛烈，在短期内即能取得明显效果。

3. 收入政策

收入政策指通过控制工资与物价来制止通货膨胀的政策，其控制的重点是工资水平，故称为收入政策。

根据成本推进的通货膨胀理论，通货膨胀来自供给方面，是由于成本增加，特别是由于工资收入成本的增加而引起的。因此,要制止这种通货膨胀,就必须有效地控制工资增长率,同时,还要控制住物价水平。

目前,各国采取的收入政策主要包括:① 规定工资和物价增长率的标准。如规定工资增长率与劳动生产增长率应保持一定的关系。② 工资-价格指导。通过各种形式的政府说服工作,使企业和工会自愿执行政府公布的"工资-价格指导线"。③ 工资-物价管理。即冻结工资、冻结物价,若有违规,即予以处罚。

收入政策的不足是降低了资源配置效率,可能将公开的通货膨胀转变为隐蔽的通货膨胀,同时会挫伤劳动者的积极性。

4. 供给政策

传统的治理通货膨胀思想,主要是重视从控制总需求和货币供给量的角度来解决通胀。但现代经济学认为,通过增加商品和劳务的供给来增加社会有效供给,增加货币需求量,也可使供求实现均衡,抑制通胀。

> 想一想
> 治理通货膨胀的对策有哪些?

从长期来看,发展经济、增加有效供给,是抑制物价上涨、控制通货膨胀的根本措施。具体的办法包括:改善产业结构和投资结构,消除"瓶颈"因素;鼓励技术创新,将科研成果及时转化为生产力,提高单位资源利用率;努力缩短政策的供给效应时滞,使其需求效应滞后于供给效应;集中资金优先发展投资少、周期短、市场短缺的商品,较快地增加有效供给,减缓市场需求压力。供给政策是反结构性通货膨胀和需求拉上通货膨胀的有效措施。

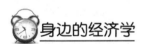

1978~2013 年中国的通货膨胀

1978~2013 年,我国经济快速发展,同时也经历了七次较大的经济波动。其中有五次是通货膨胀,由图 10.3 可以看出,这五次分别发生在 1980 年、1985 年、1987~1989 年、1993~1995 年、2007~2008 年。通货膨胀对我国的经济和社会产生了不同程度的负面影响。

1. 1980 年的通货膨胀

改革开放初期,党的工作重心刚转移到社会主义现代化建设上,宏观上经济增长速度快、投资规模大、财政支出增加导致出现了较严重的财政赤字,盲目扩大进口导致了外贸赤字。为了弥补赤字,央行大量增发货币。1980 年全国物价水平上涨。后来我国实施了压缩基本建设投资、收缩银根、控制物价等一系列措施,使通货膨胀得到抑制。

2. 1985 年的通货膨胀

在 1985 年发生的通货膨胀体现为固定资产投资规模过大,引起社会总需求过旺;工资性收入增长超过劳动生产率提高,引起成本上升,导致成本推动。伴随着我国基建规模、社会消费总需求和货币信贷投放规模的急剧扩张,我国经济出现过热现象,经济秩序混乱,结构失衡,通货膨胀加剧。为了抑制高通货膨胀,国家出台了一系列宏观调控措施,控制固定资产投资规模,加强物价管理,严格信贷投放。这些措施对经济调控起到了一定的效果。

图 10.3　中国的通货膨胀率(1978～2013 年)

3. 1987～1989 年的通货膨胀

1987～1988 年,我国经济快速扩张,这一时期的物价指数也在前一期经济增长的带动下开始不断上升,1988 年的物价指数创造了新中国成立 40 年以来上涨的最高纪录。物价的上涨引发了商品抢购风潮,银行也开始发生挤兑储蓄存款的现象,我国整体经济形势严峻。在冲击面前,政府决定进行全面整顿,严格控制社会固定资产投资规模。随着我国宏观经济的紧缩,市场上的产品销量下降,治理通货膨胀虽然取得了一定的效果,但市场疲软,经济的增长受到严重的阻碍,国民经济发生了"硬着陆"。

4. 1993～1995 年的通货膨胀

1993 年,我国经济发展开始冲向新一轮的高峰。基础建设投资快速增长,社会总需求大幅度扩张,货币大量增发,信用扩张更加严重。有人形象地把当时的经济现象总结为"四热"(房地产热、开发区热、集资热、股票热)、"四高"(高投资膨胀、高工业增长、高货币发行和信贷投放、高物价上涨)、"四紧"(交通运输紧张、能源紧张、重要原材料紧张、资金紧张)和"一乱"(经济秩序特别是金融秩序混乱)。我国对此次通货膨胀的治理取得了较好的效果,1996 年实现了经济的"软着陆",既控制了物价水平的继续上涨,大幅度压缩了通货膨胀,又保证了国民经济的快速增长。

5. 2007～2008 年的通货膨胀

自 2007 年下半年开始,我国的居民消费价格指数(CPI)就一直居高不下,通货膨胀压力逐步增长,经济开始进入"高增长、高通胀"的时期。2007 年底,中央经济工作会议提出宏观调控的重点是"双防",即防止经济增长由偏快转为过热,防止物价结构性上涨转变为明显的通货膨胀。高物价仍然给经济正常运行带来较大压力,中国人民银行频繁提高利息和存款准备金率。在各方面因素的作用下,CPI 开始下滑,该次通货膨胀形成了一个先上升达到高峰、再连续下降的过程。

四、菲利普斯曲线

菲利普斯曲线(The Phillips Curve)是用来表示通货膨胀率和失业率之间关系的曲线。这条曲线因英国经济学家菲利普斯提出而得名。

这条曲线表明,当失业率下降时,货币工资增长率升高;当失业率上升时,货币工资增长率就降低,甚至成为负数。根据成本推动的通货膨胀理论,货币工资增长率可以表示通货膨胀率。因此,这条曲线又被用来表示失业率与通货膨胀率之间的交替关系,即失业率高则通货膨胀率低,失业率低则通货膨胀率高。这就是说,失业率高表明经济处于萧条阶段,这时工资与物价水平都较低,从而通货膨胀率也就低;反之,失业率低表明经济处于繁荣阶段,这时工资与物价水平都较高,从而通货膨胀率也就高。失业率与通货膨胀率之间存在反方向变动关系,是因为通货膨胀使实际工资下降,从而能刺激生产,增加劳动的需求,减少失业。这一变化关系可以用图 10.4 来表示。

通货膨胀的衡量

在图 10.4 中,横轴 U 表示失业率,纵轴 P 表示通货膨胀率,ph 线为菲利普斯曲线。在 a 点上,失业率为 1%,通货膨胀率为 4%;在 b 点上,失业率增加为 2%,而通货膨胀率下降为 3%,这条曲线说明了失业率与通货膨胀率之间交替发展的关系。

西方经济学家认为,菲利普斯曲线是进行需求管理时的一个很方便的政策工具。政府可以根据它所表明的失业率与通货膨胀率之间的关系来实时调整经济政策。

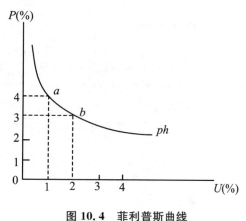

图 10.4　菲利普斯曲线

菲利普斯曲线的由来

1958 年,经济学家菲利普斯(Pillips,1914~1975)在英国《经济学杂志》上发表了一篇名为《1861~1957 年英国失业和货币工资变动率之间的关系》的文章。在这篇文章中,菲利普斯说明了失业率与通货膨胀率之间的负相关关系,即低失业的年份往往有高通货膨胀,而高失业的年份往往有低通货膨胀。菲利普斯得出的结论是,这两个重要的宏观经济变量——通货膨胀和失业——以一种经济学家以前没有注意到的方式相关联。

虽然菲利普斯的发现是根据英国的数据,但研究者很快把这个发现扩大到其他国家,在菲利普斯的文章发表两年后,经济学家保罗

萨缪尔森(Paul Smuelson)和罗伯特·索洛在《美国经济评论》上发表了他们题为《反通货膨胀政策分析》的文章。在这篇文章中,他们用美国的数据表明了通货膨胀和失业之间类似的负相关关系。他们的推理是这种相关性的产生是因为低失业与高总需求相关,而且因为很高的总需求会给整个经济带来工资与物价上升的压力。萨缪尔森和索洛把失业与通货膨胀之间的负相关关系称为菲利普斯曲线。

菲利普斯曲线说明了以下四个重要的观点:

第一,通货膨胀是由于工资成本推动所引起的,即成本推动通货膨胀理论。正是根据这一理论把货币工资增长率与通货膨胀率联系了起来。

第二,提出通货膨胀与失业的交替的关系。

第三,当失业率为自然失业率时,通货膨胀率为0。因此,也可以把自然失业率定义为通货膨胀率为0的失业率。

第四,可以运用扩张性宏观经济政策,以较高的通货膨胀率来换取较低的失业率;也可以运用紧缩性宏观经济政策,以较高的失业率来换取较低的通货膨胀率。菲利普斯曲线为宏观政策选择提供了理论依据。

> **想一想**
>
> 通货膨胀率与失业率的此消彼长关系存在于长期吗?

但通货膨胀率与失业率之间此消彼长关系只存在于短期,在长期中,货币供给的增长决定通货膨胀率,无论通货膨胀率如何,失业率都将趋向于自然失业率,因此,长期菲利斯曲线是垂直的。

案例点击10.4

沃尔克反通货膨胀的代价

20世纪70年代末80年代初美联储主席为反通货膨胀所付出的代价说明了菲利普斯曲线的存在。

20世纪70年代,滞胀一直困扰着美国。1979年夏,通货膨胀率高达14%,失业率高达6%,经济增长率不到1.5%。在这种形势下,沃尔克被卡特任命为美联储主席。沃尔克上台后把自己的中心任务定为反通货膨胀。他把贴现率提高到12%,货币量减少,但到1980年2月通货膨胀率仍高达14.9%。与此同时,失业率高达10%。沃尔克顶住各方面压力,继续实施这种紧缩政策,终于在1984年使通货膨胀率下降至4%,开始了20世纪80年代的经济繁荣时代。

沃尔克反通货膨胀的最终胜利是以高失业为代价的。经济学家把通货膨胀率减少1%的过程中每年国内生产总值减少的百分比称为牺牲率。国内生产总值减少必然引起失业加剧。这充分说明通货膨胀与失业之间在短期内存在交替关系,实现低通货膨胀在一定时期内以高失业为代价。

经济学家把牺牲率确定为5%,即通货膨胀每年降1%,每年的国内生产总值减少5%,沃尔克把1980年10%的通货膨胀率降低至1984年的4%,按此推理,每年减少的国内生产总值应30%。实际上,国内生产总值的降低并没有这么严重。其原因在于沃尔克坚定不移的反通货膨胀决心使人们对通货膨胀的预期降低,从而菲利普斯曲线向下移动。这样,反通货膨胀的代价就小了。但代价仍然是要付出的,美国这一时期经历了自20世纪30年代以来最严重的衰退,失业率达到10%。

反通货膨胀付出的代价证明了短期菲利普斯曲线的存在,也说明维持物价稳定的重要性。

讨论:沃尔克反通货膨胀的代价说明了什么?

2007~2008年我国通货膨胀的原因

需求拉动、成本推动和结构型通货膨胀是2007年我国通货膨胀的3种根源。具体表现是:

(1) 国内存在价格的结构性上涨。粮食、肉禽及其制品价格的较快上涨始于2006年下半年,至2007年10月,肉禽及其制品价格指数同比增长率达到了130.1%。受过去猪肉价格过低和蓝耳病等疫病的双重打击,生猪出栏数大幅度下降,猪肉供应偏紧,仅2007年上半年,猪肉价格就同比增长了70%。这直接带动了其他食品的价格上涨,并逐步传导到下游食品加工、餐饮等行业。

(2) 全球粮食减产,国际市场粮食供需关系总体趋紧,直接导致国际农产品价格大幅度上涨。2006年,全球谷物减产了3300万吨。此外,石油价格飙升使得美国等一些发达工业国家调整能源政策,鼓励利用玉米加工乙醇作为燃料,这直接增加了对农产品的需求。

(3) 高额外汇储备导致货币供应量过大。2003~2006年,我国M2年增长率平均高出GDP增长率5.4%。外汇占款导致的基础货币投放量比总货币供应量的1/4还多。

(4) 低利率推动投资。2003~2006年,全国固定资产投资年增长率高达23%,比GDP增长率高出13%。

(5) 从成本推动层面看,国际能源价格大幅上涨,导致商品的生产成本增高。我国约40%的国际石油依存度,导致石油类产品价格显著影响国内商品价格。

(6) 从劳动成本推动层面看,随着劳动力供求出现结构性趋紧和政府加快步伐提高劳动者福利水平,我国职工工资总额和职工平均工资已连续4年实现两位数增长,超过同期GDP增长率,全国平均劳动报酬增长率已连续7个季度超过GDP增长率。

(7) 居民对通货膨胀的预期增强,根据央行调查,认为物价会继续上涨的受调查居民要远多于认为物价会下降的居民。

讨论：我国2007～2008年的通货膨胀是否属于温和的通货膨胀？

知识归纳

基本概念	失业、周期性就业、通货膨胀类型、奥肯定理、菲利普斯曲线
基本原理	失业与通货膨胀是宏观经济运行中经常出现的现象，对社会经济产生着很大的影响。由于产生失业与通货膨胀的原因不同，政府治理不同的通货膨胀及失业的措施也就不尽相同。
基本知识点	(1) 失业是指在劳动年龄范围内，愿意工作而没有工作，并且正在寻找工作的人。衡量一个国家失业状况的基本指标是失业率。消灭了周期性失业时的就业状态就是充分就业。失业基本上可以分为自然失业与周期性失业两大类，此外，在现实经济生活中还存在着隐蔽性失业。 自然失业是由于经济中某些难以避免的原因所引起的失业。引起自然失业的原因很多，按这些原因划分，可分为摩擦性失业、结构性失业、技术性失业、季节性失业、等待性失业、古典失业。最严重、最常见的是周期性失业。 (2) 失业对社会经济产生了极大的影响。降低失业率的经济政策包括财政政策、货币政策、收入政策和人力政策。 (3) 通货膨胀是物价水平普遍而持续的上升。按国际惯例，通货膨胀一般采用消费物价指数、批发物价指数和国民生产总值折算数来衡量。根据通货膨胀的严重程度与特征，将其分为爬行的通货膨胀、加速的通货膨胀、超速的通货膨胀、受抑制的通货膨胀等四类。 (4) 通货膨胀形成的原因主要有：需求拉动、成本推动、供求混合推进、结构性引致等。 (5) 通货膨胀对收入分配、产出与就业、宏观经济及社会生活均有影响。治理通货膨胀主要有财政政策、货币政策、收入政策和供给政策。 (6) 菲利普斯曲线是用来表示失业率和通货膨胀率之间此消彼长，互相交替关系的曲线。

◆ **复习检测**

1. 单项选择题

(1) 充分就业的含义是( )。

A. 人人都有工作，没有失业者　　　　B. 消灭了周期性失业时的就业状态

C. 消灭了自然失业时的就业状态　　　D. 消灭了自愿失业的就业状态

(2) 引起摩擦性失业的原因是( )。

A. 工资能升不能降的刚性　　　　　　B. 总需求不足

C. 经济中劳动力的正常流动　　　　　D. 经济结构的调整

(3) 在以下三种情况中，可称为通货膨胀的是( )。

A. 物价总水平的上升持续了一个星期之后又下降

B. 物价总水平上升而且持续了一年

C. 一种物品或几种物品的价格水平上升而且持续了一年

D. 一种物品或几种物品的价格水平上升而且持续了一周

(4) 可以称为温和的通货膨胀的情况是指（　　）。

A. 通货膨胀率以每年10%的速度增长

B. 通货膨胀率在10%以上

C. 通货膨胀率一直保持在2%~3%水平

D. 通货膨胀率在100%以上

(5) 奥肯定理说明了失业率增加1%，则实际国民收入减少2.5%，这种比例关系（　　）。

A. 始终存在，一直如此

B. 只适用于经济中实现了充分就业时的状态

C. 只适用于经济中未实现充分就业的状况

D. 以上均不正确

2. 回答题

(1) 下列各种人的劳动力状态是什么？

① 一位在寻找自己第一份工作的大学毕业生；

② 一位被解聘的汽车司机，他愿意工作，但对能寻找到工作已经不抱希望；

③ 一位退休者迁往海南岛，他阅读招聘广告，希望能寻找到一份非全日制工作；

④ 一位非全日制工作的家长，他想寻找一份全日制工作，但没有时间去寻找；

⑤ 一位教师有工作，但病情太重，不能去上班。

(2) 分析通货膨胀对经济与社会的影响。

(3) 简述西方学者对失业种类与原因的论述。

(4) 如果你的房东说："工资、公用事业以及别的费用上升都太快了，我不得不提高你的房租。"这是属于成本推进的，还是需求拉动的通货膨胀？

如果店主说："这些汽车可以提价出售，别愁卖不了，店门口排队争购的人多着呢。"这是属于需求拉动的，还是成本推进的通货膨胀？

3. 计算题

(1) 某国总人口为3000万人，就业1500万人，失业500万人，该国失业率为多少？

(2) 已知充分就业的国民收入12000亿美元，实际国民收入是11000亿美元，边际消费倾向是80%，在增加300亿美元投资后，经济中会发生通货膨胀吗？如果会发生，是属于哪种类型的？

第十一章　宏观经济政策

通过本章的学习,掌握两类基本宏观经济政策——财政政策和货币政策的基本内容,知道财政政策和货币政策如何对经济产生影响,以及在不同的情况下如何合理地运用财政政策、货币政策来解决经济中存在的问题,能利用所学知识对当前国家的宏观经济政策进行分析。

宏观经济政策 Macroeconomic Policy　　财政政策 Fiscal Policy
货币政策 Monetary Policy　　内在稳定器 The Built-in Stabilizers
法定准备率 Legal Preparing Rate　　贴现率 Discount Rate
公开市场业务 Business of Open Market

当今世界任何一个国家的经济都需要政府的宏观调控。所谓宏观经济调控就是指国家(通过其政府)运用一定的政策与手段,对社会经济总量的变动进行调节与控制,使之符合一定的社会和经济发展目标的要求。但无论何种宏观经济政策的提出与制定,都是以一定的宏观经济理论作为依据的。当代西方经济学便是当今西方市场经济国家政府制定宏观经济政策的理论依据。

第一节 宏观经济政策目标

知识导入

2019年政府工作报告——2019年经济社会发展总体要求

2019年经济社会发展的主要预期目标是国内生产总值增长6%～6.5%;城镇新增就业1100万人以上,城镇调查失业率5.5%左右,城镇登记失业率4.5%以内;居民消费价格涨幅3%左右;国际收支基本平衡,进出口稳中提质;宏观杠杆率基本稳定,金融财政风险有效防控;农村贫困人口减少1000万以上,居民收入增长与经济增长基本同步;生态环境进一步改善,单位国内生产总值能耗下降3%左右,主要污染物排放量继续下降。上述主要预期目标,体现了推动高质量发展要求,符合我国发展实际,与全面建成小康社会目标相衔接,是积极稳妥的。实现这些目标,需要付出艰苦努力。要正确把握宏观政策取向,继续实施积极的财政政策和稳健的货币政策,实施就业优先政策,加强政策协调配合,确保经济运行在合理区间,促进经济社会持续健康发展。

思考:(1) 什么是宏观经济政策?

(2) 宏观经济政策的目标是什么?

一、宏观经济政策目标

西方经济学者认为,经济政策是指国家或政府为了增进社会经济福利而制定的解决经济问题的指导原则和措施。它是政府为了达到一定的经济目的而对经济活动有意识的干预,因此任何一项经济政策的制定都是根据一定的经济目标而进行的。按照西方经济学的解释,宏观经济政策的目标有四种,即充分就业、物价稳定、经济持续增长和国际收支平衡。宏观经济政策就是为了达到这些目标而制定的手段和措施。

充分就业是宏观经济政策的第一目标。充分就业通常是指在社会可接受的范围内存在的失业率基础上的总就业水平,并非是人人就业;物价稳定是指在社会所能接受的通货膨胀率基础上的、政府所需维持的一种低而稳定的通货膨胀率;经济持续增长是指政府所要求达到的、既能满足社会发展的需要同时又是人口增长和技术进步所能达到的适度的长期经济增长率;国际收支平衡是指既无赤字又无盈余的国际收支,因为,无论是国际收支赤字,还是国际收支盈余,均被认为是对国内经济发展不利的影响。

在现实的经济中,一国政府常常不是将一个而是将几个目标同时作为经济政策实施的目标,由于这些政策目标之间常常存在着矛盾,因而政府就必须根据具体情况和具体要求不断地协调政策。

这四个政策目标之间的矛盾表现在:

(1) 充分就业与物价稳定的矛盾。为实现充分就业,就需运用扩张性财政政策和货币政策,而这些政策又会由于财政赤字的增加和货币供给量的增加而引起通货膨胀。

> **想一想**
> 宏观经济政策的目标有哪些?具体内容是什么?

(2) 充分就业与经济增长的矛盾。经济增长与充分就业虽有一致的方面,即经济增长会提供更多的就业机会,但也有矛盾的一面,即随着经济增长中的技术进步,会引起资本对劳动的替代,相对地缩小对劳动的需求,使部分工人,特别是文化、技术水平低的工人失业。

(3) 国际收支平衡与充分就业的矛盾。充分就业的实现会引起国民收入的增加,而在边际进口倾向既定的情况下,这又会引起进口的增加,从而使国际收支状况恶化。

(4) 物价稳定与经济增长的矛盾。在经济增长过程中常会伴随通货膨胀,物价过于平稳甚至通货紧缩往往会在一定程度上阻碍经济的持续增长。

上述的矛盾就要求政策的制定者可以选择先确定重点政策目标,依主次顺序决定先采用什么政策,再采用什么政策;还可以设法对这些政策目标进行协调。

知识链接

经济增长方式

经济增长方式是指一个国家(或地区)经济增长的实现模式,它可分为两种形式:粗放型和集约型。粗放型增长方式是指产出的增长主要依靠扩大资本和劳动等生产要素的投入来实现的增长方式。由于不依赖技术进步,表现在投入产出比上的效益指标没有明显的提高;集约型增长方式指的是产出的增长主要依靠技术进步,提高要素生产率实现的增长方式,表现为投入产出指标的不断提高。

党的十九大提出,我国经济已由高速增长阶段转向高质量发展阶段,正处在转变发展方式、优化经济结构、转换增长动力的攻关期,建设现代化经济体系是跨越关口的迫切要求和我国发展的战略目标。"转向高质量发展"这一论断的本质含义,就是我国经济已经从主要依靠增加物质资源消耗实现的粗放型高速增长,转变为主要依靠技术进步、改善管理和提高劳动者素质实现的集约型增长。经济从高速增长阶段转向高质量发展阶段,是划时代的变化。"高质量发展阶段"表现在产业结构上,是由资源密集型、劳动密集型产业为主向技术密集型、知识密集型产业为主转变;在产品结构上,由低技术含量、低附加值产品为主向高技术含量、高附加值产品为主转变;在经济效益上,由高成本、低效益向低成本、高效益的方向转变;在生态环境上,由高排放、高污染向循环经济和环境友好型经济转变。最终将体现为国家经济实力不断增强,居民收入得到较快增加。充实发展内涵,以更充分、更平衡为目标,增进人民获得感。从结果导向看,"高质量发展阶段"更突出百姓的获得感。

二、宏观经济政策工具

宏观经济政策工具是用来达到政策的手段。当代西方经济学认为,政府对宏观经济的管理既应包括对总需求的管理,也应包括对总供给的管理。

（一）需求管理

需求管理是通过调节总需求来达到一定政策目标的宏观经济政策工具。最先由凯恩斯提出。

凯恩斯主义者认为,决定就业与物价水平的关键是总需求,因此,宏观经济政策应该是对总需求进行调节与控制。需求管理的基本原则是：当总需求小于总供给时,经济中存在失业,所以应该刺激总需求；当总需求大于总供给时,经济中存在通货膨胀,这时应抑制总需求。通过对总需求的调节,使总需求等于总供给,从而实现充分就业和物价稳定。需求管理包括财政政策与货币政策。

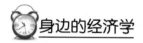
身边的经济学

发改委发函征求意见：家电以旧换新拟重启,最高补贴 13%

国家发改委近日下发关于征求对《推动汽车、家电、消费电子产品更新消费及促进循环经济发展实施方案(2019—2020 年)(征求意见稿)》意见函。其中,拟开展家电"以旧换新"活动,同时对于低保户、深度贫困地区群众,可以不交旧产品,也能享受"以旧换新"补贴政策。新一轮家电以旧换新拟补贴 13%。

根据具体方案,鼓励消费者提前更新淘汰能耗高、安全性差的电冰箱(含冰柜)、洗衣机、空调、电视机、燃气热水器、电热水器、抽油烟机等家电产品。中央财政对购买国家能效 2 级以上、且获得 3C 认证的新型绿色、智能化家电产品给予不高于产品价格 13% 的补贴,单台上限 800 元。另外,为鼓励农村居民参与"以旧换新"活动,特别是对低保户、深度贫困地区群众,可以不交旧产品,也能享受"以旧换新"补贴政策。鼓励生产企业在国家补贴的基础上对消费者进一步让利。有条件的地方可对将旧家电赠予贫困地区的消费者给予适当奖励。

家电"以旧换新"政策是鼓励消费的一种方式,这不仅有利于扩大消费需求也有利于提高资源利用效率、减少环境污染,促进节能减排和循环经济发展。

（二）供给管理

供给管理是需求管理的对称。它是通过控制总供给来稳定经济的宏观政策。供给就是生产,在短期内影响供给的主要是生产成本,特别是工资成本；长期内影响供给的主要是生产能力,即经济潜力的增长。因此,供给管理包括：控制工资与物价的收入政策,改善劳动市场状况的人力政策,促进经济增长的经济增长政策。

一般认为,只有把需求管理与供给管理结合起来才能达到稳定经济的目的。

> **想一想**
> 宏观经济政策的工具分为哪两类?

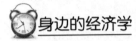 身边的经济学

供给侧结构性改革

2015年11月10日,中央财经领导小组第十一次会议上,习近平总书记首次提出供给侧结构性改革,要求"在适度扩大总需求的同时,着力加强供给侧结构性改革,着力提高供给体系质量和效率"。

供给侧结构性改革旨在调整经济结构,使要素实现最优配置,提升经济增长的质量和数量。需求侧改革主要有投资、消费、出口"三驾马车",供给侧则有劳动力、土地、资本、制度创造、创新等要素。

供给侧结构性改革的根本是使我国供给能力更好满足广大人民日益增长、不断升级和个性化的物质文化和生态环境需要,从而实现社会主义生产目的。就是要从提高供给质量出发,用改革的办法推进结构调整,矫正要素配置扭曲,扩大有效供给,提高供给结构对需求变化的适应性和灵活性,提高全要素生产率,更好满足广大人民群众的需要,促进经济社会持续健康发展。

供给侧结构性改革,就是用增量改革促存量调整,在增加投资过程中优化投资结构、产业结构,开源疏流,在经济可持续高速增长的基础上实现经济可持续发展与人民生活水平不断提高;就是优化产权结构,国进民进、政府宏观调控与民间活力相互促进;就是优化投融资结构,促进资源整合,实现资源优化配置与优化再生;就是优化产业结构、提高产业质量,优化产品结构、提升产品质量;就是优化分配结构,实现公平分配,使消费成为生产力;就是优化流通结构,节省交易成本,提高有效经济总量;就是优化消费结构,实现消费品不断升级,不断提高人民生活品质,实现创新—协调—绿色—开放—共享的发展。

第二节 财政政策

知识导入

2019年政府工作报告——2019政策取向

要正确把握宏观政策取向,继续实施积极的财政政策和稳健的货币政策,实施就业优先政策,加强政策协调配合,确保经济运行在合理区间,促进经济社会持续健康发展。

积极的财政政策要加力提效。2019年赤字率拟按2.8%安排,比2018年预算高0.2个百分点;财政赤字2.76万亿元,其中中央财政赤字1.83万亿元,地方财政赤字9300亿元。适度提高赤字率,综合考虑了财政收支、专项债券发行等因素,也考虑为应对今后可能出现的风险留出政策空间。2019年财政支出超过23万亿元,增长6.5%。中央对地方均衡性转移支付增长10.9%。改革完善县级基本财力保障机制,缓解困难地区财政运转压力,绝不让基本民生保障出问题。

思考:(1) 什么是财政政策?
(2) 财政政策工具有哪些?
(3) 什么是积极的财政政策?

财政政策(Fiscal Policy)是国家干预经济的主要政策之一。财政政策是指为促进就业水平提高,减轻经济波动,防止通货膨胀,实现稳定增长而对政府支出、税收和借债水平所进行的选择,或对政府收入和支出水平所作的决策。

一、财政政策的工具

财政政策工具是指用以达到财政政策目标的各种财政手段,主要有预算、税收、公债、公共支出、政府投资和财政补贴等。

(一) 预算政策

预算调节经济的作用主要表现在财政收支的规模及其差额上。当社会总供给大于总需求时,政府预算一般采取扩大支出规模、保持一定赤字规模的做法来扩大社会总需求;当社会总供给小于总需求时,政府预算一般采取缩小支出规模、保持预算盈余的做法来抑制社会总需求;当社会总供给与总需求基本平衡,即经济稳定发展时,政府一般实行中性的预算平衡政策,保持预算收支规模的基本平衡。

（二）税收政策

首先，税收是政府凭借政治权力参与社会产品分配的方式，是保持经济稳定运行的重要手段。在经济繁荣时期，政府通过提高税率、减少税收优惠等途径增加税收，减少企业和个人可支配收入，抑制企业和个人的投资需求和消费需求，降低社会总需求，使过快或过热的经济增长平稳回落或降温。相反，在经济萧条时期，政府通过降低税率、实行更多税收优惠等途径减少税收，增加企业和个人可支配收入，鼓励企业和个人的投资需求和消费需求，增加社会总需求，促进经济增长。其次，税收是政府公平收入分配的重要手段。例如，通过调整个人所得税超额累进税的起征点和免征额等途径，起到减少高收入者可支配收入的效果，以实现收入公平分配的目标。

（三）公债政策

在现代市场经济中，公债是政府实施宏观调控的重要政策工具。首先，通过调整公债的流动性程度改变社会经济资源的流动状况，可以对经济运行产生扩张性或者紧缩性的影响。公债期限不同，流动性相差较大。期限越短，流动性越高，变现能力越强；期限越长，流动性越低，变现能力越弱。因此，在公债发行中通过期限种类的不同设计和调换公债长短期限等办法，可以对经济运行产生扩张或者紧缩的影响。其次，通过调整国债发行利率水平，影响金融市场利率的变化，可以对经济运行产生扩张性或者紧缩性的影响。

（四）公共支出政策

公共支出是指政府用于满足纯公共需要的一般性支出，主要包括狭义的购买性支出和转移性支出两大部分。其中，狭义的购买性支出是指政府进行日常行政事务活动所需要的商品和劳务支出，即政府的消费性支出。转移性支出是指财政资金无偿单方面转移的支出，包括政府补助支出、捐赠支出和债务利息支出。

（五）政府投资政策

政府投资是指财政用于资本项目的建设性支出，它最终将形成各种类型的固定资产。在市场经济条件下，政府投资是政府实施宏观调控，克服某些领域市场失灵问题的必要和重要的手段。首先通过调整政府投资规模，可以影响社会总需求和未来社会总供给，从而影响社会供求总量。其次，通过调整政府投资方向，可以对经济结构发挥重要调节作用，促进资源合理配置和产业结构优化。例如，当经济处于过热时期，政府可通过降低投资支出水平，抑制社会总需求，使经济降温、平稳回落；当经济处于萧条时期，政府可通过提高投资支出水平，扩大社会总需求，缓解或者逐步消除经济衰退；当社会总供求基本平衡，但总供求结构存在问题时，政府投资可以通过采取有保有压的政策，减少对过热行业的投资，增加对薄弱环节的投资，使社会总供求在结构上保持协调。

（六）补贴政策

首先财政补贴政策是保持经济稳定运行的重要手段之一。例如，当经济处于过热时期，政府通过减少财政补贴支出使企业和个人的可支配收入减少,抑制企业和个人的投资需求和消费需求,进而减少社会总需求,实现经济平稳回落;当经济处于萧条时期,政府可通过增加财政补贴支出使企业和个人的可支配收入增加,鼓励企业和个人扩大投资需求和消费需求,进而增加社会总需求,拉动经济增长。其次,财政补贴还是政府公平收入分配的重要手段。一般说,享受政府财政补贴的对象大都是低收入群体。通过增加财政补贴,可以提高低收入群体的可支配收入水平,促进社会公平分配。

二、财政政策的类型

（一）自动稳定的财政政策和相机抉择的财政政策

根据财政政策调节经济周期的作用,可以将财政政策分为自动稳定的财政政策和相机抉择的财政政策。

1. 自动稳定的财政政策

自动稳定的财政政策,是指财政制度本身存在一种内在的、不需要政府采取其他干预行为,就可以随着经济社会的发展,自动调节经济运行的机制。这种机制也被称为财政"自动稳定器",主要表现在两方面:

（1）累进所得税（包括个人所得税和企业所得税）的自动稳定作用。

经济萧条时期,个人收入和企业利润降低,符合纳税条件的个人和企业数量减少,因而税基相对缩小,适用的累进税率相对下降,税收会自动减少;因税收的减少幅度大于个人收入和企业利润的下降幅度,税收便会产生一种推力,防止个人消费和企业投资的过度下降,从而起到反经济衰退的作用。在经济过热时期其作用机理正好相反。

> **想一想**
> 如何理解财政政策"自动稳定器"?

（2）政府福利支出的自动稳定作用。

经济出现衰退时,符合领取失业救济和各种福利标准的人数将增加,失业救济和各种福利支出将趋于自动增加,从而有利于抑制消费支出的持续下降,防止经济的进一步衰退。在经济繁荣时期,其作用机理正好相反。

2. 相机抉择的财政政策

相机抉择的财政政策是指政府根据一定时期的经济社会状况,主动灵活地选择不同类型的反经济周期的财政政策工具,干预经济运行,实现财政政策目标。在20世纪30年代的世界经济危机中,美国实施的罗斯福-霍普金斯计划(1929～1933年)、日本实施的时局匡救政策(1932年)等都是相机抉择财政政策选择的范例。相机抉择的财政政策包括汲水政策和补偿政策。

（1）汲水政策。

汲水政策是指在经济萧条时进行公共投资以增加社会有效需求,使经济恢复活力的政策。汲水政策具有四个特点:① 它是以市场经济所具有的自发机制为前提,是一种诱导经济复苏的政策；② 它以扩大公共投资规模为手段，启动和活跃社会投资；③ 财政投资规模具有有限性，即只要社会投资恢复活力，经济实现自主增长，政府就不再增加或缩小投资规模；④ 如果经济萧条的状况不再存在，这种政策就不再实行，因而它是一种短期财政政策。

(2) 补偿政策。

补偿政策是指政府有意识地从当时经济状态的反方向上调节经济变动的财政政策，以实现稳定经济波动的目的。在经济萧条时期，为缓解通货紧缩影响，政府通过增加财政支出、减少财政收入等政策来提升投资和消费需求，增加社会有效需求，刺激经济增长；相反，在经济繁荣时期，为抑制通货膨胀，政府通过增加财政收入、减少财政支出等政策来抑制和减少社会过剩需求，稳定经济波动。

(二) 扩张性财政政策、紧缩性财政政策和中性财政政策

根据财政政策在调节国民经济总量和结构中的不同功能来划分，可以将财政政策划分为扩张性财政政策、紧缩性财政政策和中性财政政策。

1. 扩张性财政政策

扩张性财政政策是指通过财政收支活动增加和刺激社会总需求的政策。在社会总需求不足情况下，政府通常采取扩张性财政政策，通过减税、增加支出等手段扩大社会需求，提高社会总需求水平，缩小社会总需求与社会总供给之间的差距，来实现社会总供求的平衡。

2. 紧缩性财政政策

紧缩性财政政策是指通过财政收支活动来减小和抑制社会总需求的政策。在社会总需求大于社会总供给情况下，政府通常采取紧缩性的财政政策，通过增加税收、减少财政支出等手段，减少或者抑制社会总需求，达到降低社会总需求水平，来实现社会总供求的平衡。

3. 中性财政政策

中性财政政策亦称均衡性财政政策，是指在经济稳定增长时期，政府通过实施财政收支基本平衡或者动态平衡的财政政策，既不产生扩张效应，也不产生紧缩效应，以保持经济的持续稳定发展。

需要说明的是，根据国家宏观调控的目标要求，财政政策需要与货币政策协调配合，才能充分发挥财政政策的功能作用，实现国家宏观调控的目标。财政政策与货币政策的协调配合主要有三种类型：① "双松"搭配类型。这是指扩张性财政政策与扩张性货币政策的组合，这种政策组合可以刺激经济增长，扩大就业，但也会带来通货膨胀的风险。② "双紧"搭配类型。这是指紧缩性财政政策与紧缩性货币政策的组合，这种政策组合可以有效抑制需求膨胀与通货膨胀，但也可能会带来经济停滞。③ "松紧"搭配类型。具体包括两种情况：一是紧的财政政策和松的货币政策组合，这种政策组合在控制通货膨胀的同时，可以保持适度的经济增长，但货币政策过松，也难以制止通货膨胀；二是松的财政政策和紧的货币政策，这种政策组合可以在保持经济适度增长的同时尽可能地避免通货膨胀，但长期使用这种政策组合会积累大量财政赤字。

一般而言，如果社会总需求明显大于社会总供给，则应该采取"紧"的政策措施，以抑制

社会总需求的增长;如果社会总需求明显小于社会总供给,则应该采取"松"的政策措施,以扩大社会总需求。

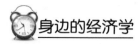 身边的经济学

美国政府停摆

美国政府关门,又称美国政府停摆,起因是预算拨款案无法批准,美国政府无钱可花。预算拨款权力掌握在美国国会手中,国会不通过预算案,就意味着政府不能花钱,很多需要花钱的工程无法继续,员工的工资也将难以支付。从1977~1996年的19年间,联邦政府曾关门17次,几乎平均每年关门一次,最短1天,最长21天。其中,1995~1996年,克林顿政府执政时期,曾2次关门,导致数十万政府雇员被遣散回家"待业"。最近的一次是2018年12月22日开始,美国政府陷入停摆,一直延续到2019年1月25日,美国总统特朗普做出让步,同意重新开放联邦政府三周,但有关美国西南部边境安全问题的磋商仍将继续。特朗普的让步将有助于参众两院以口头表决的形式通过一项临时支出法案。特朗普签署了协议,同意在2月15日之前恢复一系列联邦机构的正常运转,并为80万政府工作人员支付工资。这些人员已被迫休假或无偿工作了35天。

三、财政政策的局限性

西方经济学家认为在运用财政政策时,往往会遇到许多困难。

第一,不同的政策会遇到不同阶层与集团的反对。例如,增税会遇到普遍的反对,甚至引起政治动乱;减少政府购买(尤其是减少政府军事支出)会遇到强有力的垄断资本家的反对;削减转移支付则会受一般平民及其同情者的反对;增加公共工程会被认为是与民争利而受到某些集团的反对。

第二,有些政策执行起来比较容易,但又不一定能收到预期的效果。例如,减少税收不会引起反对,但在萧条时期人们不一定会把减税所增加的收入用于增加支出,转移支付的增加也是同样的情况。

第三,任何财政政策都有一个"时滞"问题,因为任何一项措施,从方案的提出、议会的讨论、总统的批准到最后执行都有一个过程,在短期内很难见效,然而在这一段时期内,经济形势也许会发生意想不到的变化。

第四,整个财政政策的实施要受到政治因素的影响。例如,在大选之前,无论经济形势如何,也不会执行增税,减少政府转移支付之类易于引起选民不满的财政政策;在国际形势比较紧张时,无论经济形势如何,都不会减少政府的军事开支。所有这些当然都会减小财政政策应有的作用。

知识链接

财政政策的挤出效应

财政政策的挤出效应是指增加政府投资对私人投资产生的挤占效应,从而导致增加政府投资所增加的国民收入可能因为私人投资减少而被全部或部分抵消。在一个充分就业的经济中,政府支出增加会以下列方式使私人投资出现抵消性的减少:由于政府支出增加,商品市场上购买产品和劳务的竞争会加剧,物价就会上涨。在货币名义供给量不变的情况下,实际货币供给量会因价格上涨而减少,进而使可用于投机目的货币量减少。结果,债券价格就下跌,利率上升,进而导致私人投资减少。投资减少了,人们的消费随之减少。这就是说,政府"挤占"了私人投资和消费。短期中,当经济没有实现充分就业时,挤出效应的范围为 0~1,但在长期中实现了充分就业时,挤出效应则为 1。由此得出,在没有实现充分就业时,扩张性财政政策是有一定作用的。

第三节 货 币 政 策

知识导入

2019 年政府工作报告——2019 政策取向

要正确把握宏观政策取向,继续实施积极的财政政策和稳健的货币政策,实施就业优先政策,加强政策协调配合,确保经济运行在合理区间,促进经济社会持续健康发展。

稳健的货币政策要松紧适度。广义货币和社会融资规模增速要与国内生产总值名义增速相匹配,以更好满足经济运行保持在合理区间的需要。在实际执行中,既要管好货币供给总闸门,不搞"大水漫灌",又要灵活运用多种货币政策工具,疏通货币政策传导渠道,保持流动性合理充裕,有效缓解实体经济,特别是民营和小微企业,融资难、融资贵问题,防范化解金融风险。深化利率市场化改革,降低实际利率水平。完善汇率形成机制,保持人民币汇率在合理均衡水平上的基本稳定。

思考:(1) 什么是货币政策?
　　　(2) 货币政策工具有哪些?

一、货币政策的基本知识

（一）货币的基本知识

货币是充当商品交换的媒介物。现代货币包括：

(1) 纸币。纸币是由中央银行发行的、由法律规定了其地位的法定货币。纸币的价值取决于它的购买力。

(2) 铸币。铸币是币值微小的辅币（也称为硬币），一般用金属铸造。纸币与铸币统称为通货或现金。

(3) 存款货币，又称为银行货币或信用货币，是在商业银行的活期存款。活期存款可以用支票在市场上流通，所以是一种可以作为交换媒介的货币。

(4) 近似货币，又称为准货币，是商业银行中的定期存款和其他储蓄机构的储蓄存款。近似货币本身并不是货币，但在一定条件下可以起到货币的作用。

(5) 货币替代物。货币替代物是指在一定条件下可以暂时代替货币起到交换媒介作用、但并不具有标准货币其他职能的东西，如信用卡。

在经济学中，一般把货币分为 M_1、M_2 与 M_3 三种类型：

① M_1 ＝通货＋商业银行活期存款；

② M_2 ＝M_1 ＋商业银行定期存款；

③ M_3 ＝M_2 ＋其他金融机构的存款。

M_1 被称为狭义的货币，M_2 和 M_3 被称为广义的货币，在货币政策中，不同地方所指的货币的含义是不同的。

（二）银行的基本知识

货币政策是由中央银行代表国家或政府，通过银行体系来实施的。银行是经营管理货币的企业。市场经济中的银行主要分为两类：商业银行（Commercial Bank）和中央银行（Central Bank）。

商业银行与其他企业一样，经营的目的是为了获得利润。不同的是，商业银行经营的是与货币有关的业务，其主要业务是负债业务、资产业务和中间业务。负债业务主要是吸收存款，包括活期存款、定期存款和储蓄存款。资产业务主要包括放款和投资两类业务。放款业务是为企业提供短期贷款，包括票据贴现、抵押贷款等。投资业务就是购买有价证券以取得利息收入。中间业务是指代为顾客办理支付事项和其他委托事项，从中收取手续费的业务。

中央银行是一国最高金融机构，它统筹管理全国金融活动，实施货币政策以影响经济。当今世界除了少数国家和地区，几乎所有已独立的国家和地区都设立了中央银行。在中国是中国人民银行，在美国是联邦储备局，在英国是英格兰银行，在法国是法兰西银行，在日本是日本银行。一般认为，中央银行具有三个职能：

(1) 作为发行的银行，代表国家发行货币。

(2) 作为银行的银行，既为商业银行提供贷款，又为商业银行集中保管存款准备金，还为商业银行集中办理全国的结算业务。

(3) 作为国家的银行,有以下五个方面的职能:① 代理国库,一方面根据国库委托代收各种税款和公债价款等收入作为国库的活期存款,另一方面代理国库拨付各项经费,代办各种付款与转账;② 提供政府所需资金,既用贴现短期国库券等形式为政府提供短期资金,也用帮助政府发行公债或直接购买公债方式为政府提供长期资金;③ 代表政府与外国发生金融业务关系;④ 执行货币政策;⑤ 监督、管理全国金融市场活动。

> **想一想**
> 中央银行的职能有哪些?

二、货币政策的内容与货币政策工具

(一) 货币政策的内容

货币政策(Monetary Policy)就是中央银行通过调控货币供应量来影响宏观经济运行的手段。货币政策一般也分为扩张性的和紧缩性的。前者通过增加货币供给来带动总需求的增长。货币供给增加时,利息率会降低,取得信贷更为容易,因此,经济萧条时多采用扩张性货币政策。反之,紧缩性货币政策是通过削减货币供给的增长来降低总需求水平,在这种情况下,取得信贷比较困难,利率也随之提高,因此,在通货膨胀严重时,多采用紧缩性货币政策。

(二) 货币政策工具

中央银行使用的货币政策工具包括传统的法定存款准备金率、再贴现率、公开市场业务等典型市场经济条件下对货币供给控制的工具,还包括其他一些货币政策工具。

1. 一般性货币政策工具

(1) 法定存款准备金率。

法定存款准备金率是指根据法律规定商业银行等将其所吸收的存款和发行的票据存放在中央银行的最低比率。法定存款准备金主要用于应付商业银行等面临的挤提,通常以不兑现货币形式存放在中央银行。调整法定准备金率会影响货币供给与利息率。在经济萧条时期,由于总需求不足,中央银行会降低法定准备金率,使商业银行持有的现金增加,可以对外扩大放贷规模,增加货币供应量,使市场利率下降,从而达到刺激投资,增加总需求的目的;在经济繁荣时期,由于总需求过度,中央银行会提高法定准备金率,从而达到抑制总需求、避免经济出现过度膨胀的目的。

法定存款准备金率政策存在的主要缺陷包括:一是当中央银行调整法定存款准备金率时,商业银行可以变动其在中央银行的超额存款准备金,从反方向抵消法定存款准备金率政策的作用;二是法定存款准备金率对货币乘数的影响很大,作用力度很强,往往被当作是剂"猛药";三是调整存款准备金率对货币供应量和信贷量的影响要通过商业银行的辗转存、贷,逐级递推而实现,见效较慢,时滞较长。因此,法定存款准备金率政策往往是作为货币政策的一种自动稳定机制,而不将其当作适时调整的经常性政策工具来使用。

> **想一想**
> 什么是法定准备金率?它是如何影响货币供给量的?

(2) 再贴现率。

再贴现是指中央银行向持有商业票据等支付工具的商业银行进行贴现的行为。再贴现政策是中央银行根据需要调整再贴现率,以增加或减少货币供应量的政策措施。当中央银行提高再贴现率时,商业银行借入资金的成本上升,基础货币得到收缩。反之亦然。在经济萧条时期,社会总需求不足,中央银行就降低再贴现率,刺激商业银行向中央银行增加再贴现金额,以增加资金,从而增加向企业的放款规模;同时,商业银行的放款利率会随着中央银行再贴现率的降低而降低,这就刺激企业增加借款,扩大投资,最后达到增加总需求的目的。在通货膨胀时期,中央银行会提高再贴现率,并最终达到减少总需求的目的。

与法定存款准备金率工具相比,再贴现工具的弹性相对要大一些,作用力度相对要和缓些。但是,再贴现政策的主动权操纵在商业银行手中,因为向中央银行请求贴现票据以取得信用支持,仅是商业银行融通资金的途径之一,商业银行还有其他的,诸如出售证券、发行存单等融资方式。因此,中央银行的再贴现政策是否能够获得预期效果,还取决于商业银行是否采取主动配合的态度。

(3) 公开市场业务。

公开市场业务,又称公开市场操作,是指中央银行在金融市场上买进或卖出政府债券(其中主要有国库券、联邦政府债券、联邦机构债券和银行承兑汇票),以控制货币供给量和利息率的政府行为。公开市场业务是中央银行稳定经济的最常用、最重要、最灵活的政策手段。

在经济萧条时期,有效需求不足,中央银行在公开市场上买进政府债券,把货币投入市场。由于货币供应量的增加,引起利息率下降,从而刺激投资需求,增加总需求。在通货膨胀时期,需求过度,中央银行便卖出政府债券,使货币回笼。由于货币供应量的减少,从而利息率上升,投资减少,总需求减少。

> **想一想**
> 什么是公开市场业务?

公开市场操作是比较灵活的金融调控工具。与存款准备金等政策相比较,公开市场政策更具有弹性和优越性:一是中央银行能够运用公开市场操作,影响商业银行的准备金,从而直接影响货币供应量;二是公开市场操作使中央银行能够随时根据金融市场的变化进行经常性、连续性的操作;三是通过公开市场操作,中央银行可以主动出击;四是由于公开场操作的规模与方向可以灵活安排,中央银行有可能用其对货币供应量进行微调。但是它的局限性也比较明显:一是金融市场不仅必须具备全国性,而且具有相当的独立性,可用以操作的证券种类必须齐全并达到必需的规模;二是必须有其他货币政策工具配合。例如,如果没有法定存款准备金制度配合,这一工具就无法发挥作用。

 知识链接

公开市场业务

中国公开市场操作包括人民币公开市场操作和外汇公开市场操作两部分。外汇公开市场操作自 1994 年 3 月启动。人民币公开市场操作始于 1996 年,但是当年仅做了几笔交易,交易量仅 20 多亿元。1997 年停止了公开市场业务操作。亚洲金融危机爆发后,中国经济发展遇到外需不足的困难。根据中央统一部署,中国人民银行先后四次降息、两次下调存款准备金率,并于 1998 年 5 月 26 日正式恢复公开市场操作。1999 年以来,公开市场操作发展较快,目前已成为中国人民银行货币政策日常操作的主要工具之一,对于调节银行体系流动性水平、引导货币市场利率走势、促进货币供应量合理增长发挥了积极作用。

1998 年开始,中国人民银行建立了公开市场业务一级交易商制度,选择了一批能够承担大额债券交易的商业银行作为公开市场业务的交易对象。近年来,公开市场业务一级交易商制度不断完善,先后建立了一级交易商考评调整机制、信息报告制度等相关管理制度,一级交易商的机构类别也从商业银行扩展至证券公司等其他金融机构。

从交易方式看,中国人民银行公开市场业务债券交易主要包括回购交易、现券交易和发行中央银行票据。根据货币调控需要,近年来中国人民银行不断创新公开市场业务工具。2013 年 1 月,立足现有货币政策操作框架并借鉴国际经验,中国人民银行创设了"短期流动性调节工具"(Short-term Liquidity Operations,SLO),作为公开市场业务常规操作的必要补充,在银行体系流动性出现临时性波动时相机使用。这一工具的及时创设,既有利于中国人民银行有效调节市场短期资金供给,熨平突发性、临时性因素导致的市场资金供求大幅波动,促进金融市场平稳运行,也有助于稳定市场预期和有效防范金融风险。

2. 选择性货币政策工具

传统的三大货币政策工具都通过对货币总量的调节,以影响整个宏观经济。在这些一般性政策工具之外,还可以有选择地对某些特殊领域的信用加以调节和影响。其中包括消费者信用控制、不动产信用控制、优惠利率、预缴进口保证金等。

消费者信用控制是指中央银行对不动产以外的各种耐用消费品的销售融资予以控制,主要内容包括规定分期付款购买耐用消费品的首付最低金额、还款最长期限、适用的耐用消费品种类等。

不动产信用控制是指中央银行就金融机构对客户购买房地产等方面放款的限制措施,抑制房地产及其他不动产的交易投机。

3. 直接信用控制

直接信用控制是指中央银行以行政命令或其他方式,从质和量两个方面,直接对金融机构尤其是商业银行的信用活动进行控制。其手段包括利率最高限、信用配额流动比率和直接干预等。其中,规定存贷款最高利率限制是最常使用的直接信用管制工具,如 1986 年以前美国的"Q 条例"。

4. 间接信用指导

间接信用指导是指中央银行通过道义劝告、窗口指导等办法间接影响商业银行的信用创造。

道义劝告是指中央银行利用其声望和地位对商业银行及其他金融机构经常发出通告或指示,以及与各金融机构负责人约谈,劝告其遵守政府政策并自动采取贯彻政策的相应措施。

窗口指导是指中央银行根据产业行情、物价趋势、金融市场动向等经济运行中出现的新情况或新问题,对商业银行提出的贷款增减建议。若商业银行不接受,中央银行将采取必要的措施,如可以减少对其贷款的额度,甚至采取停止提供信用等制裁措施。窗口指导虽然没有法律约束力,但影响力往往比较大。

间接信用指导的优点是较为灵活,但要起作用,必须是中央银行在金融体系中有较高的地位并拥有控制信用的足够的法定权力和手段。

身边的经济学

近年来我国货币政策的实践

我国实行"十一五"规划的头两年(2006～2007年),国内经济运行面临由偏快转为过热、价格由结构性上涨演变为明显通货膨胀的风险,中国人民银行及时将货币政策由"稳健"转为"适度从紧",再到"从紧"。2006～2008年上半年先后19次上调存款准备金率共10个百分点,8次上调存贷款基准利率,加强对信贷总量的调控,不断优化信贷结构。

2008年下半年,美国次贷危机急剧恶化为国际金融危机,我国经济发展势头急转直下,出口大幅下滑,部分企业陷入困境,就业压力明显加大。在此背景下,中国人民银行及时将货币政策从"从紧"转向"适度宽松",先后4次下调存款准备金率,5次下调存贷款基准利率,保证流动性供应,明确释放保经济增长和稳定市场预期的信号。这一系列政策措施,促进了货币信贷较快增长,为"一揽子"经济制订计划的实施创造了良好的货币金融环境,对我国经济率先实现回升发挥了关键作用。

2009年下半年以来,随着内需对经济增长的拉动作用显著增强,中国人民银行通过窗口指导、风险提示、公开市场操作等多种方式,引导金融机构注重贷款平稳可持续增长和加强金融风险防范,正确处理好保持经济平稳较快发展、调整经济结构和管理通胀预期的关系。

2010年中央经济工作会议确定2011年实施稳健的货币政策,宏观政策导向发生了一个重要变化。之后,2011～2016年的6次中央经济工作会议均确定继续实施稳健的货币政策,这意味着我国已连续7年实施稳健的货币政策。

2017年12月,中央经济工作会议认为,中国特色社会主义进入了新时代,我国经济发展也进入新时代,基本特征就是我国经济已由高速增长阶段转向高质量发展阶段。推动高质量发展是当前和今后一个时期确定发展思路、制定经济政策、实施宏观调控的根本要求。稳健的货币政策要保持中性,管住货币供给总闸门,保持货币信贷和社会融资规模合理增长,保持人民币汇率在合理均衡水平上的基本稳定,促进多层次资本市场健康发展,更好地为实体经济服务,守住不发生系统性金融风险的底线。

三、货币政策的局限性

实行货币政策,常常是为了稳定经济,减少经济波动,但在实践中也存在一些局限性。

第一,货币政策的制定与执行的时机。货币政策与财政政策一样,实施的基本原则也是"逆经济风向行事",因此,要取得良好的调节效果,就必须对经济运行的状况及总体发展趋势做出正确的判断。由于在现实经济生活中宏观经济指标错综复杂,这样,一方面加大了政府判断经济形势的难度,另一方面也使人们很难选择在最合适的时机执行特定的货币政策,从而就使货币政策的调节效果往往不够理想。

第二,货币政策的作用有限。虽然货币政策在各国被普遍使用,但在现实中,由于各种因素的干扰,政策实施的效果往往难以达到预期目标。例如,人们对未来经济形势的预期有可能使货币政策难以获得理想的效果。在经济繁荣时,即使货币当局通过紧缩信用的方式提高了市场利率,但出于对未来经济形势乐观的估计,厂商很有可能认为投资仍将取得可观的收益率,足以弥补提高了的投资成本。因此,即使利息率提高,也不一定能在短期内将社会总需求降到合理的水平。而在萧条时期,即使中央银行扩大货币供给量,降低了利息率,但如果厂商认为经济前景不明朗,投资风险过大,或是商业银行认为企业经营环境恶劣,经营失败的危险极大,则对外贷款的规模也不会有明显的扩大。

案例点击11.1

供给侧结构性改革的背景和内涵

1998年以来,我国宏观调控主要是需求侧管理,即运用投资、消费与净出口这"三驾马车"的拉动来刺激经济的增长。例如,2009年的4万亿元的贷款就是为了增加投资需求、扩大内需,利用投资乘数效应来加快经济增长速度。不能否认的是,需求侧管理确实曾对推动中国经济的发展起了重大的作用,让中国率先走出1999年的亚洲金融危机以及2008年美国次贷危机的阴影。但是,随着时间的推移,其弊端也渐渐出现,需求侧管理所产生的副作用日益明显。

2015年以来,我国经济进入了一个新阶段,主要是经济指标之间的联动性出现背离,经济增长持续下行与CPI持续低位运行,居民收入有所增加而企业利润率下降,消费上升而投资下降等。整体上看,我国经济出现了"四降一升"的状况,即经济增长速度下降、工业品出厂价格下降、企业利润增幅下降、财政收入下降、经济风险发生的概率上升,特别是金融风险上升。一边是经济下行压力犹在,一边是新的消费需求井喷。于是,我们看到,一边是投资、出口增长乏力,而消费对经济增长的拉动作用却不断增强,排队买苹果手机、抢购各类新兴电子产品、出国大采购就是生动的证明;一边是传统行业产能过剩严重,钢铁、造船、煤炭等行业中的许多企业发展陷入停滞、亏损的困境,其中,钢铁行业由于技术的匮乏导致资源的利用率低,钢材价格持续下降,从而使钢铁企业面临巨大压力。另一方面,随着生活水平的不断提高,人民对各类消费需求的质量、安全、性价比等各方面也有着更高的追求。大量的消费者选择出国购买奶粉、化妆品,甚至马桶盖。据中国旅游研究院和携程旅行网2015年发布的报告显示,中国大陆出境游人数和购买力已连续3年居世界第一。还有结构性的有效供给不足,我国每年生产380亿支圆珠笔,但圆珠笔头上的圆珠目前仍要用每吨十几万元的价格向日本等国进口一千多吨。

"供需错位"已成为阻挡中国经济持续增长的最大障碍,过剩产能已成为制约中国经济转型的一大包袱,中国的供给体系与需求侧严重不配套,总体上是中低端产品过剩,高端产品供给不足。因此,为适应这种变化,在正视传统的需求管理还有一定优化提升空间的同时,迫切需要改善供给侧环境,优化供给侧机制,通过改革制度供给,大力激发微观经济主体活力,增强我国经济长期稳定发展的新动力。中国的结构性问题主要包括产业结构、区域结构、要素投入结构、排放结构、经济增长动力结构和收入分配结构六个方面的问题。强调供给侧改革,就是要从生产、供给端入手,调整供给结构,为真正启动内需、打造经济发展新动力寻求路径。翻开中国经济这幅大图谱,我们看到,这样的场景对你我来说并不陌生:一边是传统行业产能过剩严重,一边是新兴产业和高端制造业热火朝天、蒸蒸日上。于是,我们发现,2017年以来,钢铁、造船、煤炭等行业中的许多企业发展陷入停滞、亏损的困境,高铁等高端装备却热销海内外,互联网掀起一轮波澜壮阔创业创新的热潮。然而民众对公共事业和服务业的迫切需要得不到满足,民众对民生类基础设施建设的期待,对教育、医疗、金融服务等资源急剧短缺只能发生无奈的叹息。

实事求是地看,中国经济的主要矛盾就是供给结构老化,供给侧结构性改革正抓住了中国经济运行的主要矛盾。因此,供给侧结构性改革是根据国内情况和国际形势做出的战略性选择和主动选择。

供给则结构性改革的内涵是什么?

供给侧结构性改革旨在调整经济结构,使要素实现最优配置,提升经济增长的质量和数量。其核心在于提高全要素生产率。供给侧结构性改革,顾名思义,供给侧+结构性+改革。也就是说,用改革的办法推进结构调整,减少无效和低端供给,扩大有效和中高端供给,增强供给结构对需求变化的适应性和灵活性,提高全要素生产率,使供给体系更好适应需求结构变化。通俗地来讲,供给侧结构性改革是寻求应对需求侧显著下滑,供给总量过剩和有效供给不足并存的国民经济不良形势,所实施的一系列政策、经济、市场等渠道的改革。

习近平总书记于2015年首次提出供给侧结构性改革问题,旨在调整经济结构,优化供求关系,使要素实现最优配置,提升经济增长的质量和数量。从提高供给质量出发,用改革的办法推进结构调整。在增加投资过程中优化投资结构、在经济可持续高速增长的基础上实现经济可持续发展与人民生活水平不断提高。2016年1月26日,在中央财经领导小组第十二次会议上,习近平总书记强调供给侧结构性改革的根本目的是提高社会生产力水平,落实好以人民为中心的发展思想。2017年10月18习近平同志在党的十八大报告中指出,深化供给侧结构性改革。建设现代化经济体系,必须把发展经济的着力点放在实体经济上,把提高供给体系质量作为主攻方向,显著增强我国经济质量优势。要在适度扩大总需求的同时,去产能、去库存、去杠杆、降成本、补短板,从生产领域加强优质供给,减少无效供给,扩大有效供给,提高供给结构适应性和灵活性,提高全要素生产率,使供给体系更好话适应需求结构变化。

讨论:(1) 供给则结构性改革的背景是什么?
(2) 供给则结构性改革的内涵是什么?

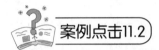案例点击11.2

运用宏观经济政策的"组合拳",实现"三去一降一补"

2015年中央经济工作会议提出,要促进经济运行稳中有进、稳中向好,明确了去产能、去库存、去杠杆、降成本、补短板五大重点任务。未来需要在时政、金融、投资、产业政策及深化改革等方面采取针对性举措,在"需求端管理"和"供给侧结构性改革"两方面双管齐下,很好地加以落实。

1. 实施更有力度、重点突出的积极财政政策

鉴于经济下行压力较大和结构调整任务繁重,建议2016年实施更有力度的积极财政政策。2016年赤字率可扩大至3%左右,财政赤字达2.1万亿元左右。

从实施目标和领域来看,财政支出预算增长应加强结构性考虑,新增部分主要投向促转型、调结构重点支持的领域;加大财政赤字。财政支出与减税降费并举,尤其要减轻民营企业和"小微企业"负担。

2. 积极有序地推进去产能和去库存

前几年过量的经济刺激导致产能急剧扩张,目前外需疲弱、投资增速下行、工业通缩加剧等因素叠加,导致产能过剩问题非常严重,成为阻碍经济增长的重要原因。未来应重视并加强顶层设计、总体安排:以市场化方式为主,因地制宜、分类有序处置过剩产能,同时配合做好财税支持、不良资产处置、失业人员再就业等保障工作。应加大财政支持产能过剩治理的力度,有针对性地增加财政资金投放。

去库存主要是去除房地产库存,取消过时的限制性措施,促进房地产业兼并重组和提高产业集中度。在去产能和去库存的过程中尽可能少破产清算,借力资本市场力量,加大金融业支持,更多采取兼并重组的形式。

未来需要有效推动区域协同和城乡一体化发展,通过需求的持续增长促进去产能和去库存目标的实现。当前我国城镇化水平较低,未来发展空间巨大。目前城镇化正处于高速发展阶段,未来不但能够在户籍人口城镇化率提高的过程中加快房地产库存的消化,激发有效需求,缓解去产能压力,而且可以为经济增长提供新的劳动力,缓解人口老龄化压力。在区域协同发展方面,围绕"一带一路""京津冀协同发展"和"长江经济带"三大战略基础,构建区域协调发展的新格局,依靠东部地区先行发展经验带动中西部地区经济发展。在城乡一体化发展方面,统筹空间、规模、产业三大结构,优化提升东部城市群,在中西部地区培育发展一批城市群、区域性中心城市和大量中小型城镇,让中西部地区在当地完成城镇化转型。

3. 多方位、结构性降低企业经营成本

近年来,降低企业经营成本的成效并不显著。与成熟经济体相比,我国企业经营成本明显偏高,尤其是民营和"小微企业"的相对成本更高。未来应设计"组合拳",全面降成本,措施可以涉及企业经营的方方面面。具体来说,可以包括以下六个方面:

(1) 通过转变政府职能、简政放权,持续降低制度性交易成本。
(2) 通过税制改革,进一步正税清费,降低企业税费负担。
(3) 通过精简归并"五险一金",降低社会保险费。
(4) 通过创造利率市场化的融资环境,降低企业融资成本。
(5) 通过电价市场化改革,降低企业用电成本。
(6) 通过流通体制改革和基本设施建设,降低物流成本。

在多方位降低企业经营成本的同时,还应突出重点,加大民营企业和小微企业的降成本力度;应有针对性地改善其经营环境,降低各类经营成本和交易成本,促进"大众创业、万众创新"蓬勃开展。

4. 积极稳妥地深化改革

加大重要领域和关键环节的改革力度,各类改革举措应加快出台。

在国有企业改革方面,以市场化原则为基础,构建更加完善的现代管理制度,组建和改组国有资本投资、运营公司;加快垄断行业改革,在保障产业安全的前提下,进一步向民营企业等多种所有制资本敞开大门;提高国有资产证券化率,稳健开展兼并重组,提升国有资本运行效率,稳步提高创新能力和国际竞争力。

在金融市场体制改革方面,加快构建多种所有制和多层次的金融体系,提升银行业、证券业、保险业等各类金融主体的金融创新力和市场竞争力,促进金融业持续、健康、安全发展。通过自贸区试点和离岸人民币清算中心建设,扩大资本项目可兑换、跨境投融资、人民币跨境使用等,以提升全融系统创新能力和竞争力,在风险可控的前提下,逐步提升对外开放度。2016年是资本市场改革关键之年,必须坚持市场化、法治化,推进《中华人民关和国证券法》《中华人民共和国公司法》等市场基本法律的修订,不断完善市场规则。在执行中要严格依法办事,加强市场监管,减少行政性干预,以市场化方向深入推进新股发行体制改革。避免股票市场大起大落,充分保护投资者的合法权益。建立上市公司退市的基础性制度,促进资本市场优胜劣汰,提高上市公司质量,优化市场资源配置。

在财税体制改革方面,加快推进划分中央和地方事权及支出责任、完善地方税体系、减轻企业税务负担、增强地方发展能力等关键性问题。在养老保险制度改革方面,完善个人账户,坚持精算平衡,提高统筹层次。在医药卫生体制改革方面,从群众的切身利益出发,坚持"保基本、强基层、建机制"的原则,解决好群众看病难、看病贵的问题。

5. 加大金融机构对去产能、去库存的支持力度

当下急需金融机构加大对去产能和去库存的支持力度,助推产业优化升级。金融机构应紧紧围绕去产能、去库存,调整经营策略,在信贷政策上积极支持产业结构调整。对过剩的、落后的产能严格限制信贷投放,严控信用风险,但不能盲目抽贷,要做好风险识别和客户分类;对行业内部区分创新能力强、转型效果好的企业,在风险可控的前提下,应适当加大金融支持,提供更好的金融服务。应配合房地产限制政策的进一步松动,加大按揭贷款的投放

力度,促进房地产库存的消耗。主动支持一、二线城市开发商扩大投资,以增加供给,抑制房价进一步上涨。充分利用金融业专业性优势,促进过剩行业兼并重组,提升产业生产效率,扩大有效供给,增加产业效益,助推产业优化升级。

通过改革有效提升金融服务实体经济的效率,加大金融支持重点工程和重点领域的力度。我国整体基础设施水平还不足发达西方国家的1/3,而我国中西部地区基础设施水平又不足东部地区的1/3。基建投资项目、市政工程、棚户区改造、民生工程等国家重大项目仍是"稳增长"的重要内容,金融机构要加大相关领域支持力度,特别是为中西部地区建设发展提供充足的金融支持。新兴产业是中国未来发展的新源泉,要加大对服务业、现代物流业、现代备制造业、战略性新兴产业等行业的金融支持。有必要加大对"小微企业""三农"领域等社会薄弱环节的扶持,加大力度支持"大众创业、万众创新"。

6. 高度警惕并严密防范系统性金融风险

首先,要有效化解地方政府债务风险,完善并加强全口径政府债务管理,继续采取地方政府存量债务置换、扩大地方政府债券发行体量等措施,逐步降低地方政府债务风险。

其次,要加强全方位监管,规范各类金融风险,谨防不良率上升带来的违约风险激增,加强风险监测预警,遏制非法集资。目前应特别关注经济下行压力加大和改革步伐加快背景下的内外联动的系统性金融风险,采取针对性措施,协调监管部门行为,守住不发生系统性和区域性风险的底线。2016年商业银行要把风险管理放在更加重要的位置,防范化解各类风险,杜绝系统性风险的发生。

讨论:(1)在经济下行压力加大,实体经济不振,金融风险加大等宏观经济形势面前,你认为如何运用好宏观经济政策?

(2)需求政策包括哪些内容,你认为财政政策和货币政策各自的优缺点是什么?

知识归纳

基本概念	财政政策、货币政策、自动稳定器、相机抉择
基本原理	财政政策和货币政策的内容及运用,财政政策与货币政策的配合。
基本知识	(1) 宏观经济政策及其目标。宏观经济政策是指国家或政府为了增进社会经济福利而制定的解决经济问题的指导原则和措施。宏观经济政策的目标主要有四种,即充分就业、物价稳定、经济增长和国际收支平衡。 (2) 财政政策。财政政策指为促进就业水平提高,减轻经济波动,防止通货膨胀,实现稳定增长而对政府支出、税收和借贷水平所进行的选择,包括政府支出和政府收入两大类。政府支出是指整个国家中各级政府支出的总和,由许多具体的支出项目构成,主要可分为政府购买和政府转移支付两类。政府收入分为税收和公债两类,税收是政府收入中最主要部分。常用的财政政策工具是改变政府购买水平、改变政府转移支付水平、改变公共工程支出、调整税率等。

基本知识	（3）自动稳定器。指财政制度本身所具有的减轻各种变量或者说干扰对 GDP 冲击的内在机制。自动稳定器的内容包括政府的所得税制度、政府转移支付制度、农产品价格维持制度等。这些财政制度具有自动稳定经济波动幅度的内在作用。但是自动稳定器无法消除经济波动。 （4）货币政策。货币政策是政府货币当局即中央银行通过银行体系变动货币供给量来调节总需求的政策。货币政策可分为扩张性的和紧缩性的。前者通过增加货币供给来带动总需求的增长。常用的货币政策工具是、法定准备金率、再贴现率、公开市场业务。 （5）财政政策和货币政策的混合使用。财政扩张会使 GDP 上升,也使利率上升;货币扩张使 GDP 上升,使利率下降。因此,把财政政策和货币政策混合使用可以出现 GDP 和利率变化的各种组合。如果想要增加 GDP,又想使利率保持不变,可以把扩张性货币政策和扩张性财政政策结合起来使用。如果想要 GDP 不变,提高利率,可以把扩张性财政政策和紧缩性货币政策结合起来使用。紧的或松的财政政策和货币政策可以有各种不同的组合方式。

◆ 复习检测

1. 单项选择题

（1）政府的财政收入政策通过哪一个因素对国民收入产生影响（　　）。
 A. 政府转移支付　　　B. 政府购买　　　C. 消费支出　　　D. 出口

（2）假定政府没有实行财政政策,国民收入水平的提高可能导致（　　）。
 A. 政府支出增加　　　　　　　　B. 政府税收增加
 C. 政府税收减少　　　　　　　　D. 政府财政赤字增加

（3）市场利率提高,银行的准备金会（　　）。
 A. 增加　　　　　　　　　　　　B. 减少
 C. 不变　　　　　　　　　　　　D. 以上几种情况都可能

（4）中央银行降低再贴现率,会使银行准备金（　　）。
 A. 增加　　　　　　　　　　　　B. 减少
 C. 不变　　　　　　　　　　　　D. 以上几种情况都可能

（5）下列哪种情况下货币政策将是有效的（　　）。
 A. 对利率的变动,货币需求是敏感的,投资需求并不敏感
 B. 对利率的变动,货币需求非常敏感、投资需求是敏感的
 C. 利率对货币供给变动是敏感的,投资对利率变动是敏感的
 D. 以上均是

2. 分析讨论

（1）中央银行的货币政策工具主要有哪些?

（2）什么是公开市场业务? 这一货币政策工具有哪些优点?

（3）如果经济处在衰退时期,政府特别关心富人在近年蒙受的损失,那么,政府更喜欢用什么政策工具来刺激经济?

参 考 文 献

[1] 高鸿业. 西方经济学[M]. 4版. 北京:中国人民大学出版社,2007.
[2] 梁小民. 西方经济学教程[M]. 北京:中国统计出版社,1998.
[3] 牛国良. 西方经济学[M]. 北京:高等教育出版社,2002.
[4] 何璋. 西方经济学[M]. 北京:中国财政经济出版社,2003.
[5] 于善波. 西方经济学案例[M]. 北京:商务印书馆,2008.
[6] 黄亚钧. 微观经济学[M]. 北京:高等教育出版社,2000.
[7] 缪代文. 微观经济学与宏观经济学[M]. 6版. 北京:高等教育出版社,2017.
[8] 保罗·萨缪尔森,威廉·诺德豪斯. 微观经济学[M]. 17版. 萧琛,译. 北京:人民邮电出版社,2004.
[9] 保罗·萨缪尔森,威廉·诺德豪斯. 宏观经济学[M]. 18版. 萧琛,译. 北京:人民邮电出版社,2008.
[10] 曼昆. 经济学原理[M]. 5版. 梁小民,梁砾,译. 北京:北京大学出版社,2009.
[11] 尹伯成. 西方经济学简明教程[M]. 4版. 上海:上海人民出版社,2003.